特色學校的
理念與分析

A Study on the Construction of the Indicators for
Elementary and Junior High Featured Schools Analysis

少子女化浪潮來襲，建置特色學校，顯然已成為學校經營良方，但學校特色如何塑造呢？
本書引導您投入特色學校的志業，成功打造出最具亮點的特色學校。

蔡金田 張鴻章 著

元華文創

張　序

　　台灣近幾十年來正面臨少子女化的嚴重衝擊，在 2003 年其總生育率僅為 1.23 人，已經跨入所謂「超低生育率」的行列，然在 2019 年受到 COVID-19 疫情影響下，則罕見呈現人口負數的成長。人口進入負成長，對學校和教育的生態衝擊極為重大，進而學校會遭遇到眾多前所未有的困難，因此招生成了辦學的焦點議題，也成為學校績效的最顯著指標之一。

　　一個學校要吸引學生，就是要有自己的特色與品牌形象。因此，能有效的結合在地的文化特色與資源，創發多元課程與教學型態，建構優質學習環境，幫助學生有效學習，希望透過發展有特色的學校，來展現獨特的學校魄力與品牌形象，吸引學生就讀，以證明學校的價值；同樣地，一所學校口碑佳，品牌好，競爭力就會強，學校績效就容易彰顯出來。

　　學校品牌和形象的建立，來自於學校的特色，所以建立一所有特色學校，成為當前學校經營的重要課題，本書經過嚴謹中西文獻探討，脈絡化的梳理萃取出特色學校的理念。再者經教育現場的實證分析驗證，清晰描繪出特色學校關鍵元素，所以對於要學校領導者要經營特色學校是重要的參考。

　　筆者於 2011 年至今，也曾領導過受到少子化影響嚴重的學校，當時學校的學生數流失近百分之四十以上，為了扭轉其頹勢，積極地運用在地特色與資源，創研屬於學校獨特之特色課程，籌組社群以強化教師專業成長，開展多元教學型態，讓學生的學習從課室內延伸至課室外，引入數位科技活化學習效能，導入及整合社區學習資源，短短幾年內學生數不僅回流，

近年來又年年增班，也建立出優質品牌特色學校；邁向具品牌形象的特色學校，這些領導實踐的關鍵因素皆鉅細靡遺的書寫於書中，未來幾年學校的競爭及績效壓力必是日益增加，如何構築優質學校教育環境，建立自己的品牌特色形象，才能在激烈競爭環境中，脫穎而出，立於不敗之地。

張鴻章 謹識

中華民國 111 年 12 月

目　次

圖　次

表 次

第一章　緒論

一、研究背景

　　台灣近幾十年來正面臨少子女化的嚴重衝擊，依據內政部 2013 年人口政策白皮書資料顯示，台灣的婦女總生育率自 1951 年後，即呈現一路下降的趨勢，到 2003 年總生育率僅為 1.23 人，已經跨入所謂「超低生育率」（總生育率低於 1.3 人）的國家行列。國家發展委員會指出，在 2020 年台灣出生數將低於死亡數，人口開始呈現自然減少，然在 2019 年受到 COVID-19 疫情影響下，則罕見呈現人口負數的成長。因此，總人口提早於 2019 年達最高峰 2,360 萬人，並於 2020 年開始轉呈負成長。人口進入負成長，對學校和教育的生態衝擊極為重大，進而學校會遭遇到眾多前所未有的困難，這些困難包括：學生數急速下降造成學校經營愈來愈困難、面臨減班、併校或廢校、班級及學生人數的驟減、城鄉差距加劇、教師員額供需失調、流浪教師……等等問題，不僅改變了整個教育生態環境，也直接影響了學校經營的方向，因此招生成了校務及辦學的焦點議題，也成為學校績效的最顯著指標之一。鍾任琴（2015）指出，一個學校要吸引學生，就是要有自己的特色。因此，各個學校在面對少子女化的壓力下，有效的結合在地特色、文化及資源，創發多元課程與教學，積極建構學生帶得走的能力與素養，希望透過發展有特色的學校，來展現獨特的學校魅力，吸引學生就

讀，以證明學校的價值。

　　教育部為降低少子女化的威脅與衝擊，自 2007 年起推動一系列相關的特色學校計畫相關方案，至今這些方案不僅有效的解決少子女化所延伸的問題，更可貴的是在各地創造出許多優質、卓越的亮點學校，讓台灣的中小學教育風貌，有百花齊放及綻放出不同芬芳的契機，也為教育改革奠下重要基礎，減少學校在改革下的焦慮及抗拒。這一系列的特色學校相關計畫方案，首先是 2007 年推出的「國民中小學活化校園空間與發展特色學校計畫」，其主要目的是在鼓勵學校融入當地文化，引進在地資源與地方特色，創研學校本位特色課程及教學活動，以延展學校的教育功能及尋找學校的新生命，協助各級學校發展特色。在往後十餘年也推動一系列「國民中小學發展特色學校」相關方案及計畫，依不同政策方向及教改需求，共分成五個階段分別臚列如下：

　　第一階段（2007 年至 2009 年）：推動方案名稱是「國民中小學活化校園空間與發展特色學校方案」其主要的重點如同教育部政策白皮書揭示：深度認識台灣、走讀台灣鄉鎮，發展學校特色。

　　第二階段（2010 年至 2012 年）：計畫名稱是「國民中小學整合空間資源與發展特色學校計畫」重點是以「校園空間活化」的方法，帶動學校「創新經營活化」，促進學校之「特色課程活化」，最後達成學生之「有效學習活化」。

　　第三階段（2013 年至 2017 年）：計畫名稱為「國民中小學營造空間美學與發展特色學校計畫」，主要目的有：營造豐富多元的學校風貌，空間美學，活化閒置空間，融入校園議題和社區特性展現特色課程風貌，結合多方資源，為十二年國教的特色發展經驗和參考價值。

　　第四階段（2018 年至 2019 年）：計畫名稱為「公立國民中小學發展特色學校實施計畫」，主要目的首先是落實十二年國教精神，聚焦於優化學生學習，以生活經驗與情境出發，強調實踐與行動，培養學生核心素養，其

次是資源整合活化——運用學校在地利基（niche），發展品牌特色學校，以校本特色課程為核心，並符應永續發展核心價值。

　　第五階段（2019 年～至今）：計畫名稱調整為「公立國民中小學發展特色學校實施計畫」（以下簡稱特色學校計畫），然自 108 學年度起，將其特色學校計畫融入十二年國民基本教育課程綱要（以下簡稱 108 課綱）中的「國民小學及國民中學辦理活化課程與教學計畫」，並逐年推動，發展重點聚焦校本課程、著重學生主體、落實十二年國教精神為主軸，與活化課程計畫推動目標一致。

　　面對全球化教育改革的衝擊，以往在課堂中只重視學科成績及傳統的講述教學方式，面臨極大的挑戰，進而學校領導者對學校的經營理念，也要有創新的思維與作法，加上面臨少子女化及世界的教育潮流追求創新改變，須以全新的作為來開創教育新機，使學校有永續存在的價值（何惠麗與曹俊德，2016）。由此可見，發展特色學校以因應教育改革的需求，成為近十幾年來台灣相當重要的政策議題之一。

　　彼得杜拉克(Peter F. Drucker)說：Innovate or Die（組織不創新變革就滅亡）。輔以 108 課綱年正式的上路，學校教育面臨裡外多重的挑戰及改革的聲浪，究竟學校該如何在艱困的教育環境中化危機為轉機呢？從上述的論述中，可發現特色學校是可符合世界趨勢及國內教改的潮流，為學校創造出新價值與新契機，因此本研究擬研究國民中小特色學校建構指標與實證分析研究，以發展特色課程、轉化教與學之具體指標，來協助國民中小學迎接少子女化的挑戰，並符應 108 課綱教育改革的任務。

二、研究動機

　　有鑑於新生人數銳減，進而造成許多小校面臨被裁撤及造成閒置教室

激增，學校教育在近幾年來，受大環境的挑戰及改革的聲浪，究竟學校該如何在艱困的教育環境中化危機為轉機呢？隨著少子女化現象，「望子成龍，望女成鳳」的價值觀，將反應在「家長的教育選擇權」行使上。父母對孩子就讀學校的選擇，將由過去被動的接受學區安排，轉為更主動的找尋心目中適合孩子就讀的理想學校，不管是透過遷戶口、搬家或寄居等方式，都想擠進所謂的「明星學區」、「卓越學校」或是「辦學績優」的學校，因此現代版的「孟母三遷」便不斷的在義務教育階段上演（陳珮雯，2009）。然而，有許多面臨此挑戰的學校秉持對教育的熱忱，積極思考學校存在的新價值，找尋學校存在的新生機，紛紛運用學校本身得天獨厚的人文及自然條件，積極結合社區文化資源發展出一套計畫，成功在山窮水盡之際生存下來，使學校能邁向更多元的發展。而教育部也積極地訂定相關政策，協助學校轉型發展。

從學校特色及學生學習效能的相關文獻探究中發現，學校特色的興起大多因為學生受課程影響而有特殊表現，及顯著的成就與進步，進而使學校在品牌行銷、經營策略及學校招生上有所提升，而學校校務的發展及學校特色課程或特色活動的實施過程中，更會直接或間接的影響學生的學習動機、學習氣氛、學習成效、人格發展、行為表現及成績表現（林天祐，2009；林志成、彭靜文，2013；陳映如，2014；童鳳嬌，2016；蔡金田，2011；蔡金田，2014）。何惠麗與曹俊德（2016）指出，近年來受到少子女化影響，學校面對減班或裁併壓力下，利用學校特色展現獨特的學校魅力，發展多元教學與校本課程，以吸引更多學生就讀並證明學校的價值。因此發展特色學校能有效提升學生的各項表現，在學校招生有名明顯的助益，綜觀許多特色學校能有效提升學校的效能，不難發現有許多的成功因素，如特色課程、特色活動、品牌形象、家長信任、校長的領導或是老師的魅力……等等，有哪些關鍵因素，是促使學校能有效提升效能達到特色學校，是本研究動的動機之一。

　　與特色學校相關的概念很多，不同類型的特色學校也很多。發現國內外有許多相似意涵的學校，如優質學校（Quality School）、燈塔學校（Beacon School）、特許學校（Charter schools）、特優學校（Best School）、經典學校（Paradigm School）、藍帶學校（Blue Ribbon School）、藍星學校（Lancing School）、卓越學校（Excellent School）、專業發展學校（Professional Development School）、指標學校、傑出學校、體驗學校、探索學校、桂冠學校、樂活學校（LOHAS School）、魅力學校、有效能學校（Effective School）……等（林志成、高俊雄、林仁煥與蔡淑玲 2009）。林志成與林仁煥（2008）認為「強調特色經營，以提升教育品質」為上述不同類型特色學校或特色學校相關概念之間的核心概念。薛德永（2008）、林進山（2011）認為特色學校是校內課程結合社區資源，並且善用人力與物力優勢，發揮優質正向的教育，蔡金田（2013）認為欲擁有高教育品質的教育成效，建構影響教育品質所涵蓋的重要層面，諸如學生學習成效與行為輔導、行政行為、領導品質、教師教學等實有其重要價值，學校如能充分掌控秉持持續改善、追求精緻、邁向卓越達到永續經營的理想，將是教育品質成功的不二法門。

　　近數十年來受到少子女化影響，學校面對減班或裁併壓力下，利用學校特色展現獨特的學校魅力，展現多元教學與校本課程，以吸引更多學生就讀。林志成（2016）指出特色學校不但減緩減班衝擊，部分面臨減班壓力學校，更逆勢增班且特色創意更讓學校有效提升競爭力，例如彰化縣北斗鎮螺陽國小發展優質蝴稻特色方案，最後讓螺陽國小成為創新的全國蝴稻教學特色學校，也為彰化縣拿下第一座教學卓越金質獎。何惠麗與曹俊德（2018）指出在理念願景、運作思維方面，以展現學校的教育目標為宗旨，結合在地的人文風情與學校獨特教育風格，產生學校與社區融合的文化特質，以永續經營的概念，創造學校新契機，例如彰化縣螺陽國小以田鄉特有的蝴蝶、稻米特色，發展為多元學習課程，永續經營成為一所蝴蝶

稻米特色小學。螺陽國小正是研究者在 100 至 106 學年度所服務過的學校，期間符應教育部所推展的發展特色學校相關政策，在 103、104 學年度獲得營造空間美學發展特色學校特優，103 學年度榮獲教學卓越金質獎，105 學年度再次獲得營造空間美學發展特色學校標竿學校，105 學年度榮獲全國生命特色學校，105 學年度獲得國家永續發展獎項。螺陽國小經過幾年的努力，學生人數逆勢成長、學生學習成效佳、越區就讀人數增加；在教學端方面，教師專業能力優化，因而促動組織正向文化提升，形塑出優質品牌形象、學校公共關係也跟著改變，幾乎年年獲得教育部發展特色學校特色獎項，顯示其在特色課程及特色學校推動的努力受到肯定。特色學校的推動不止讓學校學生人數穩住甚逆勢成長，更能從平庸轉型成優質標竿學校，不僅是研究者本身的辦學歷程，更是許多有獲得類似獎項學校共同的經驗，在眾多的特色學校發展中，有的凸顯出精緻的在地校本課程，有的是著重於空間美學的改造，有的是學生學習多元的展能，有的是教師團隊的專業展現，各個學校對於特色發展的重點及聚焦方向，似乎是各有所不同的比重，亦是本研究的動機之二。

國民中小學教育階段為學生第一至四學習階段，實為十二年國民基本教育的礎石，更是學生未來能否在中等教育及高等教育階段順利銜接的關鍵所在，因此國民中小學教育階段的重要性，自然不言而喻。林志成（2018）指出特色學校計畫之校本特色課程強調規劃設計兼具適性、在地、多元、彈性、永續性及符應世界潮流等原則，涵育具備「自主行動」、「溝通互動」、「社會參與」三大面向素養之終身學習者，讓他們能從生活情境中批判思考、分享討論、解決問題。就此，本研究擬建構國民中小學特色學校指標，具體地協助了解如何能建置、發展國民中小學特色學校，乃至評估國民中小學特色學校建置計畫或方案是否可行，以結合教、學與課程的特色學校之指標的建立，正面迎接少子女化的挑戰、承擔起國民中小學教育階段在學生終身教育所扮演的關鍵任務，進而符應 108 新課綱，要改革的理念與

精神，在正式的教育階段中，國中小教育階段不但是十二年國民基本教育的礎石，更是學生未來在中高階段學習順利的關鍵所在。更重要的是，國中小教育階段也正是少子女化衝擊的起始點，這是國中小教育階段無法迴避的危機，也是促成國中小教育階段不得不追求改變的另一種重要契機。108 新課綱要的改革強調學校教育的重點在於教與學，而當一所學校朝向特色學校發展時，其根基正是從教師的教學策略、學生的學習方法及架接兩者之間的課程沃土中萌芽、成長、茁壯後，所綻放的最美麗的花朵。

　　十二年國教 108 新課綱的實施，聚焦翻轉傳統教學與學習的方法，藉以形塑學校教育願景、強化學生適性發展，來發展出特色學校。由此，成為特色學校不但是一個學校成功推動課程發展的表徵，更是實踐 108 新課綱理念的具體展現，研究者在帶領學校發展成特色學校時，時而領學校同仁參訪中部縣市，包含苗栗縣、台中市、彰化縣、南投縣、雲林縣等五縣市發展成熟的特色學校，之所以參訪中部的學校，其是因為中部地區的國中小具有地理環境及教育條件、經濟、人文發展有許多相類似的地方，因此對於中部五縣市的特色學校發展整體狀況如何？在 108 新課綱實施之後是否有更成熟及穩健的發展，此為本研究動機之三

三、研究目的與待答問題

　　基於上述之研究動機，有關國民中小學特色學校指標之建構，旨在透過國內、外有關文獻分析、德懷術專家諮詢，建構研擬適切的國民中小學特色學校指標及其權重，並進行模糊層級分析與實證研究，以提供學校及相關教育行政管理單位，作為後續研究與教師或學校實務運作之參考。具體而言，本研究目的如下：

　　一、探討國民中小學特色學校指標之層面、向度、指標項目。

二、建構衡量國民中小學特色學校指標之權重體系。

三、了解當前中部五縣市（苗栗縣、台中市、彰化縣、南投縣、雲林縣）國民中小學所具備特色學校的現況。

依據上述研究目的，本研究待答問題如下：

一、國民中小學特色學校指標之層面、向度與指標項目為何？

（一）國民中小學特色學校指標之層面為何？

（二）國民中小學特色學校指標之向度為何？

（三）國民中小學特色學校指標之指標項目為何？

二、國民中小學特色學校指標之權重體系為何？

（一）國民中小學特色學校指標層面之權重體系為何？

（二）國民中小學特色學校指標向度之權重體系為何？

（三）國民中小學特色學校之指標權重體系為何？

三、中部五縣市國民中小學所具備特色學校的因素現況為何？

（一）中部五縣市的國民中小學特色學校所具備的層面因素之現況為何？

（二）中部五縣市的國民中小學特色學校所具備的向度因素之現況為何？

（三）中部五縣市的國民中小學特色學校所具備的指標因素現況為何？

（四）中部五縣市的不同背景變項國民中小學特色學校所具備之因素差異為何？

四、名詞釋義

　　本研究相關重要名詞，分別釋義如下：

1. 國民中小學

　　根據《國民教育法》第 3 條定義，國民教育分為二階段：前六年為國民小學教育、後三年為國民中學教育；第 4 條指出，公立國民小學及國民中學，由直轄市或縣（市）政府依據人口、交通、社區、文化環境、行政區域及學校分布情形，劃分學區，分區設置；其學區劃分原則及分發入學規定，由直轄市、縣（市）政府定之。前項國民小學及國民中學，得委由私人辦理，其辦法，由直轄市或縣（市）政府定之。本研究之國民中小學乃係依 1979 年 5 月 23 日公布之《國民教育法》第二條規定，辦理六歲至十五歲國民教育之我國公立國民中小學。

2. 特色學校

　　特色學校（featured school）係指一所學校能夠善用既有的利基，包含地方、特色，創建永續發展的願景及共識，透過創新的領導及行政管理方式，促動團隊合作的高效能運作，整合在地及社區的相關教育資源創研校本課程、且教師能運用社群機制，精進課堂教學能力與多元教學方法，活化校園空間融入美學意象，構築特有學校文化及教育環境，能符應或超越使用者的教育、生活和學習需求，主要的核心價值是在創新及優化學生學習提升教育品質。本研究所指之特色學校為學校是指融入在地特色，促動教學團隊整體優質發展，且大多數學生都參與課程的學習，並能積極建立學校品牌形象及行銷，著力於特色經營的公立國中小學校。

3. 特色學校指標建構

本研究特色學校指標建構係採文獻探討，透過二次德懷術（Delphi Method, 以下稱 DM）篩選指標。並以模糊層級分析法（Fuzzy Analytical Hierarchy Process，FAHP, 以下稱 FAHP）進行權重分析，用問卷調查法以德懷術藉由專家問卷調查方式，以獲得專家學者對特色學校指標之一意見一致性後，來建構指標。本指標系統架構層次，分為「層面－向度－指標」等三個階層。指標影響強弱可分為 10 個等級，數字越高表示影響程度越大；其評定方式：首先先填重要性程度之「最佳單一值」，亦即在五個層面、十三個向度、五十八指標的重要程度量值填入 1 到 10 其中一個最佳單一數值；其次，填寫重要性模糊區間，亦即在層面、向度、指標的「最低可接受值」欄位填入 1 到 10 其中一個最小單一值，在「最高可接受值」欄位填入 1 到 10 其中一個最大單一值。最後，以 FAHP 進行權重分析，本研究敬邀同 DM 之 12 位專家學者進行權重勾選，使用 FAHP 以建構出「特色學校指標」各層級指標的優先順序和權重，作為特色學校參考與檢核的自我評估工具。

4. 特色學校指標

本研究特色學校指標建構包含「行政領導與創新管理」、「特色課程與教學」、「資源整合運用與活化」、「品牌特色與行銷」、「教育績效」五個層面，十三個向度包含「特色發展的辦學理念」、「政策轉化與執行力」、「優質的領導效能」、「學校能發展特色校訂課程」、「活化教學創新與實踐」、「激勵教師持續學習成長」、「學生多元展能」、「整合多元教育資源」、「創新與活化空間」、「建立學校品牌特色」、「善用管道行銷學校特色」、「呈現學生學習成果」、「創造特色學校之社會接受度」及五十八個指標細目。

五、研究範圍與限制

　　本研究因其研究範圍及對象等設定，研究結果在說明與應用方面有既定的限制。茲分別就研究範圍與限制，說明如下：

　　本研究以探討與建構「國民中小學特色學校指標」為主題，係以國民中小學全面發展特色學校所應具備之指標為主，並不涉及局部發展學校特色之國民中小學。研究對象僅以公立國民中小學為研究對象，私立國民中小學、實驗學校或其他學制、中等教育階段及高等教育階段等學校，皆非本研究之對象。

　　研究限制方面，本研究主要探究國民中小學特色學校指標之內涵與指標建構，關於指標之建構，主要參酌國內外學者對於特色學校之相關論述，然構成特色學校指標之面向甚多，本研究無法對所有面向加以探討，僅針對本研究所歸納之層面、向度與項目的內涵加以研究，因此在研究內容上有其限制。另，本研究之對象為公立國民中小學，而私立國民中小學、實驗學校或其他學制、中等教育階段及高等教育階段等學校，皆非本研究之對象，故本研究結果僅應用於台灣地區公立國民中小學之探討，無法直接推論到私立國民中小學、實驗學校或其他學制、中等教育階段及高等教育階段等學校，此為本研究結果在推論應用上之限制。

第二章 文獻探討

　　本研究為探究國民中小學特色學校指標之意涵與指標建構，乃蒐集、閱讀及探討國內外學者對於特色學校與指標建構之相關論述，期能對特色學校之意涵及指標的建構面向等有所理解與掌握，以能妥切探討國民中小學特色學校指標之建構，以下分就教育指標、特色學校的意涵與相關概念、特色學校指標內涵與建構兩大部分，進行文獻之探討。

一、教育指標之建構

　　指標是透過對觀察現象統計測量後所產生之訊息，經過統計測量的呈現，來判斷某一特定抽象事物在質方面的優劣或量方面的程度差異，常作為某項決定或判斷的準則、標尺。指標的建構是一種化繁為簡、統整化的歷程，化繁為簡地去蕪存菁，統整化約後呈現出完整的概念及該現象的價值。本研究依據文獻探究、二次德懷術專家意見調查建構特色學校指標，據以進行相對權重分析與實證調查，期能深入探討台灣地區公立國民中小學特色學校之指標權重體系並了解台灣地區公立國民中小學符合特色學校之指標之現況。本節主要在探討指標之概念，進而初探特色學校評估指標，以作為後續研究方法之依據。以下就指標的意涵與分類、建構及選用，分段探討如下：

（一）指標意涵與分類之探討

1.指標的意義與功能

所謂指標乃是用一件事代表另一件事的狀態或變化，前者即稱為後者的指標。指標可以是數字、符號、文字或顏色等（張春興，1991）。事實上，概念是實證研究的基礎，而指標則是概念的量數。指標的建構是一種將觀察現象統整後、化繁瑣為簡約的歷程，統整必須全面與整體性的關照，而化繁為簡則必須在全面與整體性的關照後，指陳出核心與價值的所在。本研究進行特色學校指標建構的過程中，除了透過文獻分析特色學校指標的內涵外，亦從指標的角度進行全面性的了解。

郭昭佑（2001）指出學者對指標的定義並不一致，比如說，Johnstone（1981）認為指標是一種統計測量，以反映研究者感興趣事物的重要層面；亦有學者認為指標代表一種信號，用以顯示制度的表現情形（Spee & Bormans ,1992），或代表一種指引，並藉此以了解並測量事物的質或量（Cuttance,1990）。指標乃用以御繁化簡、清楚表述，因而對概念能提供進一步的了解，並作為價值判斷的參考或依據。因此，指標是某項決定或判斷的準則、標尺，指標的評估過程即是指判斷受評對象的優點或價值，就此指標的建立將影響評估結果的公信力，自當嚴謹（謝金青，1997；吳政達，1998）。Johnstone（1981）指出指標可分為量化指標（quantitative indicators）與質性指標（qualitative indicators）兩種，其中量化指標可反應出一個可數值化的結果，而質性指標可用來確認數量的相對卓越程度。在實際應用層面上來說，指標能夠指出在某一段時間或某一地區所存在的現象，因此能進一步提供相關人員做為專業判斷或決策之用，且可作為不同時間或地區的比較，以了解其變化情形或相對地位，並能發出適切聲音作為相關政策之執行成果與檢討（張鈿富，1999；劉鎮寧，2003；蔡金田，

2006；葉蕙芬，2009）。

綜上所述，指標是以問題為導向提供資訊，來對觀察現象提供指示，藉由其統計測量的呈現，作為了解、分析、引導、顯示以及進一步判斷此一觀察現象的依據或標準。指標是用來描述討論或操作觀念的工具，它能夠讓人們組合經驗上的觀察，並與觀念本身連接，而賦予它實質的意義。指標不能脫離概念架構而獨立存在，是以量化的數字必須與其蘊含之意義相結合。就應用層面來說，指標能用來顯示當前問題或潛在困難所在，呈現政策相關的資訊及其執行情形、彰顯系統表現與實施成效的面貌、描繪問題背景和組成情況資訊、描述主要特徵等相關資訊，藉由指標所顯示的資訊將可協助決策者在進行決定及判斷時，有一個較為客觀的參考依據。

2. 指標的分類及系統架構

迄今，學者對於教育指標的思考概念及運用分析面向，依著不同的向度而有不同的分類方式及系統架構，以下分別簡要探討之。

（1）指標的分類

依郭昭佑（1999）分析，主要的分類方式包括:1.內容分類是依指標的內涵區分；2.系統分類是依系統的歷程；3.組成分類是依統計量數組成分類；4.組合分類是依效能或效率等輸入與產出的組合模式；5.建構分類是以代表性、分割性或綜合性等指標來詮釋關心的現象；6.範圍分類是依指標所涵蓋的範圍；7.目標指標是依組織達成目標的向度或程度來分類。

（2）指標系統架構

有關指標/規準的設計有兩類方法，一為目標分類法是指透過分解目標的形式，將目標分解為若干個主指標，每一個主指標分解為若干個可測的二級指標，甚至三級指標，從而構成一個完整的、可測的評鑑指標系統。潘慧玲等人（2004）則將整體指標系統架構分為「層面－向度－指標」三個層次，共計 5 個層面、12 個向度及 35 項指標。蔡金田、蔣東霖（2018）

則採取「層面－向度－指標」以建構指標系統，共計 3 個層面、11 個向度及 50 項指標。蔡金田、趙士瑩（2019）將指標系統架構分為「層面－向度－指標」三個層次，共計 3 個層面、13 個向度及 50 項指標。

綜上述不同研究者之主張，指標系統架構均分為三個層次，由上至下，第一層為層面（或構面），下一層為向度（或項目），最後一層則為指標。本研究之指標系統架構參酌上述研究，亦採取「層面－向度－指標」三個層次。而在「層面」設計上，則參採林耀榮、林國楨與陳佩英（2016）及蔡金田與蔣東霖（2018）研究之三層面設計，建構一個有效性、理解性、完整性、操作性、實用性且清晰簡明的指標系統。

（二）指標的建構與選取規準

指標的建構初步是對現有相關指標作選擇，而指標的決定首先必須先匡目標再依目標選取適當之指標。郭昭佑（2001）也指出指標的建構初步是對現有相關指標作選擇。Organization for Economic Cooperation and Development，OECD（1982）在建立「社會指標」時，則認為指標選擇時，應考量的標準為：1、結果性：指標須重視輸出導向或可藉以描述社會結果。2、政策相關性：應對公共政策的改善有參考價值。3、穩定性：即在一定時間內具有可應用性，其操作型定義不隨意變更。4、可分割性：指標可分割並應用至個別情境。5、可比較性：可應用於區域間之比較或進行時間序列之預測。6、可描述性：能描述大眾所關注的社會現象與問題。7、實用性：即理論能與實際統整，且具實用性。

優質指標應具備哪些特徵？Spee 與 Bormans（1992）指出，指標是一種信號，用以顯示制度的表現情形，指標應具中性特質，其數值上升不見得代表好，下降也不見得不好，其性質是相對的，而非絕對的（Anderson，1991），因此指標應有「參照點」用來進行比較，才能發揮作用。至於參照點的設定涉及相當的主觀性，應經專家學者審慎討論後，並能清楚敘述後

方可使用。

　　而後現代主義的興起，使得透過「巨大聯結」的信念逐漸式微，而被與時空關係緊密聯結的個殊事件所取代，OECD則強調此一觀點：「在許多國家，教育已成為更政治性的，而沒有清晰的社會一致目標」（Alvik, 1995）；而 Nevo（1995）也認為評鑑指標的選擇應有多元考量：1、實際與潛在顧客的需要。2、理想或社會價值。3、參考專家及其它相關群體所建構的標準。4、所選擇之評鑑客體的品質。指標的建構，因其質化及量化的特性而有不同的建構，分別探討如下：

1.質化指標建構方式

　　以下就質化指標建構的方式分別探究如下（郭昭佑，2001）：

　　（1）文獻探討法

　　透過收集國內外文獻，加以整理、分析、歸納後，進一步建構指標的方式。為求周延，文獻探討法主要步驟應包括：

　　1.文獻收集：盡可能的收集國內外相關文獻。

　　2.概覽指標：依研究者與指標兩個層面列出雙向細目表，以了解各指標被各研究所使用的頻率；為避免指標數量過多，指標名稱接近者應自行歸併。

　　3.研訂指標：依上述雙向細目表，研訂最佳評鑑指標。

　　4.指標分類：依上述類別，每一類別編製一個指標雙向細目表，將各研究中之各指標，參酌各研究分類方式，列於自己所訂定的最適當類別的雙向細目表中，以了解各指標在各類別中，被各研究的使用頻率，指標名稱接近者可自行歸併。

　　5.研訂各類別之指標：依上述各類別之指標雙向細目表，研訂各類別適當的指標。以文獻探討法進行指標建構有其限制，至少該評鑑客體之指標已廣為研究並有相當的文獻可供收集，否則無法建構完整的指標，因此

不適合作為初探式的指標建構方式。

（2）德懷術（Delphi）

德懷術於 1950 年代創始，Delphi 用在澄清未來不明情境，以便人類對未來的控制（黃政傑，1987）。Delphi 分別可以用在商業、工業、政治、教育、醫藥、區域計畫，運用的情境包括未來預測、目標評量、課程規劃、建立優先預算、生活品質評估、政策形成、問題確認或是解決方案。德懷術係針對會議討論之缺點而設計，德懷術意指一種允許成員不必面對面互動或面質，就能達成共識來解決複雜問題的溝通方式（林新發與林上渝，2004）。

德懷術也是一種專家意見法，主要是用於資訊不完全之領域，處理不確定性高、具有爭議性、沒有正確答案的主題（Gupta & Clarke, 1996; Paliwoda, 1983）。借重群體專家之專長及經驗，以匿名方式提出見解，即可形成一致客觀的意見或共識（蔡培村等人，2011；李隆盛，1988；黃政傑，1993；游家政，1994），故本研究擬採用德懷術為研究方法之一。此研究方法主要的實施步驟歸納如下：

1.參與者樣本選取

為使所獲得結果具有效度，德懷術參與者應為具代表性的專家，Delbecq（1975）即認為參與者應具備的特質包括對問題的了解、擁有豐富資訊與人分享、參與熱忱、認定所提供資訊確有利於結果等。Issac 與 Michael（1984）則建議選擇參與成員時應考量其背景，最好包含不同理念或地位的成員，以加強德懷術的過程。至於樣本數部分，原則上宜採小樣本，一般而言，如為異質性小組以 5 至 10 位即可，如為同質性小組，則約 15 至 30 人，德懷術小組成員在 10 人以上時，群體誤差最低，可信度最高（Dallkey,1969; Delbecq,1975），小組經確認後，聯絡時即應說明問題性質、實施程序、所須時間、協助及報酬事項，以促進參與者之合作與責任。

2.意見提供（第一次問卷）

選定參與專家後，即以第一次問卷請參與者提供意見。為廣徵博議，第一次問卷形式可為開放式或半結構式問卷，開放式問卷由參與者依據評鑑主題廣泛提供意見，以為設計第二次問卷的基礎；半結構式問卷則由研究者依據文獻設計，請參與者依所提供的量尺，評定各題項的重要性或優先順序，及提供其他意見與觀點。

3.結構化問卷（第二次問卷）

依據第一次問卷之反映設計結構化問卷，請參與者依所提供的量尺，評定各題項的重要性，或提供其他意見與觀點；如第一次問卷即採半結構式問卷，則需檢附第一次問卷之群體反應（集中量數）與參與者反應，以為回饋參考或重為判斷依據。

4.達成共識（第三次後之問卷）

第二次問卷回收後，研究者必須整理、分析，甚而修正問卷，計算每一題項所有參與者之集中量數（平均數、中數或眾數），並附該參與者前一次反應值以為參考，由參與者填寫第三次問卷，參與者可改變或不改變原來的評定，但如果堅持與多數人不同意見，須說明理由。同樣的，研究者回收第三次問卷後，必須整理分析並附所有參與者集中量數與該參與者前一次反應值以為參考，請參與者填寫第四次問卷，以此類推，反覆實施，直至達成共識為止。一般大約四次，但如果第一次即採半結構式問卷或結構式問卷，有時三次即可達共識。德懷術雖以問卷為工具，然而其問卷係為使專家意見在無威脅的情境中表達而使用，其意旨仍在專家觀念的彼此充分溝通，因此其指標建構屬性應是屬質的方法。此方法的主要限制是在多次的問卷填答往返時程過長、另外因為都是以書面溝通，缺乏當面交互檢證的機會。

德懷術研究法具有下述特性：

1.結構化的反覆溝通

經反覆實施對內容的判斷，直到德懷術小組建立共識或意見反應達到

某種程度的穩定為止。

2.匿名化的作業方式

針對會議式之缺點而來，省去面對面互動此一過程，有助於避免下列七個問題（游家政，1996）： 1.重要成員對全體決策之影響、2.浪費時間或精力在不重要或分歧的討論上、3.個人的判斷被群體壓力扭轉、4.拒絕長篇大論的意見、5.對先前論點的辯護、6.愛面子心理因素的影響及 7.從眾效應。

3.專家判斷

為了使研究結果具有代表性，德懷術需要足夠具有代表性之專家，這些專家通常對探究的主題，具有專業的經驗、出版品和地位，並且能在反覆的問卷中提供周密思考的判斷。

德懷術主要優點有七項: 簡單易行不必需要大量樣本、可避免人際互動的問題或摩擦、能夠得到專家的協助獲取較具說服力的意見、允許專家有足夠時間對於問題作反應、可以減少面對面從眾反應行為、可以提供多樣和量化資料及有助於對未來的事件作精確的預測。然而，德懷術亦有其使用上的限制，包括：Delphi 的理論基礎十分薄弱，很少人知道影響 Delphi 過程之因素，缺乏理論基礎架構是 Delphi 的主要弱點，亟待系統化的研究計畫來決定為何使用 Delphi 以及如何使 Delphi 功能彰顯（Uhl,1990）；無法深入討論、腦力激盪，Delphi 僅能看到所有專家的評估結果，並不能深入探討原因，亦缺乏了共聚一堂腦力激盪所衍生的累積效果；不能顧及立即反應、連續反應，會議評鑑通常在聽取他人意見後，個人當場可以經過統整立即醞釀創新意見，這並非 Delphi 可以取代的；樣本流失的問題，包括：問卷回收漸少將使得代表性降低，調查樣本失去代表性，將使得結果失去意義；統計處理的弊病，如缺乏信效度之鑑定判準；最後，Delphi 可能產生不同專家小組意見整合上的困難。

2. 量化指標系統建構方法

（1）問卷調查法

此為重要決定指標擬訂方式。問卷調查之指標研訂發展步驟可歸納如下：了解並分析評鑑客體、研擬評鑑指標問卷、問卷調查、問卷調查分析、指標篩選。

（2）因素分析法

因素分析法之目的在以較少的向度來表示原來的資料結構，而且還能保有原來資料所能提供的大部分訊息；其功能主要為精簡變項（描述性功能）、提供假設（探索性功能）及考驗假設（考驗性功能）；因素分析之理論係假設觀察體在某一變項上的反應是由共同因素（common factor）與獨特因素（unique factor）二個部分所組成。

（3）階層分析法(Analytic Hierarchy Precess,AHP)

階層程序分析法是由美國匹茲堡大學教授 Saaty 於 1971 年時提出的一套有系統的決策方法，針對其實施步驟及細節，學者亦提出詳細說明與分析（Saaty, 1980）。

階層分析法乃將研究之複雜系統分解成簡明的要素階層系統，經過評比，找尋各階層各要素間的權重，再加以綜合而成，此方法在國內教育指標建構上已多有應用，其步驟如下（吳政達，1995；翁興利，1995；楊慶麟，1997；謝金青，1997）。定義評估問題與影響要素如下：

1.問題定義後，宜確認影響問題的要素，可以經由文獻探討、或德懷術等方式實施。

2.建立階層關係：根據各要素間的獨立性，每一個階層或子階層所包含的要素個數最好不超過 7 個。

3.建立成對比較矩陣：為確立各要素的優先順序，作為兩兩比較的依據。階層分析法採名義尺度為成對比較評估方式，其名義尺度劃分為九個

相對強度比較,分別給予 1 到 9 之比重。

　　4.專家意見表達:專家對兩兩要素間之相對強度予以比重評斷。

　　5.特徵向量計算與一致性檢定:以特徵向量方法計算成對比較矩陣各要素間之相對權重,對專家意見做一致性的檢定。

　　6.提供決策資訊:階層分析法雖在指標系統建構時,本質上仍屬量的指標建構方式。

　　因此,層級分析法,主要適用於不確定情況及具有多個評估準則之決策問題。最大的特色是將複雜且非結構化的問題系統化,利用層級結構將影響因素間的複雜關係有系統地連結,使決策者意向能更清楚地被反映,改善以往依靠直覺的決策程序,進行層次分明的層級系統整合分析,增加評估的可靠性(鄧振源與曾國雄,1989)。

　　(4)模糊層級分析法(Fuzzy Analytical Hierarchy Process,FAHP)

　　模糊理論是以隸屬函數的概念彌補傳統邏輯上不確定性問題,模糊集合的概念可以量測出模糊性質,更可以表達出現實中無法明確定義的概念。Buckley(1985)認為傳統 AHP 法在準則評價上雖然簡單實用,但成對比較必須以絕對數值來表示,不符合人為主觀判斷具不確定性與模糊的特性,因此無法適當的呈現評估者的主觀認知與判斷,故將模糊理論與層級分析法相結合,提出模糊層級分析法。Zadeh(1975)發表模糊集合論(fuzzy set)開創模糊理論的發展,在現實生活的決策執行通常是在模糊環境(fuzzy environment)下進行,當決策環境日趨複雜後,包含更多人性行為判斷時,模糊觀念也就日益重要。

　　模糊層級分析法由 Van Laarhoven and Pedrycz(1983)提出以三角函數帶入模糊數觀念,應用對數推論以及後續研究利用幾何平均數進行分析。Wu and Olsen(2006)進一步指出不確定或模糊性資料是因為研究的資料不足較難取得或研究者本身的主觀意見,因此在進行評估時對決策者偏好採取不明確的方式給予緩衝的空間。

模糊層級分析法（Fuzzy AHP）的執行步驟與層級分析法（AHP）大致相同，差異在於模糊層級分析法需要建立模糊語意、解模糊化，且具下列問題：平均數問題、群體決策問題、決策屬性有相關性問題、不精確問題等缺失、判斷的感覺量模糊。

模糊層級分析法（FAHP）一般包括以下步驟：建立一個分層模型、設置比較模糊判斷矩陣、計算出模糊的相對權重、defuzzify 相對權重、計算相對風險影響的因素、計算的整體風險指數（ORI）的模糊量與明確值結果。

3. 指標系統建構方法選用考量

如上述的討論，指標系統建構方式著實相當多樣化，並無所謂最好，必須考量客觀條件與使用者需求而定，一般而言，建構指標系統應考量以下幾項

（1）典範考量

建構指標系統，有時會隨著研究典範的脈絡，因應委託人的特殊要求（如要求量化指標）時，或是收集資料本身的特性，而必須考量質化、或是量化典範的指標建構需求。

（2）指標建構專業能力

不管質化或量化指標系統建構方式，必須考量指標建構者的專業能力，如為學校自我評鑑小組自行發展時，除考量其建構指標能力外，亦可考量專業協助的可能性。

（3）參與者的考量

大多數的指標系統建構除評鑑群或研究者本身外，主要參與人員多為專家或利害關係人，兩者各有利弊，專家反映其專業，而利害關係人雖未具專業素養，卻可反映指標建構的真實需求，及指標發展的區域脈絡，不同的考量，所使用的指標建構方式亦不相同；然而，以第四代評鑑的觀點

而言,利害關係人的參與 有其必要性,因此在各種須專家參與的指標建構方法,亦可考量引入利害關係人之共同參與。

（4）資源考量

主要須考量人力、時間與經費等資源,每一個指標系統建構所須投注的人力不同,經費的來源也不一樣,有些有既定期程的限制而須考量時間問題。

（5）資料與工具的限制

許多指標系統建構時須要文獻探究,或是有建構指標的限定工具需求,如統計軟體等,而當該項評鑑客體未有評鑑記錄或研究可供參考,或是因所需工具付之闕如,則選擇指標建構的方式則受到限制。

（6）評鑑功能的考量

指標如為評鑑所使用,須考量其形成性或總結性功能,如為形成性功能導向,重視發展改進,則指標建構方式不須過於嚴謹,可借用或修訂適當的指標系統即可;如為總結性功能,重視績效責任,甚至有比較、公布、獎懲之作法,則指標的建構須嚴謹,並考量指標的加權。

（7）使用者與適用範圍

所建構之指標系統之使用者與適用範圍如果僅限於少部分人,或僅適用於學校中,則須盡可能考量脈絡需求之特殊性,亦可不須太嚴謹;如適用範圍大者,則公信力為必要考量,因此不僅須嚴謹的方式,且須考量適用的一致性,以及指標之加權。

綜上所述,各指標的建構方式,其主要參與者、指標資料收集方式及指標資料分析方式都有部分的差異,學校應考量學校本位評鑑客體的特質、評鑑目的及學校所擁有的人力資源一併考慮後,選擇適當的指標建構方法。亦即各種指標系統建構方法的選擇皆有其優缺點,亦有其不同的功能與特色,因此研究者需視研究目的,評估學校層級評鑑情境的特性,選擇適用的指標系統建構方式。

　　本研究旨在建構「國民中小學特色學校指標」，然國內有關特色學校相關的學位論文與實證研究有限，因此，本研究之指標初步建構階段，首先採用文獻分析法，廣泛蒐集國內外活化校園之相關文獻，歸納分析「國民中小學特色學校指標」內涵，以作為本研究的理論基礎及指標初步建構的依據。因此本研究者敬邀學者和實務工作者作為問卷對象，根據其意見建立評估指標權重的依據，本研究目的在於建構「國民中小學特色學校指標」，根據上述，可得知德懷術可擷取多方專家之意見且達成共識，最後進行模糊層級權重分析（FAHP），成為本研究目的之最佳研究方法，故本研究擬使用德懷術問卷調查，整合所有學者專家及實務工作者的意見及看法，以構築「國民中小學特色學校指標」之適切性。

二、特色學校的意涵與概念

　　21 世紀的學校處在知識經濟時代裡，面對資訊飛馳的發展、社會多元價值觀的激盪，又飽受市場經濟、績效責任、服務品質以及子少女化的衝擊，社會大眾對學校教育品質的要求日益殷切。爰此，面對這些挑戰，不少學校開始衡酌本身條件，發展自己學校的特色，藉此展現亮點吸引家長和學生的關注。吳清山（2011）指出，學校品牌和形象的建立，來自於學校的特色，所以建立一所有特色的學校，成為當前學校經營的重要課題。林志成（2016）也指出優質特色學校係建立在有效能學校之上，旨在使每一位學生都能成才成器。學校特色是特色學校發展的最底端，是形成特色學校的基礎，特色學校要在學校特色的基礎上經過一定時間的累積和淬鍊才有可能真正形成。為了更加掌握特色學校的概念，以下就特色學校相關的概念、台灣特色學校的發展沿革、特色學校本位課程的發展，一一來釐清特色學校的意涵。

（一）特色學校的意涵

　　教育面臨社會變遷、少子女化、高齡化、異質化等多元的挑戰，發展優質特色學校、提高教育品質係重要議題。特色學校的發展在創新教育價值上有其重要意義，而與特色學校相關的概念很多，不同類型的特色學校名稱也很多，湯志民（2013）即指出，優質學校（quality school）的推展英美行之有年，如美國的磁性學校（magnet school）、藍帶學校(blue ribbon school）和新美國高中（new American high school）、英國燈塔學校（beacon school）和專家學校（specialist school）。Tapaninen（2005）進一步指出一所優質學校會激勵學習和教學，可提供成長和發展的情境，並創造社區的意識和增進情誼。吳清基（2005）也強調「優質學校教育應提供一個優質純淨化的優質環境，這些潛在課程必然可以變化氣質，使學生成為文質彬彬的地球村公民」。上述各種特色學校，如磁性學校（Magnet School）、經典學校（Paradigm School）、藍帶學校（Blue Ribbon School）、燈塔學校（Beacon School）、特許學校（Charter School）、藍星學校（Lancing School）等共同核心概念，均強調「特色經營，以提升教育品質」（林志成與林仁煥，2008）。

　　就一般常見的「學校特色」與「特色學校」這兩種概念而言，兩者之間有其共通處，如：具有教育性、普遍性、永續性、獨特性、優異性等。而相異處主要在於層次性不同，學校特色是偏向局部的，是學校在某個方面展現出來的優勢項目或特色項目；特色學校是就學校整體而言的，是以特色經營理念為主軸，向學校各個面向輻射而形成的特殊風貌。另一不同處是參與度的不同，學校特色參與的對象往往流於少數菁英，僅有部分學生受惠；而特色學校在創建過程中，是大多數學生都參與的，甚至是全校學生參與的，裨益於全面的發展與落實。林志成（2010）認為，學校特色是發展特色學校的重要基礎，特色學校是學校特色成熟的指標，其係以學生學習為根本，以特色經營為枝葉。林進山（2011）則認為特色學校係指

學校辦學能依據教育願景和教育目標，掌握學校人力和物力資源的優勢，結合校內教學課程和社區資源，充分發揮學校優質的正向教育，並透過延續、發展和創新的歷程，形塑學校教育風格與特色。而教育部於 2007 年開始推動「活化校園空間與發展特色學校實施計畫」，將特色學校界定為利用在地特色與人文特質，結合在地產業文化、文史工作室、民間業者等異業結盟，設計有學習意義之課程。融入產業文化、山川景觀、自然生態、人文遺產等，提供優質化、多元化、豐富化的課程發展素材，發揮創意經營與實質效益，突破各校發展風格，形塑品牌特色學校，並珍視環境永續與生態教育概念，打造新概念的校園。

　　研究者綜合上述相關文獻，將特色學校定義為，學校整合產、官、學界各種資源，以在地素材為發展利基，進行空間活化、教師增能、課程教學創新，發展具有教育價值性、在地元素、創新特殊性的學校本位課程，建立學校品牌以提升教育品質。在對象上，以個別學校為單位，包括公立、私立或委辦學校。在內涵上，係指由學校課程設計、教學方法、行政管理、資源統整、校園營造和學校文化等所建構的教育環境，包括單一、整合或整體、動態或靜態、軟體或硬體的學校教育環境。而在水準上，強調學校所建構的教育環境，至少能夠「符應」或甚至「超越」使用者的教育、生活和學習的需求，而使用者狹義以學校教職員生為範疇，廣義則包括學校教職員生、家長、志工、校友和社區人士等（湯志民，2009）。

　　總括而言，特色學校（featured school）係指一所學校能夠在既有的利基，創建永續發展的願景及共識，透過創新的領導及行政管理方式，促動團隊合作的高效能運作，整合在地及社區的相關教育資源創研校本課程、且教師能運用社群機制，精進課堂教學能力與多元教學方法，活化校園空間融入美學意象，構築獨特、特有學校文化及教育環境，能符應或超越使用者的教育、生活和學習需求，主要的核心價值是在創新及優化學生學習提升教育品質。

（二）台灣特色學校的發展沿革

　　台灣地區特色學校大多以校本資源為發展基礎，主要結合藝術深耕、永續校園等相關專案計畫，透過策略聯盟、增能共學、資源共享、共好共榮等策略，賦予教育新的生命力。優質教育團隊、領導者創新思維、整合力、執行力及資源整合係發展優質特色學校的首要條件（林志成，2016）。

　　在台灣特色學校的發展沿革上，研究者在蒐集文獻後歸納為醞釀期、萌芽期及茁壯期三個階段，以下除分別說明三個發展階段外，並進一步探究特色學校在發展遇到的挑戰。

1. 台灣特色學校的發展沿革

（1）特色學校的醞釀期

　　我國從 1997 年解嚴以來，社會氛圍逐漸走向民主化、自由化與多元化，強調人權、保障人的生存、尊重每個人的價值及重視多元的價值。在此浪潮的衝擊下，教育型態及政策逐漸擺脫權威體制的控制與束縛，教育制度則會有多元的發展，其中，強調以學生為中心、允許學生選擇自己有興趣的活動、因此著重學生自我發展與「開放教育」再度受到重視。一開始，如森林小學、毛毛蟲學校等，在體制外所進行的改革，也帶來許多教育的衝擊。而體制內學校的改革，也開始試辦開放教育的教育型態。1994年台北縣政府，選擇20所國小實施開放教育，提供了特色學校發展的一個開端及發展的利基。

（2）特色學校的萌芽期

　　鄉土教育的發展，在解嚴之後逐漸受到重視，並納入正式課程教學內。中央政策從「立足台灣、胸懷大陸、放眼世界」，到「鄉土情、中國心、世界觀」鄉土教育進入「生根發芽」的階段。教育部於1994年正式公布國小課程中加設鄉土教學活動一科，並於同年頒布《國民小學課程標準總綱》，

其中第 8 條明白指出:「鄉土教學活動,三至六年級實施,除應配合各科教學外,各校亦得視地方特性,彈性安排方言學習及鄉土文化有關之教學活動,指導學生學習,國民小學課程標準正式設科鄉土教學活動。」要言之,鄉土教育的納入正式課程,各縣市政府針對在地不同特色,發展符合地方特有的課程與教材,教學活動可以整合引進社區資源及在地元素,來進行鄉土教學活動課程的實施創建特色教學,引此全國的鄉土教育遍地開花,特色學校因此而逐漸萌芽。

(3)特色學校的茁壯期

從 2007 年至今,台灣的教育部制定競爭型計畫「國民中小學發展特色學校相關方案及計畫」協助各學校發展特色,依照不同政策方向及教改需求,共分成五個階段。第一階段重點以偏鄉、小校及遊學為主軸。第二階段方案除了鼓勵學校的廣泛參與之外,其方案內涵所鼓勵的特色學校發展重點為在地素材與發展利基、空間活化與資源整合、課程轉化與教學創新,以及社區協作與策略聯盟。第三、四階段發展的重點是積極鼓勵學校發展特色,延伸特色學校效益,以結盟扶植更多學校進行特色發展。第五階段重點是結合十二年國教,建構特色學校之理念論述,強化十二年國教課程素養導向課程發展實踐的系統,深耕課程美學延伸學校教育效益,規劃在地全球化之特色學校,實踐永續發展核心價值之優質特色學校品牌。

各階段的細節分述如下:

第一階段(2007 年至 2009 年):推動方案名稱是「國民中小學活化校園空間與發展特色學校方案」,其計畫目的為:

1.活化利用既有閒置校舍校園空間等教育公共財,充分發揮校園空間價值,配合在地特色資源與人文特質,並依據各縣市、各學校特殊條件與需求,規劃多樣性的教育功能,尋找學校存在的永續價值與新生命力。

2.擴大學校空間效益,結合地區性特色環境,產業文化、山川景觀、自然生態、人文遺產等資源,提供優質化、多元化、豐富化的課程發展素材,

逐步發展成特色學校。

3.運用學校和社區專業人員，規劃在地化特色課程平台，提供參觀與體驗學習處所，並且鼓勵城鄉交流學習，以不同課程的風貌與教學的型態，提供真實情境之校外教學平台，帶動國內教育旅行風潮，締造本土型的遊學貢獻。

其次，計畫原則如下：

1.活化空間－利用多餘校舍空間，發揮創意經營與實質效益。

2.學校品牌－以空間特色突破發展，形塑「特色學校」的風格。

3.永續環境－珍視環境永續與生態教育概念，打造新概念的校園。

4.優質課程－運用空間環境平台，設計有學習意義之特色課程。

5.夥伴關係－在地產業文化、文史工作室、民間業者異業結盟。

6.分享遊學－援引遊學經驗範例，分享特色遊學的系統知識。

第三，實施策略

1.廢校閒置校舍再利用：各縣市偏遠迷你小型學校，實行整併裁撤之後，目前已無學生就讀之閒置校園校舍，衡酌其交通狀況與堪情形，投入低度經費予以整修使用，由民間產業或基金會等單位承租合作，進行環境改造，實施產業文化、生態探索等教育功能的活動。

2.小型學校的遊學發展：各縣市為數眾多的迷你小型學校，現有學生人數偏低，而且學習動機不足，學校存在價值與經營效能亦備受爭議。活化校園校舍，運用優勢的環境條件，研發場域型的特色課程，並吸引都會區或他校學生前來遊學，形成特色遊學中心，以驚奇有趣的學習型態、提供各地文化體驗學習機會。

3.一般學校剩餘空間活化：由於一般學校大幅減班，造成大量剩餘教室空間，為避免形成校舍資源的浪費，乃規劃的活化用途，發展學校特色課程與活動。

第二階段（2009 年至 2012 年）：計畫名稱是「國民中小學整合空間資

源與發展特色學校計畫」，計畫目的為：

1.期能融入校園議題和社區特性，展現各學校之特色課程風貌與多元教學型態。

2.促進教學的活化，體現「學習歷程遊憩化；遊憩結果教育化」之有趣學習，創造藍海校園的課程價值，營造學校聲望和學生特質表現、文化學習與表達能力。

3.擴大學校之空間效益，結合鄰近之特色環境，產業文化、山川景觀、自然生態、人文遺產等資源，提供優質化、多元化、豐富化的課程發展素材，逐步形成以「本位課程」為導向的特色學校，展現體制學校之理念作為。

4.深化研發和分享學校本位課程的產出，擴大延伸學校教育意義，鼓勵城鄉交流學習。

其次，計畫原則：

1.深化課程－將空間活化和特色資源，導入課程模組和教學人力群組，深化各校之課程意義。

2.優質教學－運用空間環境平台，將地方特色導入教學系統，連結有趣、有意義的學習活動。

3.建立品牌－打造學校之特色課程品牌化。

4.永續經營－珍視在地自然環境和特色藝術文化之永續教育概念，打造活力新校園。

5.特色效益與延續發展－延續地方特色文化與營造品牌行銷。

第三階段（2013 年至 2017 年）：計畫名稱為「國民中小學營造空間美學與發展特色學校計畫」，計畫原則如下：

1.活化創新教學－運用校園空間環境平台及地方特色文化，建立創新教學系統。

2.優化學生學習－透過五官六感、體驗、探索等特色學習活動，優化學

生學習，提升學生學習動機與成效。

　　3.深化課程空間意象美學－將空間美學和特色資源導入課程教學模組，建立系統化特色課程，深化課程美學之教育意涵。

　　4.營造空間美學教育環境－強化學校特色空間形式之美、內容之美及意義價值之美的營造。

　　5.擴大全面參與－鼓勵學校發展全校性特色課程外，亦應推廣家長及社區參與機制，凝聚學校及社區共識。

　　6.發展永續經營－鼓勵各校永續發展特色學校，推動教師增能，延展計畫效益，打造活力新校園。

　　7.建立優質品牌－運用前三階段之特色成果為基礎和案例，使學校特色課程優質化，建立優良標竿學校品牌。營造豐富多元的學校風貌，為十二年國教的特色發展經驗和參考價值。

　　第四階段（2018 年至 2019 年）：計畫名稱「公立國民中小學發展特色學校實施計畫」，其計畫目的及原則如下：

　　1.聚焦校本課程－深耕校本課程及課程美學，有效串連部定課程及校訂課程，擴大親師及社區參與，凝聚親、師、生共識；發展教師專業學習社群，協助教師有效增能，推動多元創新教學。

　　2.著重學生主體－落實十二年國教精神，聚焦於優化學生學習，以生活經驗與情境出發，強調實踐與行動，培養學生核心素養；適度融入素養導向教育、重要議題、社區特性、家長期望及未來規劃等。

　　3.資源整合活化－運用學校在地利基（niche），整合學校內部及外部軟硬體資源，兼重特色課程、工程與美學，加強經驗分享與標竿學習，鼓勵策略聯盟，擴大效益，發展品牌特色學校，共創夥伴關係。

　　4.回歸永續發展－強調空間領導效能，以校本特色課程為核心，營造具課程意義之校園環境，強化課程與空間美學之連結，並符應永續發展核心價值。

第五階段（**2019 年～至今**）：十二年國教之素養導向之特色學校計畫以「全人教育」、「核心素養」為發展主軸，首在聚焦校本課程，希冀各校深耕校本課程及課程美學，有效串連部定課程及校訂課程，擴大親師及社區參與，凝聚親、師、生共識；並發展教師專業學習社群，協助教師有效增能，推動多元創新教學。其次，著重學生主體，以落實十二年國民基本教育課程綱要精神，並適度融入素養導向教育、重要議題、社區特性、家長期望及未來規劃等，以擴大方案效益。最後，則希冀能協助各級學校永續發展，促進學校深耕課程教學美學與空間環境美學（教育部國民及學前教育署，2017）。國民及學前教育署將「公立國民中小學發展特色學校實施計畫」，因符合十二年國教所推行的教育目標相符，自 108 學年度起融入「國民小學及國民中學辦理活化課程與教學計畫」。

三、特色學校的相關研究

特色學校係指依據本身特性所發展出來具有獨特優異教育表現的學校，因此，特色學校的經營涵蓋多元層面的經營與獨特性，並強調用心與創意，利用優勢發展成強項或是特別的教學活動，充分展現學校的差異和學校個性（吳明清，1997；吳清山與林天祐，2009；詹棟樑，2002），而林文生（2009）認為，特色學校必須成為社區的文化資產，與社區家長的關係越高，永續經營的可能性越高。特色學校經營強調「順變」不如「預變」，「應變」不如「求變」，積極「創新求變」，化危機為轉機，並開創發展良機（林志成與林仁煥，2008）。

綜而言之，特色學校的發展和創新經營與管理、永續經營及活化校園有著密切關係，其關係臚列如下：

（一）學校創新經營與特色學校關係

特色學校創新經營與學校特色之間的關係相當密切（秦夢群與莊清寶，2018）。我國大力提倡學校創新經營概念可始自於教育部 2003 年公布的《創造力教育白皮書》，內容在強化學校經營層面特別注重「協助各校結合社區發展教育特色」、「推動創意學校」、「推動學校成為學習型組織」、「推動以『學校為本』之教師成長計畫」、「推動各級學校進行合作聯盟」等策略（教育部，2003）。新北市政府自 2003 年起陸續將偏遠學校轉型為特色學校，其主要目的為：1.偏遠小學人數逐年遞減，但擁有優越之人文、自然條件，鼓勵各校充分運用資源，弘揚當地文化及多元發展；2.將偏遠學校之本位課程與特色教學，提供給他校學生，共同分享偏遠學校之「場域課程－創意教學－體驗學習」；3.讓偏遠小學轉型為特色學校經營模式，以開創新的視野和行動，提高各校教育的附加價值（徐文濤與鄭福妹，2006；台北縣政府計畫方案，2004）。

在國外部份關於創新經營的部分，周玉秀（2019）研究發現，奧地利的 Ludesch 小學為僻處務農的山城，總人口數約 3,500 人，是周遭唯一的一所小學。校內實施混齡個別化學習的創新教育，2016 年多項學習成就獲得奧地利全國典範學校獎，2017 年更因學生的學習策略表現優異獲得邦內首獎。這學校創新經營的成功可歸因六項品質指標：1.同儕學習與教學品質、2.班級學習空間與學校生活、3.學校經營與人才發展、4.學校夥伴與對外關係、5.差異性和國際性、6.展現出傲人的卓越性。

根據秦夢群與莊清寶（2012）研究，台灣國民中小學特色學校在學校創新經營各層面受到教職員之肯定，以五等量表為標準，其中在學生展能創新層面（M=4.21）、校園環境創新層面（M=4.11）、課程教學創新（M=4.02）、行政管理創新（M=3.99）、公關資源創新（M=3.99）實施程度中高程度到很高程度。另外，邱子瑜（2017）以花蓮縣個案小學為研究對

象，提出偏鄉小校學校的創新經營須積極尋找學校特色，結合在地的文化，營造學校特色與亮點。

　　歐盟從 1991 年即開始推動「The LEADER」計畫（LEADER 是法文字群的字首縮寫，意思是偏鄉經濟與發展行動串連），該計畫由各會員國之地區行動團體來執行，並遵循七項偏鄉創新發展的主要原則，包括：（1）地方本位，以同性質的小社區為單位；（2）由下而上，使用當地人士的設計與策略；（3）公私協力，結合公共與私人的技能與資源；（4）創新，讓地方能彈性引進新的想法與策略；（5）統整，相對於傳統以個別行業為考量，該計畫主張將經濟、社會、文化與環境整合考量；（6）網絡，在地方、區域、國家以及歐洲的任何層次上，允許個人、組織以及機關之間都能有所學習；（7）合作，在各 LEADER 小組之間相互分享經驗，相互彌補不足，並獲得發展所需的物質（詹志禹與吳璧純，2015）。例如歐盟支助下的 Vital Rural Area 計畫（2009-2014）中即明白指出，偏鄉地區迫切需要實施教育與學習創新的三大項目如下：1.數位學習為偏鄉提供教育機會；2.從初等教育到職業教育的培訓須搭配勞動市場；3.對中小企業人員進行專業訓練以利推動產業創新，其中指出中小企業和教育機構如何使用合作協議方法分享知識資源的重要性（詹志禹與吳璧純，2015；Vital Rural Area, 2019）。

　　2017 年澳洲調查農村和偏遠地區學生面臨的挑戰，並尋找創新的解決方案，幫助他們在學校及其他地方能獲取成功的經驗。2018 年澳洲政府提出加強區域，農村和偏遠社區的政策和計劃。例如，增能學校領導者和教師，強化區域，農村和偏遠地區的專業學習和支持，並提供區域，農村和偏遠地區的學校學生科學、技術、工程和數學（science, technology, engineering & mathematics, STEM）的學習機會。在政策和策略上，澳洲政府在新南威爾士州（New South Wales）、昆士蘭州（Queensland）制成立一個專門負責農村和遠距教育的部門，支持農村和偏遠地區的學校以及提供遠距教育的學校以滿足農村和偏遠地區學生、教師、領導和家長的需求。

其中，昆士蘭州特別提出三大目標：1.每個農村和偏遠學生都獲得了成功；2.重視教師和學校領導者在其職業生涯的各個階段提供專業的學習和能力發展；3.建立積極的夥伴關係，學習合作夥伴計劃幫助遠距教學老師培訓他們教授閱讀的技能（Australian Goernment Department of Edecation, 2018; OECD, 2019b）。

蔡金田（2018）也指出傳統的學校經營模式較侷限於圍牆內的校務運作，然而近年隨著教育改革腳步的加速，學校之間的顯性資源條件逐漸趨同，只有品牌與特色才是獨一無二的，不可複製的資產；學校應積極為學生規劃不同之社團活動，延伸學生學習的觸角，以追求教育卓越的品質為核心，在環境、課程與教學行政工作上不斷求新求變，藉以提升學校形象贏得家長社區的認同與支持，因此以學生教育品質的提升為核心的學校品牌品質及品牌行銷，才是學校生命最持久的「動力之源」。

綜合言之，國外在偏鄉或鄉村學校的創新發展著重在以下幾大面向：1.在行政上，重視領導者的專業與學習能力發展；2.在教師創新教學與專業發展上，善用資訊科技以遠距教學滿足學生學習與教師的專業成長；3.在學生學習上，重視改善學生的學習經驗，著重學習的品質以提升學生學習的成效；4.在資源整合上，非常強調資源統整的重要性，不僅與社區密切合作同時引進民間組織力量，將地方特色與教育相結合；5.在環境上，將學校視為社區的中心，活化學校空間與社區合作共同分享；6.在外部關係上，與社區建立積極的夥伴關係。在國內的實證研究方面儘管特色學校的發展皆強調行政領導、課程與教學、學生學習、校園空間活化、在地與社區資源、品牌行銷、的創新經營，透過這些面向的創新經營而建構發展出特色學校，以上國、內外偏鄉的創新發展而發展成特色學校的面向在建構本研究指標時應作為重要的參照依據。

（二）學校永續經營與特色學校

在企業管理的研究或論述中，對於永續經營的界定有：一直表現得很優秀（Peters& Waterman, 1982）、長期擁有地位（Collins& Porras, 2000）或長久存在（孫珮瑜與張漢宜，2006）。張茂源（2005）提出，邁向學校永續經營，對外必須運用有效的行銷策略，而對內則要建構有效的溝通機制與，公平的獎懲制度，以及發展與落實校務計畫，最後，建立客觀的衡量指標以落實評鑑。

蔡金田（2018）認為學習社群的推動是建立永續校園文化的重要工作，學校應可鼓勵學生、家長及相關人員加入。在學校人力許可下，可同時規劃不同目的的學習社群，呈現多元特色。建構個人、社群與知識的循環運用，方為能為學校帶來個人與學校雙贏的情境，成就一個豐富永續的校園文化。吳清山與林天祐（2009）指出，「永續」為一所具有特色的學校應該兼具的特性之一。國外特色學校永續經營相關研究，可知影響國外特色學校永續經營的關鍵因素為行政領導作為、參與者的滿意度及學校教育績效（Arbisi Little, 2012; Every, 2012; Miller, 2010；Every, 2012）。

由此可知特色學校若要達到永續經營的目標，首先必須使學校組織成為學習型組織，使組織制度持續成長；另外，運用多元創新的經營策略，首先是課程與教學層面的創新設計與領導風格的轉變，提升學生學習品質，再者組織文化的創建與革新，亦必須與結合在地多元資源網絡，建構社區夥伴關係，以組織優質團隊，並善用策略聯盟，最後，進一步運用行銷策略，向外擴展市場機制。

（三）活化校園與特色學校

活化校園（activation of campus），湯志民（2009）提出為一新興之名詞，因應閒置空間再利用、永續校園、學校創新經營與特色學校之推展。

　　湯志民（2002）認為校園空間活化原則：（1）求新原則：樣式新穎；（2）求變原則：功能改變；（3）求精原則：品質提升；（4）求進原則：內容增加；（5）求絕原則：本質逆轉；（6）求妙原則：絕處逢生。林志成（2010a）指出活化校園與特色學校經營原則，（1）兼重硬體工程、軟體課程與主體進程，以改善變學校人員主體的覺知、想法、信念、心態、心向（mental set）與心智模式（mental models），（2）把握做、玩、問、思與五感多元學習，活化系統性的領域學習，（3）把握三創、三易與三品利基價值曲線，善用創意、創新、創價等教育經營之三創行動智慧（林志成，2005；林志成與童鳳嬌，2006），（4）兼顧領域基本學習與場域特色學習，（5）創造藍海、紫牛與綠色永續學校，（6）善用行動智慧策略，有效活化學校。

　　蔡金田（2018）指出今日學校的教與學應建立一個跨學科的願景，強調校長的領導效能，教師教學效能與培養學生的思考技巧，幫助學生去尋找和組織不同資源已進行有意義的學習及多元性的評量，提升學生整體學習成效，以迎合國際趨勢所具備的能力與素養，藉以提升全球競爭力。

（四）特色學校相關研究

　　為了解學校特色研究發展趨勢，研究者以國家圖書館台灣博碩士論文查詢系統，以「特色學校」為主題與關鍵詞查詢 2006 年至 2020 年近十五年相關博士論文研究，共有 18 篇論文與本研究主題相關之主要研究發現整理如表 2-1 所示。

表 2-1

2006 年至 2020 年國內外特色學校博士論文相關研究

編號	研究者	研究主題	研究對象	研究方法	與研究相關之發現
1	鄭福妹（2006）	偏遠地區小型學校創新經營之研究－以台北縣特色學校方案參與國小為例	參與台北縣92學年度「特色學校方案」之18所偏遠地區小型學校校長、教育局及學校相關人員	問卷調查法、訪談法及文件分析	兼顧學校行政管理、課程與教學、知識分享、外部關係，以及資訊科技等五項創新層面，就能因應內外在環境變化做出不同以往之經營方式，能彰顯學校存在價值，更能活化學校的發展。
2	曾坤輝（2007）	台北縣「特色學校」課程發展之研究－偏遠小學的危機或轉機	台北縣94學年度實施「特色學校方案」之50所偏遠地區小學	問卷調查法、訪談法及文件分析	1.特色學校主要選擇以社區自然生態資源條件發展特色課程，透過生活體驗與實際操作等方式進行學習，以爭取辦學績效。2.特色學校課程能有效整合社區資源以彰顯其特色及教育性，藉此激發學校團隊動力以爭取更多外部支援進而提高學校知名度。3.必須從本校學童實際受益觀點來衡量特色學校課程的意義性與價值性。

表 **2-1**

2006 年至 **2020** 年國內外特色學校博士論文相關研究（續）

編號	研究者	研究主題	研究對象	研究方法	與研究相關之發現
3	彭成君（2008）	台北縣特色學校方案學校經營困境及創新經營之研究	台北縣偏遠地區小型學校且93學年度新加入參與「特色學校方案」之20所偏遠小學	問卷調查法及訪談法	1.台北縣特色學校之特色課程以自然類課程最多，設計多元課程、整合運用資源、引進專業人士並提昇教師專業。2.台北縣特色學校之創新經營策略包含下列方面：行政管理創新經營、課程與教學創新經營、知識分享創新經營、外部關係創新經營、資訊科技創新經營。3.特色學校實施特色課程後，改善經費、團體學習。
4	王啟業（2009）	教育部特色學校發展狀況之研究	參與教育部特色學校方案之學校	問卷調查法	1.參與動機方面，以營造特色教學環境，提供學童使用為最高；經費使用方面，以建置特色課程環境，發展教學媒材為最高；活化後的空間，以支援學校課程與教學最高。2.推動特色學校，可增加學童的文化刺激、提昇本校學童的自信心。

表 2-1

2006 年至 2020 年國內外特色學校博士論文相關研究（續）

編號	研究者	研究主題	研究對象	研究方法	與研究相關之發現
5	林仁煥（2009）	台灣地區特色學校經營發展現況、困境及其因應策略之研究	教育部2007、2008年核定為「補助國中小活化空間利用暨發展特色學校方案」之158所特色學校	問卷調查法及訪談法	1.台灣地區特色學校發展現況良好，面對困境時所採行之主要因應策略為：建立轉型發展共識、特色課程融入學校本位課程、導入專家志工指導協助、善用社區資源、爭取特色學校發展計畫專案、專人負責特色學校網頁。2.學校若要成功的轉型為特色學校，最重要的關鍵因素如下：社區資源、教育人員的資源敏感度、建立轉型發展共識、具有優質教育團隊、領導者創新教育思維、引導挹注經費。
6	Miller（2010）	校長對於開始經營新的特許高中之看法	五位校長	個案研究、問卷調查法、半結構訪談法	1.文化和人際資源是不可或缺的領導領域及必須要具備的技能。2.經營一所特許高中，重點在於文化領導領域，而校長們非常依賴先前的經驗和知識。

表 2-1

2006 年至 2020 年國內外特色學校博士論文相關研究（續）

編號	研究者	研究主題	研究對象	研究方法	與研究相關之發現
7	戴貝珊（2010）	國民小學特色學校關鍵成功要素之研究	96~98 年度參與教育部特色學校計畫方案獲獎學校之校長、主任、組長、教師 96~98 年度榮獲教育部特色學校計畫方案兩次特優之校長	問卷調查法	1.特色學校對所列舉各關鍵成功要素重要性的看法呈顯著中上程度反應，其中以「校長領導」層面最高，「策略聯盟」較低。2.各構面相對權重大小依序為「課程教學」、「行政管理」、「學校行銷」、「外部資源」；各層面要素的總體排序由高到低依序為「特色課程」、「創新經營」、「教師教學」、「校長領導」、「社區關係」、「外部行銷」、「內部行銷」、「策略聯盟」。
8	陳玥臻（2011）	兩所國民小學特色學校創新經營之研究	兩所國民小學特色學校	訪談法及文件資料	兩所特色學校運用創新經營模式為：行政領導創新、課程教學創新、學習型組織創新、公共關係創新、校園活化創新，成為特色學校的關鍵因素：主要為行政領導創新，其次為課程教學創新。

表 2-1

2006 年至 2020 年國內外特色學校博士論文相關研究（續）

編號	研究者	研究主題	研究對象	研究方法	與研究相關之發現
9	Schumacher（2011）	父母對於特許學校的期待和滿意度－來自中西部城市學區的證據	7 所特許學校學生家長	問卷調查法	1.家長對於學業、學校背景和課外活動方面有高期待。 2.白人學生的父母對於學業的滿意度最高，西班牙父母對於課外活動的滿意度最高。
10	林進山（2011）	國民中小學特色學校經營策略、品牌形塑與辦學績效關係之研究	台北市優質學校、新北市卓越學校、花蓮縣桂冠學校，桃園縣特色學校，澎湖縣典範學校等五縣市代表之各校校長、主任、老師	文獻分析、問卷調查及訪談法	1.國民中小學特色學校之經營策略，以「集體領導整體帶動」得分最高；品牌形塑之方式，以「充實特色品牌內涵」和「推動特色品牌教學」各列為第一；辦學績效方面，以「建立學校特色課程」、「再創優質校園文化」、「彰顯學生多元成就」依序為前三名。國民中小學校長彰顯特色學校的辦學績效是多面向的，同時發現「教師的尊榮和熱忱」是一種另類的辦學績效。

表 **2-1**

2006 年至 2020 年國內外特色學校博士論文相關研究（續）

編號	研究者	研究主題	研究對象	研究方法	與研究相關之發現
10	林進山（2011）	國民中小學特色學校經營策略、品牌形塑與辦學績效關係之研究	台北市優質學校、新北市卓越學校、花蓮縣桂冠學校，桃園縣特色學校，澎湖縣典範學校等五縣市代表之各校校長、主任、老師	文獻分析、問卷調查及訪談法	2.國民中小學特色學校的經營策略對辦學績效具有高度預測力，而且以「改造校園環境空間」變項對辦學績效的預測力最佳。國民中小學特色學校的品牌形塑對辦學績效具有高度預測力，而且以「評鑑特色品牌品質」和「推動特色品牌教學」二個變項對辦學績效的預測力最佳。
11	張茵倩（2014）	國民小學校長策略領、行銷策略與學校創新經營效能關係之研究	台南市國民小學教師	問卷調查	校長策略領導、行銷策略與學校創新經營效能之間具有高度正相關。
12	黃國庭（2014）	國民小學校長空間領導、學校創新經營與學校效能關係之研究	台北市、新北市、桃園縣公立國民小學教師	問卷調查	國民小學校長空間領導、學校創新經營與學校效能之間均存在中高度正相關。

表 2-1

2006 年至 2020 年國內外特色學校博士論文相關研究（續）

編號	研究者	研究主題	研究對象	研究方法	與研究相關之發現
13	何高志（2017）	國民中學校長課程領導、組織學習與學校創新經營效能關係之研究	台灣地區國民中學教師	問卷調查	校長課程領導、組織學習與學校創新經營效能之間具有顯著正相關。
14	陳映如（2018）	國民中小學活化校園指標建構之研究	12 位對活化校園具有理論與實務經驗之學者專家	焦點團體座談、問卷調查	國民中小學提出具體建議，積極鼓勵教師活化教學，以及盤點社區資源，共創在地文化特色學校，落實活化校園。
15	李怡樺（2018）	台北市國民小學校長空間領導、學校組織文化與學校創新經營效能關係之研究	台北市公立國民小學教職員	問卷調查	校長空間領導、學校組織文化與學校創新經營效能彼此達到中度正相關。
16	鍾敏菁（2018）	國民中小學活化校園指標建構之研究	台灣地區國民中小學	焦點團體座談問卷調查	積極鼓勵教師活化教學，以及盤點社區資源，共創在地文化特色學校，落實活化校園

表 2-1

2006 年至 2020 年國內外特色學校博士論文相關研究（續）

編號	研究者	研究主題	研究對象	研究方法	與研究相關之發現
17	溫育賢 (2019)	偏遠地區國小創新經營指標建構之研究	2007 至 2018 年學校經營與教學創新 KDP 國際認證獎」之六所標竿或特優之偏遠地區國小校長	問卷調查	偏遠地區國小創新經營關鍵因素可分成十二項：一、校長的專業知能與辦學熱忱；二、願景的共識凝聚與討論的文化；三、形塑學校的核心價值與特色；四、行政團隊的積極推動與支援教學；五、課程的發展與教學的實踐；六、教師的協作與專業增能；七、校園環境的營造；八、資源的整合與應用；九、激勵教師提供展能舞臺；十、學生的展能與學習成效；十一、行銷學校特色建立品牌形象；十二、學校社區互惠雙贏的夥伴關係。

表 2-1

2006 年至 2020 年國內外特色學校博士論文相關研究（續）

編號	研究者	研究主題	研究對象	研究方法	與研究相關之發現
18	黃翠屏（2020）	特色學校的特色課程發展之研究—以台東雷公國小為例	以台東雷公國小為例	個案研究法	本研究發現個案學校特色課程發展為組織課程發展委員會進行情境分析，再由校長主導、全校教師共同參與，之後由教師各自研究課程。為來發展方向，行政面包括穩定教師的流動率、學校行政主導課程走向、推廣學校亮點並爭取課程經費；課程面包括與家長保持聯繫、增加個人知能並積極參與課程討論。

資料來源：研究者自行整理

茲說明如下：

　　歸納分析上述國內外特色學校相關研究，可知影響特色學校歸納其相關研究，可知影響特色學校的關鍵因素首先為學校領導者之行政領導與創新經營（林仁煥，2009；林進山，2011；彭成君，2008；陳玥臻，2011；鄭福妹，2006；戴貝珊，2010； Miller，2010；張茵倩，2014；黃國庭，2014；何高志，2017；陳映如，2018；李怡樺，2018；溫育賢，2019；黃翠屏，2020）。

　　再者特色學校發展的重要因素，由研究資料歸納發現，建構特色課程與教學之發展是相當重要的，融入在地文及各種風俗民情，打造出以在地

特色的校本課程，以創新教學、活化的教學媒材，以學習者為核心，提昇學校辦學績效及效能。（林仁煥，2009；陳玥臻，2011；彭成君，2008；曾坤輝，2007；戴貝珊，2010；Schumacher，2011；張茵倩，2014；何高志，2017；溫育賢，2019；黃翠屏，2020）。

從文獻歸納發現，特色學校能與鄰校策略聯盟、資源共享，形成夥伴共學關係，校能利用各集會活動宣傳學校特色，增進社區居民對學校的支持，善用社群網絡行銷爭取媒體報導學校特色，提高能見度建立學校品牌。（彭成君，2008；林仁煥，2009；Miller，2010；林進山，2011；戴貝珊，2010；陳玥臻，2011；張茵倩，2014；溫育賢，2019；黃翠屏，2020）

最後特色學校的經營重視，構築優質校園文化、學生多元成就、教師的尊榮和熱忱、獲得家長支持，促進學生創價學習的教育績效及品質的全面提升（林仁煥，2009；林進山，2011；彭成君，2008；戴貝珊，2010；Miller，2010；黃國庭，2014；何高志，2017；李怡樺，2018；溫育賢，2019；黃翠屏，2020）。因此，透過上述相關研究面向的整理，可供研究者進一步探討特色學校面向之知識缺口。

（五）特色學校教育指標雛型

研究者彙整國內外特色學校之論述建構內涵，並建構「特色學校指標」體系，根據上述，本研究之「特色學校指標」架構，主要包括指標「層面」、「向度」與「指標」三個層級，並據以建立指標雛型，茲說明如下：

1.「特色學校指標」各層面之概念分析

綜合整理前述特色學校、學校創新經營、活化校園及特色學校永續經營相關理論文獻之探討結果，根據前述學者專家提出之特色學校之重要概念進行歸納，結果發現前述相關理論與研究對於特色學校經營之界定及內涵有其異同之處，惟仍未跳脫幾個主要層面。因此研究者將上述文獻內涵

歸納成五大層面，分別為「行政領導與創新管理」、「特色課程與教學」、「資源整合運用與活化」、「品牌特色與行銷」、「教育績效」。因此，本研究分別以「行政領導與創新管理」、「特色課程與教學」、「資源整合運用與活化」、「品牌特色與行銷」和「教育績效」五大層面，其概念分析如表 2-2。

表 2-2

「特色學校指標」之層面彙整表

學者（年代）	層面				
	行政領導與創新管理	特色課程與教學	資源整合運用與活化	品牌特色與行銷	教育績效
鄭福妹（2006）	行政管理、資訊科技、外部關係	課程教學、知識分享			
曾坤輝（2007）	激發團隊動力、經費支援、輔導機制	運用社區資源活化特色課程、課程對話	整合社區資源、爭取外部支援	提高學校知名度	辦學績效、學童實際受益
彭成君（2008）	凝聚共識、適時激勵、行政支援教學、資訊科技創新經營	團體互動學習、多元課程、提升教師專業、專業對話、教學專長機制、教學觀摩、知識分享創新經營	籌募經費、外部關係創新經營交流家長參與、運用社區資源、引進專業人士	加強行銷、建立SOP流程	提升教育品質

表 2-2

「特色學校指標」之層面彙整表（續）

學者（年代）	層面				
	行政領導與創新管理	特色課程與教學	資源整合運用與活化	品牌特色與行銷	教育績效
林仁煥（2009）	經費設施、行政經營、資訊科技運用、建立共識	特色課程發展、課程教學活化、人員的資源敏感度	策略聯盟、體驗學習、社區資源運用		
Miller（2010）	校長的文化				
戴貝珊（2010）	校長領導、行政管理、學校行銷、創新經營	課程教學	策略聯盟、外部資源運用、社區關係		
陳玥臻（2011）	行政領導創新、校園活化創新、學習型組織創新	課程教學創新	公共關係創新		
Schumacher（2011）					家長期許、家長滿意度
林進山（2011）	領導帶動、改造校園環境空間、充實特色品牌內涵、進行特色品牌行銷	活化創意教學、發展在地特色課程、推動特色品牌教學	結合在地開拓資源	經營策略、品牌形塑	辦學績效、優質校園文化、學生多元成就、教師的尊榮和熱忱、促進學生創價學習
張茵倩（2014）	校長策略領導、與學校創新經營效能	創新課程與教學		行銷策略	學校教育品質及效能
黃國庭（2014）	國民小學校長、學校創新經營	創新課程與教學	空間領導		學校效能

表 2-2

「特色學校指標」之層面彙整表（續）

學者（年代）	層面				
	行政領導與創新管理	特色課程與教學	資源整合運用與活化	品牌特色與行銷	教育績效
何高志（2017）	校長課程領導、組織學習與學校創新經營效能	創新課程與教學			學校教育品質與效能
陳映如（2018）	行政領導與經營	課程發展與教學	資源整合與運用		辦學績效及創價
李怡樺（2018）	校長領導、學校組織文化與學校創新經營效能	創新課程與教學	空間及資源整合		學校效能
鍾敏菁（2019）	活化領導	活化教學	活化空間		活化效能
溫育賢（2019）	校長領導 願景共識 行政團隊支援	課程發展與教學實踐 教師協作	環境營造 資源整合運用 社區互惠	品牌行銷	教師舞台 學生展能
黃翠屏（2020）	校長領導 政策多變	特色課程 教師參與強化學生生活經驗的連結	家長互動 未來戶外教育為主軸	學校亮點	

資料來源：研究者自行整理

　　茲說明如下：

　　1.行政領導與創新管理

　　蔡金田（2018）指出身為學校領導者－－校長，是學校教育成敗的主要關鍵，在此新世紀中扮演了舉足輕重的角色。特色學校是否能夠永續發展經營，校長的創新行政經營與領導是不可或缺的關鍵，特色學校必須營造團體共識，並因應內外環境變化，彈性調整經營策略。

　　本研究之特色學校指標之「行政領導創新管理」層面之重要概念，包

合因應創新經營概念與行政領導策略。（鄭福妹，2006；曾坤輝，2007；彭成君，2008；王啟業，2009；林仁煥，2009；Miller，2010；陳玥臻，2011；林進山，2011；戴貝珊，2010；魏敏茹，2011；張茵倩，2014；何高志，2017；陳映如，2018；李怡樺，2018；鍾敏菁，2018；溫育賢，2019；黃翠屏，2020）。

2.特色課程與教學

高附加價值的特色課程是特色學校的必要條件（林文生，2009），蔡金田（2018）認為教與學本質的改變是學校成效的重要性，教師教學效能與培養學生高層次的思考，提升學生整體學習成效，以迎合國際趨勢所具備的能力素養，藉以提升全球競爭力。特色學校應以了解學校本身的特色項目為出發點，結合與充份運用在地資源，規劃具有特色的校本課程，結合校內外所有課程、活動，發展屬於學校獨特的文化，結合在地文化與多元發展，善用知識分享的策略聯盟，共同分享場域課程、創意教學與體驗學習（范信賢，2010；張憲庭，2006；陳盈志，2008）。

因此特色學校的課程與教學發展是整個發展重要的脈絡及本質，由文獻可知特色學校的核心價值是重視跨領域、在地化、結合學校內外優勢的統整校本課程，透過教師高效能、多元教學策略及方法，優化學生的學習效能。因此，特色學校指標之「課程教學」層面之重要概念，包含學校本位特色課程發展與教學。（鄭福妹，2006；曾坤輝，2007；彭成君，2008；王啟業，2009；林仁煥，2009；陳玥臻，2011；林進山，2011；戴貝珊，2010；魏敏茹，2011；張茵倩，2014；黃國庭，2014；何高志 2017；李怡樺，2018；鍾敏菁，2018；溫育賢，2019；黃翠屏，2020）。

3.資源整合運用與活化

江嘉杰（2015），研究發現「特色學校」部分比較強調「空間營造」、「空間賦意」及「分享遊學」。要言之，特色學校方案發展迄今，已為教育注入活水、帶來生機，許多學校因而活化轉化，並成功塑造特色品牌形象，

提高能見度，化危機為轉機，對教育多所助益（林志成，2016）。

　　2018 年起推動第四階段持續發展特色學校，聚焦校本課程、著重學生主體、資源整合活化與回歸永續發展，在政策內涵上則是強調深耕校本課程及課程美學，落實十二年國教精神，聚焦於優化學生學習，並運用學校在地利基，整合校內外軟硬體資源，同時強化課程與空間美學之連結，以符應永續發展核心價值（秦夢群與莊清寶，2018）。學校及社區的優質特色在特色學校轉型的課程發展、觀摩交流中充分展現，學生對學校及社區有更深的歸屬與認同感，更認同在地的文化。因此，特色學校指標之「資源整合運用與活化」層面之重要概念，包含在地特有之人力與物力資源配置運用、空間美學和校園活化。（鄭福妹，2006；曾坤輝，2007；彭成君，2008；王啟業，2009；林仁煥，2009；林進山，2011；戴貝珊，2010；魏敏茹，2011；；李怡樺，2018；鍾敏菁，2018；溫育賢，2019；黃翠屏，2020）。

　　4.特色品牌與行銷

　　蔡金田（2018）認為學校品牌應該是有別於他校且是具有特色、有個性的品牌；每一所學校，都要善於把握住教育大環境，並認清學校、社區生態環境，根據學校實際狀況，準確定位品牌策略，形成創意品牌的正確思路，建立以學生為核心的的學校品牌品質及品牌行銷。因此，特色學指標之「特色品牌與行銷」層面之重要概念，包內、外部行銷、公共關係與特色品牌形象。（曾坤輝，2007；林進山，2011；張茵倩，2014；溫育賢，2019；黃翠屏，2020）。

　　5.提升教育績效

　　學校屬於非營利組織，在教育市場競爭的教育環境中，呈現學生的學習成就表現，能夠使學校組織得到社會肯定，達到長期求生存發展的目標，而有效的績效指標，可以協助學校決策，並持續尋求改進的契機。林文生（2009）強調特色學校的經營第一首要指標，亦即，特色學校必須要有穩定的發展計畫，不會因人事的變動以即時空環境的變遷而草率終止。因此

特色學校的經營是具有卓越的教育功能與績效，且顯示特色學校具有長期存在的效益與價值。在新北市校務評鑑指標向度與項目（台灣師範大學，2016）中就強調績效表現，包含學校表現與聲望、師生表現、政策推動成效、學校特色或重點發展方向。香港學校表現指標在 2016 年是配合學校發展與問責（accountability）架構的推行而發展的一套重要工具，配合相關實證和數據，協助學校有系統地檢視各發展優次和重點工作的成效，以便不斷完善學校發展規劃，促進學生的學習成效。（香港特別行政區政府教育局，2016）。英國燈塔學校（beacon schools），要成為燈塔學校必須連續三到四年，經英國皇家督學評定為傑出學校，有明確的證據顯示學校在某些教育措施有極為突出表現，例如 1.特色課程發展；2.行政領導與管理；3.資賦優異教育；4.增進家長參與教育；5.防止校園霸凌教育；6.新進教師輔導等六個層面，大致上兼重學校改進實務與教師專業成長兩方面，最終目標能夠提供學生優質的教育環境與活動，並且有助於提升學生的學業成就（秦夢群與莊清寶，2018；Caron & McLaughlin, 2002；Smith, 2015）。

特色學校指標之「教育績效」層面之重要概念，包含創造教育價值、提升教育品質及與社區共存共榮。（曾坤輝，2007；王啟業，2009；Schumacher，2011；林進山，2011；黃國庭，2014；何高志，2017；陳映如，2018；李怡樺，2018；鍾敏菁，2018；溫育賢，2019；黃翠屏，2020）。

2.「特色學校指標」各向度之概念分析

本研究依據前述「特色學校指標」之各層面觀點，進一步歸納整理「特色學校指標」各層面下所有含括之向度，再依據各向度之性質，建立指標概念。本研究之「行政領導與創新管理」層面包含「具特色發展的辦學理念」、「政策轉化能力與執行力」、「優質的領導效能」等三個向度；「特色課程教學」層面包含「發展特色校本課程」、「活化教學創新與實踐」、「激勵教師專業持續學習成長」、「學生多元展能機會」等四個向度；「資源整合運

用與活化」層面包含「整合多元教育資源」、「創新與活化空間」等二個向度；「品牌特色與行銷」層面包含「建立學校品牌特色」、「善用管道行銷學校特色」等二個向度；「教育績效」層面包含「呈現學生學習成果」、「創造特色學校之社會能見度」等二個向度，有關上述「特色學校指標」各層面所含括之向度之概念分析，茲敘述如下：如表 2-3。

表 2-3

「特色學校指標」之向度彙整表

層面	向度	向度意涵	出處(年代)
行政領導與創新管理	具特色發展的辦學理念	校長領導學校發展依據特色學校的理念，建立團隊執行力與願景共識。	曾坤輝（2007）、彭成君（2008）、王啟業（2009）、林仁煥（2009）、魏敏茹（2011）、陳玥臻（2011）、林進山（2011）、Miller（2010）　、張茵倩（2014）、黃國庭（2014）、何高志（2017）、溫育賢（2019）、黃翠屏（2020）
	政策轉化能力與執行力	依據教育政策，並參酌內外環境之變化，進行轉化執行，並與社會國際接軌。	鄭福妹（2006）、彭成君（2008）、林仁煥（2009）、戴貝珊（2010）、魏敏茹（2011）、林進山（2011）、Every（2012）、張茵倩（2014）、李怡樺（2018）、蔡金田（2018）、黃翠屏（2020）、
	優質的領導效能	校長領導具有積極正向，且能夠鼓舞激勵團隊建立共識，並透過各種方式整合資源，達成特色學校教育目標。	張茵倩（2014）、黃國庭（2014）、何高志（2017）、陳映如（2018）、李怡樺（2018）、溫育賢（2019）、黃翠屏（2020）
特色課程與教學	發展特色校本課程	學校透過課程發展委員會，進行主題及跨領域的課程整合與發展，創研具有在地特色、獨特性、卓越性的校本課程	鄭福妹（2006）、曾坤輝（2007）、王啟業（2009）、林仁煥（2009）、戴貝珊（2010）、陳玥臻（2011）、林進山（2011）、張茵倩（2014）、何高志（2017）、蔡金田（2018）、溫育賢（2019）、黃翠屏（2020）
	活化教學創新與實踐	特色學校促動教師創新教學實踐能力，結合觀、備、議課即進行多元評量的機制精進課堂教學知能	彭成君（2008）、王啟業（2009）、林仁煥（2009）、戴貝珊（2010）、魏敏茹（2011）、陳玥臻（2011）、林進山（2011）、Peters & Waterman（1982）、何高志（2017）、溫育賢（2019）、黃翠屏（2020）

表 2-3

「特色學校指標」之向度彙整表（續）

層面	向度	向度意涵	出處(年代)
特色課程與教學	激勵教師專業持續學習成長	特色學校能建立教師專業學習社群，能透過反思、回饋、持續對話、觀摩交流等，提升專業成長、促進學生學習。	彭成君（2008）、王啟業（2009）、林仁煥（2009）、戴貝珊（2010）、陳玥臻（2011）、林進山（2011）、蔡金田（2018）、溫育賢（2019）、黃翠屏（2020）
	學生多元展能機會	特色學校能重視基本素養能力的培養，辦理多元社團及多樣性特色學習活動，提供學生多元展能及培養自信的舞台	王啟業（2009）、林仁煥（2009）、林進山（2011）、陳玥臻（2011）、張茵倩（2014）、溫育賢（2019）、黃翠屏（2020）
資源整合運用與活化	整合多元教育資源	特色學校能夠了解並融入在地人力、物力及環境資源，共同發展及推廣特色課程。	曾坤輝（2007）、薛德永（2008）、彭成君（2008）、林仁煥（2009）、戴貝珊（2010）、蘇漢彬（2010）、黃國庭（2014）、陳映如（2018）、溫育賢（2019）、黃翠屏（2020）
	創新活化空間	特色學校之空間活化不僅要有創意且要融入美學、綠建築及永續概念，並促成間使用的多元及多樣性。	鄭福妹（2006）、林仁煥（2009）、陳玥臻（2011）、黃國庭（2014）、魏士欽（2017）、湯志民（2018）、陳映如（2018）、溫育賢（2019）、黃翠屏（2020）
品牌特色與行銷	建立學校品牌特色	特色學校能夠進行內、外部的行銷，積極建立品牌特色價值。	邱子瑜（2017）、林純宇（2013）、蔡金田（2009）、游榮魁（2016）、蔡金田（2018）、溫育賢（2019）、黃翠屏（2020）
	善用管道行銷學校特色	特色學校之經營成效，能夠主動透過多元管道進行行銷，提升學校的知名度與能見度。	蔡金田（2009）、張茵倩（2014）、陳詩媛（2015）、何高志（2017）、賴連功（2017）、蔡金田（2018）、溫育賢（2019）、黃翠屏（2020）
教育績效	呈現學生學習成果	特色學校之經營，主要是能提供學生學習的自信及多元舞台。	司徒達賢（1999）、曾坤輝（2007）、薛德永（2008）、王啟業（2009）、魏敏茹（2011）、林進山（2011）、林進成（2012）、何高志（2017）、蔡金田（2018）、溫育賢（2019）、黃翠屏（2020）
	創造特色學校之社會接受度	特色學校之經營成效，能夠獲得認同肯定的程度。	司徒達賢（1999）、林進成（2012）、彭富源、馬任賢（2018）、童鳳嬌、林志成（2007）、蔡金田（2018）、Oplatk（2002）Schumacher（2011）、Every（2012）、張茵倩（2014）、溫育賢（2019）、黃翠屏（2020）

資料來源：研究者自行整理

國民中小學特色學校之十三個向度茲說明如下：

1.「具特色發展的辦學理念」向度之概念分析

本向度之「具特色發展的辦學理念」係指校長領導學校發展依據特色學校的理念，建立團隊執行力與願景共識。（曾坤輝，2007；彭成君，2008；王啟業，2009；林仁煥，2009；陳玥臻，2011；林進山，2011；Miller，2010；張茵倩，2014；黃國庭，2014；何高志，2017；李怡樺，2018；溫育賢，2019；黃翠屏，2020）。

2.「政策轉化能力與執行力」向度之概念分析

本向度之「政策轉化能力與執行力」係指特色學校能夠依據教育政策，並參酌內外環境之變化，進行轉化執行，並與社會國際接軌。（鄭福妹，2006；彭成君，2008；王啟業，2009；林仁煥，2009；戴貝珊，2010；林進山，2011；Miller,2010；張茵倩，2014；李怡樺，2018；黃翠屏，2020）。

3.「優質的領導效能」向度之概念分析

本向度之「優質的領導效能」係指校長領導具有積極正向，且能夠鼓舞激勵團隊建立共識，並透過各種方式整合資源，達成特色學校教育目標。（鄭福妹，2006；曾坤輝，2007；彭成君，2008；林仁煥，2009；戴貝珊，2010；陳玥臻，2011；林進山，2011；張茵倩，2014；黃國庭，2014；何高志，2017；李怡樺，2018；溫育賢，2019；黃翠屏，2020）。

4.「發展特色校本課程」向度之概念分析

本向度之「發展特色校本課程」係指學校透過課程發展委員會，進行主題及跨領域的課程整合與發展，創研具有在地特色、獨特性、卓越性的校本課程。(鄭福妹，2006；曾坤輝，2007；彭成君，2008；林仁煥，2009；戴貝珊，2010；林進山，2011；陳玥臻，2011；Every, 2012；張茵倩，2014；何高志，2017；溫育賢，2019；黃翠屏，2020)。

5.「活化教學創新與實踐」向度之概念分析

本向度之「活化教學創新與實踐」係指特色學校促動教師創新教學實踐能力，結合觀、備、議課即進行多元評量的機制精進課堂教學知能。(彭成君，2008；曾坤輝，2007；王啟業，2009；林仁煥，2009；陳玥臻，2011；戴貝珊，2010；林進山，2011；何高志，2017；溫育賢，2019；黃翠屏，2020)。

6.「激勵教師專業持續學習成長」向度之概念分析

本向度之「激勵教師專業持續學習成長」係指特色學校能建立教師專業學習社群，能透過反思、回饋、持續對話、觀摩交流等，提升專業成長、促進學生學習。(彭成君，2008；王啟業，2009；林仁煥，2009；陳玥臻，2011；林進山，2011；張茵倩，2014；何高志，2017；李怡樺，2018；溫育賢，2019；黃翠屏，2020)

7.「學生多元展能機會」向度之概念分析

本向度之「學生多元展能機會」係指特色學校能重視基本素養能力的培養，辦理多元社團及多樣性特色學習活動，提供學生多元展能及培養自信的舞台。(王啟業，2009；林仁煥，2009；陳玥臻，2011；林進山，2011；何高志，2017；李怡樺，2018；溫育賢，2019；黃翠屏，2020)。

8.「整合多元教育資源」向度之概念分析

本向度之「整合多元教育資源」係指特色學校能夠了解並融入在地人力、物力及環境資源，共同發展及推廣特色課程。(曾坤輝，2007；彭成君，2008；王啟業，2009；林仁煥，2009；陳玥臻，2011；林進山，2011；張茵倩，2014；黃國庭，2014；陳映如，2018；溫育賢，2019；黃翠屏，2020)。

9.「創新與活化空間規劃」向度之概念分析

本向度之「創新空間規劃」係指特色學校之空間活化不僅要有創意且要融入美學、綠建築及永續概念，並促成間使用的多元及多樣性。(鄭福妹，2006；林仁煥，2009；陳玥臻，2011；林進山，2011；鍾敏菁，2018；李怡樺，2018；溫育賢，2019；黃翠屏，2020)。

10.「建立學校品牌特色」向度之概念分析

本向度之「建立學校品牌特色」係指特色學校能夠進行內、外部的行銷，積極建立品牌特色價值。(林仁煥，2009； 黃國庭，2014；鍾敏菁，2018；溫育賢，2019；黃翠屏，2020) 。

11.「善用管道行銷學校特色」向度之概念分析

本向度之「善用管道行銷學校特色」係指特色學校之經營成效，能夠主動透過多元管道進行行銷，提升學校的知名度與能見度。(林仁煥，2009；陳玥臻，2011；林進山，2011；張茵倩，2014；何高志，2017；溫育賢，2019；黃翠屏，2020)。

12.「呈現學生學習成果」向度之概念分析

本向度之「呈現學生學習成果」係指特色學校之經營，主要是能提供學生學習的自信及多元舞台，所以學生的學習成果是一項重要的向度。(曾坤輝，2007；彭成君，2008；王啟業，2009；林仁煥，2009；林進山，2011；何高志，2017；鍾敏菁，2018；溫育賢，2019；黃翠屏，2020)。

13.「創造特色學校之社會能見度」向度之概念分析

本向度之「創造特色學校之社會能見度」係指特色學校之經營成效，能夠獲得認同肯定的程度。(林仁煥，2009；林進山，2011；張茵倩，2014；溫育賢，2019；黃翠屏，2020)。

根據前述之文獻分析，可知特色學校的發展，除優質校長領導與行政創新管理外，必須增強其創造特色課程與教學、重視學生的學習績效與教育品質的提升、整合社會資源、結合在地文化，創造經營績效。故本研究結合創新發展、活化校園、特色永續經營的關鍵因素，發展成為「特色學校指標」初步架構，擬定「特色學校指標」初步架構，架構內容分為五個層面、十三個向度及五十九個指標細目，「特色學校指標」初步指標雛型如表2-4所示。

表 2-4

「特色學校指標」之指標彙整表

特色學校	層面		向度		指標
特色學校	1.行政領導與創新管理	1-1	具特色發展的辦學理念	1-1-1	辦學理念能符合學校願景。【鍾敏菁、溫育賢、何志高】
				1-1-2	內外部能維持合宜溝通互動，爭取理解與支持。【陳映如、鍾敏菁、溫育賢】
				1-1-3	能制定短、中、長期校務發展計畫。【張茵倩、何高志、溫育賢、陳映如】
				1-1-4	能善用具特色之典禮與儀式凝聚成員之向心力。【陳映如、溫育賢、鍾敏菁、黃翠屏】
				1-1-5	校務規劃能結合社區資源，兼顧親、師、生需求。【何高志、陳映如、黃國庭、溫育賢、鍾敏菁】
		1-2	政策轉化能力與執行力	1-2-1	能了解中央與地方的重要教育政策。【鍾敏菁、溫育賢】
				1-2-2	能轉化中央與地方教育政策成為適合學校的特色辦學模式。【林進山、溫育賢】
				1-2-3	校長能追求自我專業成長，且具反省與改進能力。【何高志、陳映如、溫育賢、黃翠屏】
				1-2-4	能接納各方意見，多向溝通使其支持行政作法。【張茵倩、何高志、溫育賢、鍾敏菁、黃翠屏】
				1-2-5	行政團隊合作，能具創新彈性。【張茵倩、何高志、溫育賢、黃翠屏】
		1-3	優質的領導效能	1-3-1	能提升團隊能量，不斷的鼓勵成員，實現學校教育目標。【張茵倩、溫育賢、鍾敏菁】
				1-3-2	校長能爭取各界資源，整合運用。【林進山、陳映如、溫育賢、鍾敏菁】
				1-3-3	校長辦學具熱忱，積極投入校務經營發展。【何高志、陳映如、溫育賢、黃國庭】
				1-3-4	行政人員與教師能相互合作，共同努力發展。【何高志、溫育賢、鍾敏菁、黃翠屏】

表 2-4

「特色學校指標」之指標彙整表（續）

特色	層面		向度		指標
特色學校	2.特色課程與教學	2-1	發展特色校本課程	2-1-1	能依據願景與目標，規劃特色課程。【張茵倩、何高志、林進山、陳映如、溫育賢、鍾敏菁】
				2-1-2	課程發展委員會組織能有效運作。【張茵倩、何高志、林進山、黃國庭、陳映如、溫育賢、鍾敏菁】
				2-1-3	能跨領域整合，共同協作，精進校本課程內涵。【林進山、何高志、黃國庭、張茵倩、陳映如、溫育賢、鍾敏菁、黃翠屏】
				2-1-4	能進行跨校聯盟，創發特色學習主題。【林進山、何高志、陳映如、溫育賢、鍾敏菁】
		2-2	活化教學創新與實踐	2-2-1	能運用多元教學策略，落實學生學習。【林進山、張茵倩、陳映如、溫育賢、鍾敏菁】
				2-2-2	能將生活情境融入課程與教學。【溫育賢、陳映如、鍾敏菁、黃翠屏】
				2-2-3	課程能回應特殊族群（如新住民、原住民）之需求，反應多元文化。【林進山、李怡樺、溫育賢】
				2-2-4	能運用多元評量，提升學生學習成效。【林進山、張茵倩、陳映如、溫育賢、鍾敏菁】
	2.特色課程與教學	2-3	激勵教師專業持續學習成長	2-3-1	能建立專業社群支持性系統。【林進山、張茵倩、陳映如、溫育賢、鍾敏菁、黃翠屏】
				2-3-2	能精進課程設計與教學的能力。【張茵倩、陳映如、溫育賢、黃翠屏】
				2-3-3	能透過反思、深度匯談進行回饋。【林進山、陳映如、溫育賢、鍾敏菁、黃翠屏】
				2-3-4	能積極參與交流、競賽，提升專業發展。【林進山、溫育賢、鍾敏菁】
				2-3-5	能省思課程計畫，管理與分享相關教學檔案紀錄。【林進山、張茵倩、陳映如、溫育賢、鍾敏菁、黃翠屏】
				2-3-6	能落實備課、觀課、議課之課程實踐。【陳映如、溫育賢、鍾敏菁】

表2-4

「特色學校指標」之指標彙整表（續）

特色學校	層面		向度		指標
特色學校	2.特色課程與教學	2-4	學生多元展能	2-4-1	能辦理特色多元學習活動及多元社團。【林進山、張茵倩、陳映如、溫育賢、鍾敏菁、黃翠屏】
		2-4	學生多元展能	2-4-2	能辦理各項學習成果發表，肯定並激勵學生表現。【林進山、張茵倩、陳映如、溫育賢屏】
				2-4-3	能獎勵學生參加校內外競賽。【陳映如、溫育賢、黃翠屏】
				2-4-4	重視學生基本素養能力的培養。【陳映如、溫育賢、鍾敏菁、黃翠屏】
	3.資源整合運用與活化	3-1	整合在地多元資源	3-1-1	能依據特色發展需求，引進校外資源。【林進山、陳映如、溫育賢、鍾敏菁】
				3-1-2	能重視在地文化，深化在地認同。【林進山、陳映如、溫育賢、鍾敏菁、黃翠屏】
				3-1-3	能善用在地環境，融入學校教育。【林進山、張茵倩、陳映如、溫育賢、鍾敏菁】
				3-1-4	能提供軟硬體設施，作為社區居民終身學習。【張茵倩、陳映如、溫育賢、鍾敏菁】
				3-1-5	能結合社區特色資源，延伸學習場域。【陳映如、溫育賢、鍾敏菁、黃翠屏】
		3-2	創新與活化空間	3-2-1	閒置空間活化再利用（例如教室、角落、屋頂、地下室等），成教學、藝文、休憩等場所。【黃國庭、張茵倩、陳映如、溫育賢、鍾敏菁】
				3-2-2	空間營造成符合教師教學與學生學習需求之場域。【林進山、溫育賢、鍾敏菁】
				3-2-3	能營造與社區共存共榮之校園環境。【陳映如、溫育賢、鍾敏菁】
				3-2-4	能整合學校、社區數位平台，呈現特色課程學習成果。【陳映如、溫育賢、鍾敏菁】
				3-2-5	能打造綠色環境，邁向永續發展。【黃國庭、陳映如、溫育賢、鍾敏菁】

表 2-4

「特色學校指標」之指標彙整表（續）

特色學校	層面		向度		指標
特色學校	4.品牌特色與行銷	4-1	建立學校品牌特色	4-1-1	能提升學生學習品質。【林進山、張茵倩、陳映如、溫育賢、鍾敏菁、黃翠屏】
				4-1-2	能採取多元策略與行動，提升學校能見度。【林進山、張茵倩、陳映如、溫育賢、鍾敏菁、黃翠屏】
				4-1-3	能組織團隊參與各項競賽，建立學校知名度。【陳映如、溫育賢、鍾敏菁】
				4-1-4	能創新特色教學樹立學校品牌形象。【林進山、何高志、陳映如、溫育賢、鍾敏菁、黃翠屏】
		4-2	善用管道行銷學校特色	4-2-1	能透過大型集會宣傳辦學績效與辦學特色。【林進山、陳映如、溫育賢、鍾敏菁、黃翠屏】
				4-2-2	能善用網頁與社群軟體即時更新活動訊息。【陳映如、溫育賢、鍾敏菁、黃翠屏】
				4-2-3	能主動發布新聞稿、行銷辦學成果。【陳映如、溫育賢、鍾敏菁、黃翠屏】
				4-2-4	能努力爭取報章雜誌、新聞採訪，提高學校能見度。【陳映如、溫育賢、鍾敏菁、黃翠屏】
	5.教育績效	5-1	呈現學生學習成果	5-1-1	教學活動能以學生為主體。【陳映如、溫育賢、鍾敏菁】
				5-1-2	能透過課程學習提升學習動機。【林進山、張茵倩、陳映如、溫育賢、鍾敏菁、黃翠屏】
				5-1-3	在課程學習過程中能激發多元潛能。【林進山、張茵倩、陳映如、溫育賢、鍾敏菁、黃翠屏】
				5-1-4	能訂定各項激勵辦法，公開表揚優異學習成果。【陳映如、溫育賢、鍾敏菁】
				5-1-5	能提升學習素養能力。【陳映如、溫育賢、鍾敏菁】

表 2-4

「特色學校指標」之指標彙整表（續）

特色學校	層面		向度		指標
	5.教育績效	5-2	創造特色學校之社會接受度	5-2-1	經營成效，能夠獲得認同肯定。【林進山、何高志、張茵倩、陳映如、溫育賢、鍾敏菁、黃翠屏】
				5-2-2	能與社區互惠共榮，創造學校與社區之特色價值。【陳映如、溫育賢、鍾敏菁】
				5-2-3	能贏得家長信賴，樂意挹注教育資源。【林進山、張茵倩、陳映如、溫育賢、鍾敏菁、黃翠屏】
				5-2-4	能成為社區學習中心。【林進山、陳映如、溫育賢、鍾敏菁】

資料來源：研究者自行整理

第三章　研究設計與實施

　　本研究旨在進行國民中小學特色學校指標的建構與實證資料分析，藉由國內外相關文獻的整理歸納，探究特色學校指標的意涵，再從中歸納出國民中小學特色學校指標之內涵，進而初步建構出國民中小學特色學校指標。其次，擬定「國民中小學特色學校指標建構問卷」，提供給「德懷術專家小組」進行專家諮詢，透過二次德懷術（Delphi technique）分析後，以確立國民中小學特色學校指標架構；再者，藉由 12 位專家小組，透過（Fuzzy Analytical Hierarchy Process，FAHP）建構出國民中小學特色學校指標權重體系。至於國民中小學特色學校符合指標之現況的資料蒐集，則規劃透過問卷調查法獲得，藉以一窺當前國民中小學符合特色學校指標之現況，同時根據模糊層級分析法與調查問卷所獲得資料，進行分析、討論，以獲致研究結論並提出建議。本章共分四節，第一節為研究流程與架構；第二節為研究對象與實施；第三節為研究工具；第四節為資料處理與統計分析。

一、研究流程與架構

　　關於國民中小學特色學校指標建構與實證分析之研究架構，以下分由研究流程、指標建構流程與實證分析架構等三部分進行說明：

（一）研究流程

本研究將透過文獻探討、德懷術、模糊層級分析法、問卷調查法等研究方法，進行廣泛而深入的資料蒐集與分析，旨在建構國民中小學特色學校之指標，再透過實證分析，了解國民中小學特色學校符合指標之現況，本研究流程如圖 3-1（箭頭符號 ➞ 表研究指涉方向），依循下列九個步驟：

一、決定研究方向，擬定研究計劃，進而與指導教授討論以確立研究重點。

二、進行文獻資料之蒐集。本研究所蒐集之文獻包括：國內外學者對於特色學校之論述、國內外學者對於特色學校之論述及國內博碩士論文。

三、將所蒐集資料進行文獻分析並與指導教授研討，透過文獻之內容分析，形國民中小學特色學校指標層面、向度與指標細目之雛型。

四、依據指標雛型，以二次專家德懷術進行國民中小學特色學校指標分析。

五、根據二次專家德懷術之指標分析結果，編製「國民中小學特色學校指標建構」。

六、進行國民中小學特色學校指標建構問卷之實證調查及對德懷術專家之指標相對權重調查。

七、進行實證調查之資料統計分析、權重分析及指標適配分析。

八、根據分析結果，進行結果與討論。

九、根據研究結果，提出結論與建議。

圖 3-1

國民中小學特色學校指標建構與實證分析之研究流程圖

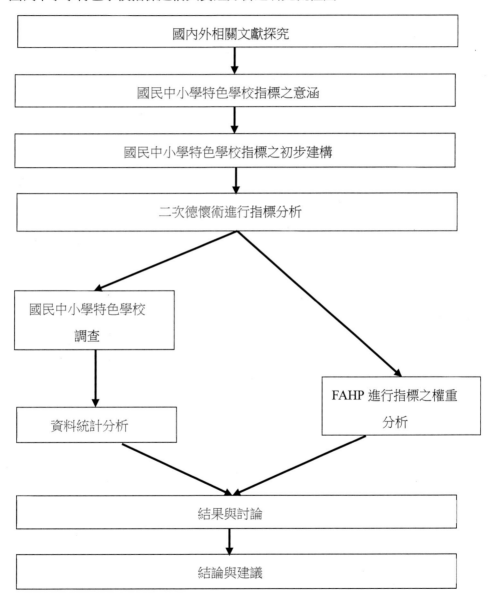

（二）指標建構流程

　　國民中小學特色學校指標之建構，將依據特色學校指標相關意涵及指標建構的相關文獻進行歸納以完成初步建構。續以二次德懷術進行分析，來確立國民中小學特色學校指標的架構，依循下列七個步驟規劃指標建構流程，如圖 3-2。

　　一、進行國內外相關文獻探討。

　　二、探討特色學校及指標建構方面的文獻，予以分析歸納。

　　三、建構國民中小學特色學校指標之雛型。

　　四、經由第一次德懷術，以確立指標適當程度。

　　五、經由第二次德懷術，以確立指標重要程度之共識。

　　六、經由專家，以確立指標架構。

　　七、完成國民中小學特色學校指標建構。

圖 **3-2**

國民中小學特色學校指標建構流程圖

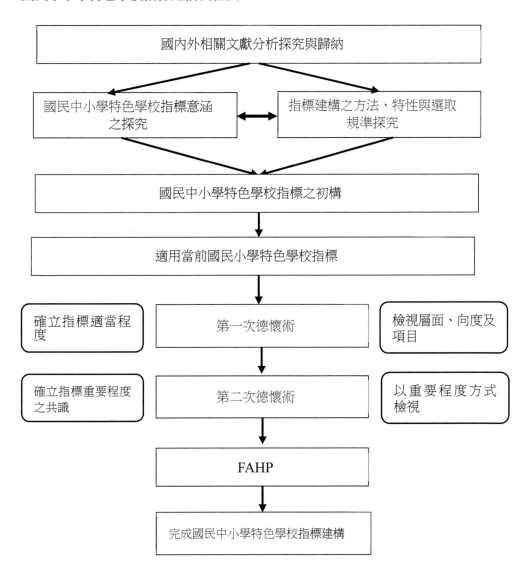

（三）實證分析架構

國民中小學特色學校指標之實證分析，旨在運用二次德懷術確立之指標，藉由問卷調查法來了解公立國民中小學所具備之特色學校指標現況，最後，依據「特色學校指標」，發展「特色學校指標問卷」，發展成為正式問卷。本研究之研究架構如圖 3-3 所示。本研究之主要變項包括「背景變項」及「特色學校指標變項」，以下分別說明變項及分析途徑：

背景變項分成兩大部分分別為：

一、教師背景變項

1.性別：男性、女性

2.年齡：29 歲以下、30-39 歲、40-49 歲、50 歲以上。

3.最高學歷：博士、碩士(含 40 學分班)、學士。

4.擔任職務：主任、組長、教師。

5.服務年資：1-10 年、11-20 年、21 年以上。

二、學校背景變項

1.學校階段：國民中學、國民小學。

2.學校規模：小型 12 班以下、中型 13-48 班、大型 49 以上。

3.學校類型：偏遠地區、一般鄉鎮、都市地區（含直、縣轄市）。

4.學校所在地區：苗栗縣、台中市、南投縣、彰化縣、雲林縣。

三、特色學校變項的五層面及十三個向度分別是：

1.層面一「行政領導與創新管理」，包含具「特色發展的辦學理念」、「政策轉化與執行力」、「優質的領導效能」等三個向度。

2.層面二「特色課程與教學」，包含「學校能發展特色校訂課程」、「活化教學創新與實踐」、「激勵教師持續學習成長」、「學生多元展能」等四個向度。

3.層面三「資源整合運用與活化」，包含「整合多元教育資源」、「創新

與活化空間」等二個向度。

　　4.層面四「品牌特色與行銷」，包含「建立學校品牌特色」、「善用管道行銷學校特色」等二個向度。

　　5.層面五「教育績效」，包含「呈現學生學習成果」、「創造特色學校之社會接受度」等二個向度。

圖 3-3

實證分析架構圖

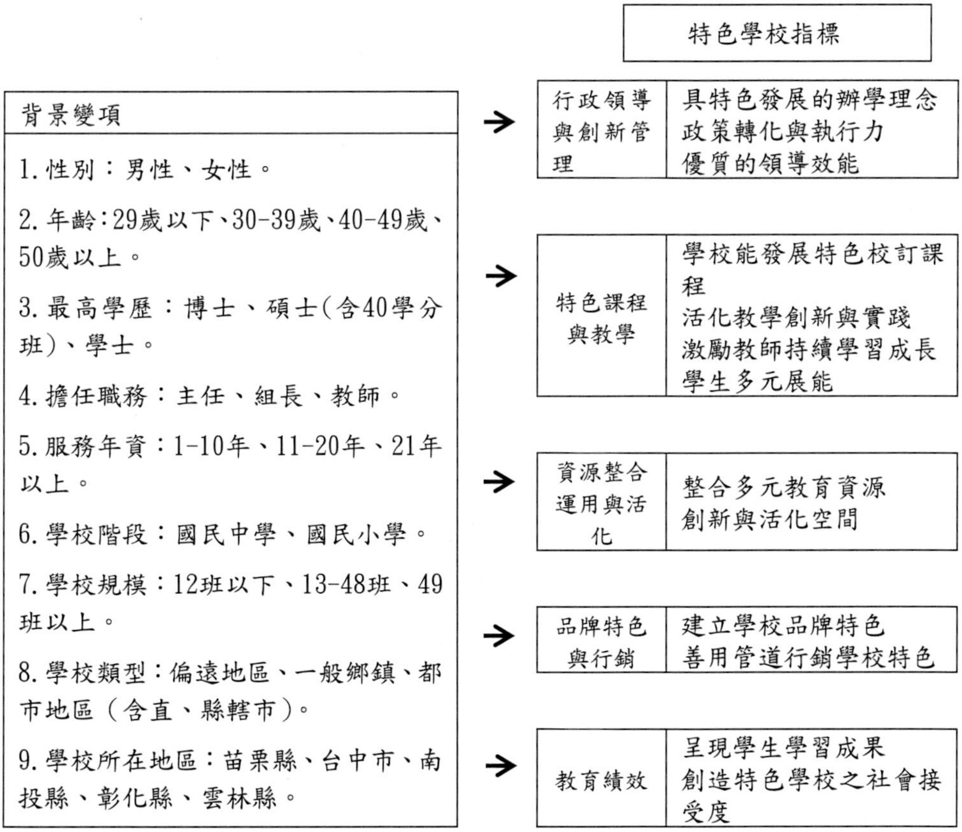

背景變項		特色學校指標

背景變項

1.性別：男性、女性。

2.年齡：29歲以下、30-39歲、40-49歲、50歲以上。

3.最高學歷：博士、碩士(含40學分班)、學士。

4.擔任職務：主任、組長、教師。

5.服務年資：1-10年、11-20年、21年以上。

6.學校階段：國民中學、國民小學。

7.學校規模：12班以下、13-48班、49班以上。

8.學校類型：偏遠地區、一般鄉鎮、都市地區（含直、縣轄市）。

9.學校所在地區：苗栗縣、台中市、南投縣、彰化縣、雲林縣。

特色學校指標

行政領導與創新管理：具特色發展的辦學理念、政策轉化與執行力、優質的領導效能

特色課程與教學：學校能發展特色校訂課程、活化教學創新與實踐、激勵教師持續學習成長、學生多元展能

資源整合運用與活化：整合多元教育資源、創新與活化空間

品牌特色與行銷：建立學校品牌特色、善用管道行銷學校特色

教育績效：呈現學生學習成果、創造特色學校之社會接受度

二、研究對象與實施

（一）研究對象

　　由於德懷術施測對象的選取，必須符合本研究目的及需求，因此實施程序首先要界定研究母群體之範圍，其次再進行參與樣本之取樣工作。在界定研究母群體範圍上，由於本研究乃在於建構「特色學校指標」，因此研究母群體則是舉凡對特色學校經營有深入研究的學者專家與實務工作者，都包括於受邀對象的範圍之中。另在特色學校指標實證分析的研究對象為台灣中部地區的國民中、小學（苗栗縣、台中市、彰化縣、南投縣、雲林縣）所屬的國民中、小學，主任、組長、教師。

（二）德懷術之實施

　　關於德懷術的實施方式，根據李隆盛（1988）、黃政傑（1993）的研究，可歸納出一般德懷術的實施大致可分為四次，第一次，由專家小組針對問題提供意見；第二次則針對第一次問卷的反應設計問卷，請專家小組針對每一項目評定其優先順序或重要性；第三次則整理出第二次問卷反應之簡單統計結果，並請專家小組評估是否改變原來的評定，若堅持在極端值，需說出理由；第四次則以第三次問卷結果進一步統計而成，分析問卷資料後計算每個項目的評定結果，並排列優先順序。本研究採取修正型德懷術，以結構化問卷進行二次德懷術調查，亦即不使用開放式問卷徵詢專家意見，而是依據文獻的分析歸納進行指標初構，編製出「國民中小學特色學校指標建構問卷（第一次德懷術）」，再從學者專家及實務工作者之適切性評定來進行分析，透過諮詢意見之增刪與修訂，再次編製「國民中小學特色學

校指標建構問卷（第二次德懷術）」，藉以確認特色學校之重要指標，並作為後續編製正式問卷之依據。

　　Issac 與 Michael（1984）認為選擇參與成員時應考量其背景，最好包含不同理念或地位的成員，以加強德懷術的過程。至於樣本部分則宜採小樣本，一般而言，當德懷術專家小組成員同質性高時，成員數量以 15 至 30 人為宜；當為異質性小組時，成員數量約 5 至 10 人即可，若德懷術專家小組在 10 人以上時，此時群體的誤差可降至最低，而群體的可信度最高（Dallkey, 1969; Delbecq, 1975）。本研究在規劃德懷術專家小組時，主要即考量理論與實務的結合，並力求代表性的兼顧，共計邀請兩類 12 位小組成員，其組成如表 3-4。小組成員中，學者專家部分計 5 位，係以曾發表與特色學校相關文章、指導相關碩博士論文或具有教育（學校）行政實務經驗之大學教授為主。實務工作者計 7 位，包括教育行政人員、現職國民中學校長與國民小學校長，這些人員具有多年學校行政實務經驗，且均具備博士學位。本研究之德懷術專家小組成員為同質性組成，成員人數亦符合上述學者之建議，具有代表性，德懷術專家小組名單如表 3-1。

表 3-1

德懷術專家小組名單

類別	姓名	職稱	服務單位
專家學者	林０柏	教授	國立暨南國際大學
	何０家	副教授	台中科技大學通識教育中心
	林０成	教授	清華大學教育與學習科技學系
	張０珠	副處長	彰化教育處
	賴０峰	教授	台中教育大學

表 3-1

德懷術專家小組名單（續）

類別	姓名	職稱	服務單位
實務工作者	蔣0芳	校長	彰化藝術高中（博士）
	顏0復	校長	三多國中（博士）
	李0萍	校長	富岡國小（博士）
	鮑0鋒	校長	大明國小（博士）
	江0杰	校長	芙朝國小（博士）
	許0芳	校長	大安國小（博士）
	林0成	校長	虎山國小（博士）

（三）模糊層級分析法(FAHP)之實施

　　指標權重體系之建構，必須考量參與填答者之專業性，因此，本研究在實施模糊層級分析法時，邀請了 5 位學者專家及 7 位實務工作者，共 12 人組成層級分析法專家小組，其成員組成與德懷術專家小組相同，如表 3-2。藉由專家小組成員的協助，進行「特色學校指標相對權重問卷」之填答，再將問卷蒐集之資料以模糊層級分析法（FAHP）、計算出模糊的相對權重、defuzzify 相對權重。進而建構特色學校指標之權重體系，模糊層級分析法專家小組名單如表 3-2。

表 3-2

模糊層級分析法專家小組名單

類別	姓名	職稱	服務單位
專家學者	林０柏	教授	國立暨南國際大學
	何０家	副教授	台中科技大學通識教育中心
	林０成	教授	清華大學教育與學習科技學系
	張０珠	副處長	彰化教育處
	賴０峰	教授	台中教育大學
實務工作者	蔣０芳	校長	彰化藝術高中（博士）
	顏０復	校長	三多國中（博士）
	李０萍	校長	富岡國小（博士）
	鮑０鋒	校長	大明國小（博士）
	江０杰	校長	芙朝國小（博士）
	許０芳	校長	大安國小（博士）
	林０成	校長	虎山國小（博士）

（四）正式問卷之抽樣與實施

1. 正式問卷之抽樣

　　本研究之母群體為台灣中部地區公立國民中小學教師，為兼顧教師服務學校區域之不同，以及各區域間人文、社經環境之差異，本研究以縣市為單位，共有 5 縣市有，苗栗縣、台中市、南投縣、彰化縣、雲林縣，各縣市學校數分布情形如表 3-3。

表 3-3

苗栗縣、台中市、南投縣、彰化縣、雲林縣學校數分布情形

縣市	國中	占總校數百分比	國小	占總校數百分比	總校數	百分比
苗栗縣	30	2.9%	114	11.0%	144	13.90%
台中市	82	7.9%	236	22.8%	318	30.80%
彰化縣	44	4.3%	172	16.6%	216	20.90%
南投縣	32	3.1%	138	13.4%	170	16.40%
雲林縣	33	3.2%	153	14.8%	186	18.00%
合計					1034	100.00%

資料來源：教育部統計處（2021）「各級學校縣市別校數統計（109學年度）」。

取https://stats.moe.gov.tw/qframe.aspx?qno=NQA0AA2

　　由表 3-4 可以看出，苗栗縣、台中市、彰化縣、南投縣、雲林縣五個縣市國民小學學校所佔之校數百分比，分別是 11.0%、22.8%、16.6%、13.4%、14.8%；國民中學學校所佔之校數百分比，分別是 2.9%、7.9%、4.3%、3.1%、3.2%，抽樣之母群數為台灣中部地區之小型、中型及大型學校所有公立國民中、小學主任、組長、導師及科任教師，經由教育部統計處 2021 年查詢，本研究之母群數為 37,033 名教師，本研究依 2021 年 Sample Size Calculator—Determine Sample Size 之計算程式，在 95%信心水準下，抽樣誤差為 4%，母群體為 37,033 人，合理的抽樣人數需要 591人。另依吳明隆與涂金堂（2016）建議一般以地區性為對象的調查研究，平均樣本人數約在 500 人至 1,000 人之間較為適合。本研究共抽取樣本人數教師 764 人，其小型學校共 50 所、教師 300 位，中型學校共 40 所、教師 320 位，大型學校 12 所、教師 144 位，總計共寄發 102 所學校教師764 位為正式樣本數。

　　其次為使本研究樣本具代表性，在實施正式問卷調查時，採「多階段抽樣」（multi-levesampling）方式進行抽樣。先將台灣中部地區所有縣市分

為苗栗縣、台中市、彰化縣、南投縣、雲林縣，再依縣市地區分層，分別依學校總數的比例及學校規模之小型學校、中型學校、大型學校之比例，決定每個地區要取樣的學校數，再依學校規模之不同，分配不同之取樣人數。

　　再就所抽樣之學校，函請學校校長或主任抽取校內 8 至 20 名教師作為樣本。取樣人數依各校班級數而有所不同，各規模學校取樣原則為：12 班以下每校抽取 6 人，13 至 48 班每校抽取 8 人，49 班以上每校則抽取 12 人，研究樣本抽取人數分配如表 3-4。

表 **3-4**

研究樣本抽取人數分配

縣市	國中小學		國小				國中		
	學校總數	校數所佔比例	總校數	樣本校數	總樣本數		總校數	樣本校數	總樣本數
苗栗縣	144	14.3%	114	小型:7	小型:60	30	小型:1	小型:12
				中型:5	中型:51		中型:2	中型:14
				大型:1	大型:3		大型:1	大型:1
台中市	301	29.9%	231	小型:8	小型:46	70	小型:1	小型:5
				中型:15	中型:151		中型:4	中型:42
				大型:3	大型:34		大型:2	大型:13
彰化縣	212	21.1%	174	小型:8	小型:77	38	小型:1	小型:4
				中型:10	中型:88		中型:3	中型:30
				大型:2	大型:9		大型:1	大型:4
南投縣	168	16.7%	137	小型:10	小型:94	31	小型:1	小型:15
				中型:5	中型:43		中型:2	中型:15
				大型:0	大型:0		大型:1	大型:1
雲林縣	182	18.1%	153	小型:10	小型:105	29	小型:1	小型:6
				中型:5	中型:47		中型:2	中型:21
				大型:1	大型:1		大型:1	大型:2
總計	1007	100%	809	小型:43	小型:382		小型:5	小型:42
				中型:40	中型:380		中型:14	中型:122
				大型:7	大型:47		大型:6	大型:34

三、研究工具

　　本研究研究工具共有四項，分別為二次德懷術使用之「國民中小學特色學校指標建構問卷（第一次德懷術）」、「國民中小學特色學校指標建構問

卷（第二次德懷術）」、模糊層級分析法(FAHP)使用之「國民中小學特色學校指標」及實證分析使用之「國民中小學特色學校指標調查問卷」。茲對各項研究工具之實施內容，說明如下：

（一）第一次德懷術問卷

問卷目的主要對國民中小學特色學校指標之適切性進行評估，以「適當程度」作為區分，採用 1 至 5 分之評分方式，數值為連續變項；另有設計「修正意見」及「新增指標細目」欄位以供填答；透過學者專家意見獲得共識，以進行指標細目之修正、增刪或合併。問卷實施期間為 110 年 8 月 28 日至 110 年 9 月 18 日。指導教授推薦函（如附錄一）及第一次德懷術問卷（如附錄二）於 110 年 9 月 18 日發送給 12 位學者專家進行意見諮詢，於 9 月 18 日回收全部問卷，回收率 100%。針對回收之第一次德懷術問卷進行資料整理，計算各指標細目之平均數（M）、眾數（Mo）及標準差（SD），以平均數≧4.00 且標準差<1.00 為篩選標準，將不符合標準之指標細目予以刪除。另外，針對專家小組成員對開放性問卷欄位所填之意見彙整，以進行指標細目文字修正或新增指標細目。

以下依指標五個層面的順序，列出問卷的統計結果與學者專家的意見，針對修正(修正部分以粗體字表示)、刪除與新增項目進行說明(如附錄三)。

（一）「行政領導與創新管理」層面各向度之細目統計結果與意見分析指標「1-1-1 辦學理念能符合學校願景」、「1-1-2 內外部能維持合宜溝通互動，爭取理解與支持」、「1-1-3 能制定短、中、長期校務發展計畫」、「1-1-4 能善用具特色之典禮與儀式凝聚成員之向心力」、「1-1-5 校務規劃能結合社區資源，兼顧親、師、生需求」、「1-2-1 能了解中央與地方的重要教育政策」、「1-2-2 能轉化教育政策成為適合學校的辦學特色」、「1-2-3 校長能追求自我專業成長、反省與改進能力」、「1-2-4 能接納各方意見，多向溝通使其支持行政作法」、「1-2-5 行政團隊合作，能具創新彈性」、「1-3-1 能不斷

的鼓勵成員實現學校教育目標」、「1-3-2 校長能爭取各界資源、整合運用」、「1-3-3 校長辦學具熱忱，積極投入校務經營發展」、「1-3-4 行政人員與教師能相互合作，共同努力發展」其指標細目之平均數均≧4.00 且標準差<1.00，符合篩選標準，擬予以保留。

在問卷的開放性問題中，專家小組成員除語意修正意見外，有專家小組成員認為「1-1-2 內外部能維持合宜溝通互動，爭取理解與支持」應修正為能建立合宜溝通互動平台，爭取理解與資源。「1-1-5 校務規劃能結合社區資源，兼顧親、師、生需求」修正為「校務規劃能結合社區特色，兼顧親、師、生需求」。「1-2-3 校長能追求自我專業成長、反省與改進能力」修正成「校長能追求自我專業成長、反思與政策執行能力」。「1-2-5 行政團隊合作，能具創新彈性」修正成「促進團隊合作，行政效率具創新、彈性」。「1-3-2 校長能爭取各界資源、整合運用」修正為「校長能具備領導能力展現合宜領導作為」。「1-3-4 行政人員與教師能相互合作，共同努力發展」修正為「行政人員與教師能相互合作，共同為願景努力發展」。上述指標除文字和語意修正外，亦加入專家意見以提升其內容精準度、邏輯性及減少疑慮。

另外有專家小組成員建議新增指標細目「1-1-6 能架構學校願景及學生圖像」與「1-3-5 校長能正確掌握『改變』的重要性並積極投入」兩個指標，研究者經與指導教授討論後，決定增加此兩項細目，以更符合問卷準確性與周延性。

（二）「特色課程與教學」層面各向度之細目統計結果與意見分析

指標「2-1-1 能依據願景與目標，規劃特色課程」、「2-1-2 課程發展委員會組織能有效運作」、「2-1-3 能跨領域整合，共同協作，精進校本課程內涵」、「2-1-4 能進行跨校聯盟，創發特色學習主題」、「2-2-1 能運用多元教學策略，落實學生學習」、「2-2-2 能將生活情境融入課程與教學」、「2-2-3 課程能回應特殊族群（如新住民、原住民）之需求，反應多元文化」、「2-2-4 能運用多元評量，提升學生學習成效」、「2-3-1 能建立專業社群支持性系

統」、「2-3-2 能精進課程設計與教學的能力」、「2-3-3 能透過反思、深度匯談進行回饋」、「2-3-4 能積極參與交流、競賽，提升專業發展」、「2-3-5 能省思課程計畫，管理與分享相關教學檔案紀錄」、「2-3-6 能落實備課、觀課、議課之課程實踐」、「2-4-1 能辦理特色多元學習活動及多元社團」、「2-4-2 能辦理各項學習成果發表，肯定並激勵學生表現」、「2-4-3 能獎勵學生參加校內外競賽」、「2-4-4 能重視學生基本素養能力的培養」其指標細目之平均數均≧4.00 且標準差<1.00，符合篩選標準，擬予以保留。

　　在問卷的開放性問題中，專家小組成員除語意修正意見外，有專家小組成員認為「2-1-3 能跨領域整合，共同協作，精進校本課程內涵」應修正為「能跨領域整合，共同協作，精進校訂課程內涵」。「2-2-2 能將生活情境融入課程與教學」修正為「能將素養導向教育融入課程與教學」。「2-2-4 能運用多元評量，提升學生學習成效」修正成「能運用多元評量，並提供扶助學習課程，提升學生學習成效」。「2-3-1 能建立專業社群支持性系統」修正成「能建立教師專業社群支持性系統」。「2-3-4 能積極參與交流、競賽，提升專業發展」修正為「能積極參與交流、指導學生競賽，提升專業發展」。上述指標除文字和語意修正外，亦加入專家意見以提升其內容精準度、邏輯性及減少疑慮。

　　另外有專家小組成員建議新增指標細目「2-1-5 能創發特色課程模組與分享」與「2-4-5 能重視學生學習歷程的展現」兩個指標，研究者經與指導教授討論後，決定增加此兩項細目，以更符合問卷準確性與周延性。

　　（三）「資源整合運用與活化」層面，各向度之細目統計結果與意見分析指標「3-1-1 能依據特色發展需求，引進校外資源」、「3-1-2 能重視在地文化，深化在地認同」、「3-1-3 能善用在地環境，融入學校教育」、「3-1-4 能提供軟硬體設施，作為社區居民終身學習」、「3-1-5 能結合社區特色資源，延伸學習場域」、「3-2-1 閒置空間能活化再利用」、「3-2-2 能將空間營造成符合教師教學與學習需求之場域」、「3-2-3 能營造與社區共存共榮之校園環

境」、「3-2-4 能整合學校、社區數位平台，呈現特色課程學習成果」、「3-2-5 能打造綠色環境，邁向永續發展」其指標細目之平均數均≧4.00 且標準差<1.00，符合篩選標準，擬予以保留。

在問卷的開放性問題中，專家小組成員除語意修正意見外，有專家小組成員認為「3-1-2 能重視在地文化，深化在地認同」應修正為「能讓親、師、生重視在地文化，深化在地認同」。「3-1-3 能善用在地環境，融入學校教育」修正為「能善用在地環境與資源，融入學校課程活動」。「3-2-2 能將空間營造成符合教師教學與學習需求之場域」修正成「能營造成符合教師教學與學習需求之空間」。上述指標除文字和語意修正外，亦加入專家意見以提升其內容精準度、邏輯性及減少疑慮。

（四）「品牌特色與行銷」層面，各向度之細目統計結果與意見分析

指標「4-1-1 能提升學生學習品質」、「4-1-2 能採取多元策略與行動，提升學校能見度」、「4-1-3 能組織團隊參與各項競賽，建立學校知名度」、「4-1-4 能創新特色教學樹立學校品牌形象」、「4-2-1 能透過大型集會宣傳辦學績效與辦學特色」、「4-2-2 能善用網頁與社群軟體即時更新活動訊息」、「4-2-3 能主動發布新聞稿、行銷辦學成果」、「4-2-4 能努力爭取報章雜誌、聞採訪，提高學校能見度」其指標細目之平均數均≧4.00 且標準差<1.00，符合篩選標準，擬予以保留。「4-1-1 能提升學生學習品質」其指標細目之平均數均 4.65 但標準差 1.15 不符合篩選標準，擬不予以保留。

在問卷的開放性問題中，專家小組成員除語意修正意見外，有專家小組成員認為「4-2-1 能透過大型集會宣傳辦學績效與辦學特色」應修正為「透過大型集會傳達辦學理念」。「4-2-2 能善用網頁與社群軟體即時更新活動訊息」修正為「善用網頁與社群軟體即時更新教學活動訊息」。「4-2-4 能努力爭取報章雜誌、新聞採訪，提高學校能見度」修正成「透過報章雜誌、新聞採訪，傳達學校辦學理念」。上述指標除文字和語意修正，再次和指導教授進行討論，最後仍為維持研究者原本陳述，更能精確掌握其原意。

　　另外有專家小組成員建議新增指標細目「4-1-4 能增加師生對學校的認同感」指標，研究者經與指導教授討論後，決定增加此項細目，以更符合問卷準確性與周延性。

　　（五）「教育績效」層面各向度之細目統計結果與意見分析指標「5-1-1 教學活動能以學生為主體」、「5-1-2 能透過課程學習提升學習動機」、「5-1-3 在課程學習過程中能激發多元潛能」、「5-1-4 能訂定各項激勵辦法，公開表揚優異學習成果」、「5-1-5 能提升學習素養能力」、「5-2-1 經營成效，能夠獲得認同肯定」、「5-2-2 能與社區互惠共榮，創造學校與社區之特色價值」、「5-2-3 能贏得家長信賴，樂意挹注教育資源」、「5-2-4 能成為社區學習中心」其指標細目之平均數均≧4.00 且標準差<1.00，符合篩選標準，擬予以保留。

　　在問卷的開放性問題中，專家小組成員除語意修正意見外，有專家小組成員認為「5-1-3 在課程學習過程中能激發多元潛能」應修正為「在課程學習過程中能激發學生多元潛能」。「5-1-4 能訂定各項激勵辦法，公開表揚優異學習成果」修正為「能訂定各項激勵辦法，公開表揚學生優異學習成果」。「5-2-1 經營成效，能夠獲得認同肯定」修正成「學校經營成效，能夠獲得親、師、生認同肯」。「5-1-5 能提升學生學習素養能力。」修正成「能提升學生學習素養能力」。「5-2-4 能成為社區學習中心」修正成「學校能成為社區學習與文化傳承中心」。上述指標除文字和語意修正外，亦加入專家意見以提升其內容精準度、邏輯性及減少疑慮。

　　另外有專家小組成員建議新增指標細目「5-2-5 能以特色課程為標竿，成為跨縣、跨區的指標學校」指標，研究者經與指導教授討論後，決定增加此項細目，以更符合問卷準確性與周延性。

　　綜合第一次德懷術之學者專家諮詢結果，學者專家對層面及指標部分並無重大異議，所以，維持指標的五個層面及十三個向度。而在五十九個指標細目方面，共有一個指標 4-1-1 不符合篩選標準，則予以刪除，另外，

　　學者專家針對指標細目所提出之修正，修正部分以粗體表示，其修正之指標（如 1-1-2、1-2-2、1-2-6、1-4-1、1-4-3、2-1-2、2-1-3、2-1-6、2-2-5、2-2-6、2-3-3、2-3-4、2-4-1、2-4-3、3-1-2、3-1-3、3-2-2、4-2-1、5-1-3、5-1-5、5-2-1、5-2-2、5-2-4）。新增細目 1-1-6、1-3-5、2-1-5、2-4-5、4-1-4、5-2-5。另有專家提出「1-3-5 能運用多種溝通媒介」的位置應對調，考量語意的邏輯性，先有媒介再有溝通內容之順序，這兩個細目位置對調。再者，有專家小組成員對「1-2-3 能兼顧組織目標達成及處室成員需要滿足」、「1-2-4 能善用非正式組織」、「1-4-2 能在進行評鑑之後執行追蹤改進」與「1-4-5 能具備統整、溝通、分析、設計之評鑑能力」等細目適當性的質疑，因其皆符合篩選標準，所以將細目文字做適當修正減少疑慮，仍予以保留在原向度，如表 3-5。經研究者多方考量給予新增增刪後之指標細目後，共計六十四個細目，經重新編碼後製成第二次德懷術問卷（如附錄四）。

表 3-5

第一次德懷術的分析結果

層面	向度	指標	統計結果			保留	修正	新增	刪除
			M	Mo	SD				
1. 行政領導與創新管理	1-1 具特色發展的辦學理念	1-1-1 辦學理念能符合學校願景。	4.75	5	0.62	V			
		1-1-2 能建立合宜溝通互動平台，爭取理解與資源。	4.75	5	0.45		V		
		1-1-3 能制定短、中、長期**具特色**校務發展計畫。	4.58	5	0.67		V		
		1-1-4 能善用具特色之典禮與儀式凝聚成員之向心力。	4.33	4	0.49	V			
		1-1-5 校務規劃能結合社區**特色**，兼顧親師生需求。	4.92	5	0.29		V		
		1-1-6 能架構學校願景及學生圖像。	新增細目						V

表 3-5

第一次德懷術的分析結果（續）

層面	向度	指標	統計結果			保留	修正	新增	刪除
			M	Mo	SD				
	1-2 政策轉化與執行力	1-2-1 能了解中央與地方的重要教育政策。	4.50	5	0.90	V			
		1-2-2 能轉化教育政策成為適合學校的辦學特色。	4.67	5	0.65	V			
		1-2-3 校長能追求自我專業成長、**反思與政策執行能力**。	4.83	5	0.39		V		
		1-2-4 能接納各方意見，多向溝通使其支持**政策作為**。	4.83	5	0.39		V		
		1-2-5 促進團隊合作，行政效率具創新、彈性。	4.92	5	0.29		V		
	1-3 優質的領導效能	1-3-1 能不斷的鼓勵成員實現學校教育目標。	4.92	5	0.29	V			
		1-3-2 校長具備領導**能力，展現合宜領導作為**。	4.92	5	0.29		V		
		1-3-3 校長辦學具熱忱，積極投入校務經營發展。	5.00	5	0.00	V			
		1-3-4 行政人員與教師能相互合作，共同努力發展。	4.83	5	0.39	V			
		1-3-5 校長能正確掌握「改變」的重要性並積極投入。	新增細目						V
2. 特色課程與教學	2-4 學生多元展能	2-4-1 能辦理特色多元學習活動及多元社團。		4.75	5	0.45			V
		2-4-2 能辦理各項學習成果發表，肯定並激勵學生表現。		4.83	5	0.39	V			
		2-4-3 能獎勵學生參加校內外競賽。		4.58	5	0.51	V			

表 3-5

第一次德懷術的分析結果（續）

層面	向度	指標	統計結果			保留	修正	新增	刪除
			M	Mo	SD				
2.特色課程與教學	2-4 學生多元展能	2-4-4 能重視學生基本素養能力的培養。	4.92	5	0.29	V			
		2-4-5 能重視學生學習歷程的展現。	新增細目					V	
3.資源整合運用與活化	3-1 整合多元教育資源	3-1-1 能依據特色發展需求，引進校外資源。	4.83	5	0.39	V			
		3-1-2 能讓親、師、生重視在地文化，深化在地認同。	4.75	5	0.45		V		
		3-1-3 能善用在地環境**與資源**，融入**學校課程活動**。	4.83	5	0.39		V		
		3-1-4 能提供軟硬體設施，作為社區居民終身學習。	4.08	4	0.67	V			
		3-1-5 能結合社區特色資源，延伸學習場域。	4.58	5	0.67	V			
	3-2 創新與活化空間	3-2-1 閒置空間能活化再利用。	4.67	5	0.49	V			
		3-2-2 **能營造**成符合教師教學與學習需求之**空間。**	4.92	5	0.29		V		
		3-2-3 能營造與社區共存共榮之校園環境。	4.67	5	0.49	V			
		3-2-4 能整合學校、社區數位平台，呈現特色課程學習成果。	4.75	5	0.45	V			
		3-2-5 能打造綠色環境，邁向永續發展。	4.75	5	0.45	V			

表 3-5

第一次德懷術的分析結果（續）

層面	向度	指標	統計結果			保留	修正	新增	刪除
			M	Mo	SD				
4. 品牌特色與行銷	4-1 建立學校品牌特色	4-1-1 能提升學生學習品質。	4.67	5	1.15				V
		4-1-2 能採取多元策略與行動，提升學校能見度。	4.83	5	0.58	V			
		4-1-3 能組織團隊參與各項競賽，建立學校知名度。	4.42	4.5	0.67	V			
		4-1-4 能創新特色教學樹立學校品牌形象。	4.83	5	0.58	V			
		4-1-5 能增加師生對學校的認同感。	新增細目					V	
	4-2 善用管道行銷學校特色	4-2-1 能透過**各種活動**宣傳辦學績效與辦學特色。	4.67	5	0.65		V		
		4-2-2 能善用網頁與社群軟體並即時更新活動訊息。	4.83	5	0.39	V			
		4-2-3 能主動發布新聞稿、行銷辦學成果。	4.58	5	0.67	V			
		4-2-4 能努力爭取報章雜誌、新聞採訪，提高學校能見度。	4.50	5	0.67	V			
5. 教育績效	5-1 呈現學生學習成果	5-1-1 教學活動能以學生為主體。	4.92	5	0.29	V			
		5-1-2 能透過課程學習提升學習動機。	4.92	5	0.29	V			
		5-1-3 在課程學習過程中能激發**學生多元潛能**。	5.00	5	0.00		V		
		5-1-4 能訂定各項激勵辦法，公開表揚**學生**優異學習成果。	4.67	5	0.49		V		
		5-1-5 能提升**學生**學習素養能力。	4.75	5	0.45		V		

表 **3-5**

第一次德懷術的分析結果（續）

層面	向度	指標	統計結果			保留	修正	新增	刪除
			M	Mo	SD				
5. 教育 績效	5-2 創造 特色 學校 之社 會接 受度	5-2-1 **學校**經營成效，能夠獲得**親、師、生**認同肯定。	4.83	5	0.39	V			
		5-2-2 **學校**能與社區互惠共榮，創造學校與社區之特色價值。	4.83	5	0.39	V			
		5-2-3 能贏得家長信賴，樂意挹注教育資源。	4.92	5	0.29	V			
		5-2-4 **學校**能成為社區學習與**文化傳承**中心。	4.58	5	0.51	V			
		5-2-5 能以特色課程為標竿，成為跨縣、跨區的指標學校。	新增細目						V

（二）第二次德懷術問卷

　　由第一次德懷術資料進行指標修正、增刪或合併後，編製第二次德懷術問卷（如附錄四）。問卷目的在進行指標重要性之界定，依「不重要」、「普通」、「重要」之區分，以 1 至 3 分之方式加以評分。

　　問卷實施期間為 110 年 9 月 23 日至 110 年 10 月 2 日。第二次德懷術問卷於 110 年 9 月 23 日發送給 12 位學者專家進行意見諮詢，於 10 月 2 日回收全部問卷，回收率100%。 針對第二次德懷術問卷進行資料整理（如附錄五），計算各指標細目之平均數（M）、眾數（Mo）及標準差（SD），以至少有一位專家認為不重要或全體專家填答其重要程度低於58%者，做為指標細目篩選標準。

　　一位專家小組成員針對向度 4-2：善用管道行銷學校特色中的指標 4-2-3：學校能主動發布新聞稿、行銷辦學成果和 4-2-4：學校能努力爭取報

章雜誌、新聞採訪，提高學校能見度應調整至向度 4-1 建立學校品牌特色。針對上述之二項建議，研究者經與指導教授討論後，認為應尊重德懷術專家之意見，進行問卷細目的調整，避免落入主觀之想法的取捨。問卷的統計結果與分析，將對指標的五個層面分述如下：

（一）「行政領導與創新管理」層面之統計結果分析

指標 1-1-1、1-1-2、1-1-3、1-1-4、1-1-5、1-1-6、1-2-1、1-2-2、1-2-3、1-2-4、1-2-5、1-3-1、1-3-2、1-3-3、1-3-4、1-3-5，全體專家填答其重要程度比率高於 58%，且專家皆無認為不重要，其指標細目均符合篩選標準，則予以保留。

（二）「特色課程與教學」層面之統計結果分析

指標「2-1-4 能進行跨校聯盟，創發特色學習主題」，經全體專家填答其重要程度比率低於 58%，予以刪除；「2-2-3 課程能回應特殊族群（如新住民、原住民）之需求，反應多元文化」、「2-4-3 能獎勵學生參加校內外競賽」全體專家填答其重要程度比率雖超過 58%，但有一位專家小組成員認為「不重要」，予以刪除。其餘指標 2-1-1、2-1-2、2-1-3、2-1-5、2-2-1、2-2-2、2-2-4、2-3-1、2-3-2、2-3-3、2-3-4、2-3-5、2-4-1、2-4-2、2-4-4、2-4-5 皆符合篩選標準，則予以保留。

（三）「資源整合運用與活化」層面之統計結果分析

指標「3-1-4 能提供軟硬體設施，作為社區居民終身學習」，經全體專家填答其重要程度比 率低於 58%，予以刪除。其餘指標 3-1-1、3-1-2、3-1-3、3-1-5、3-2-1、3-2-2、3-2-4、3-2-5 皆符合篩選標準，則予以保留。

（四）「品牌特色與行銷」層面之統計結果分析

指標「4-1-2 能組織團隊參與各項競賽，建立學校知名度」、「4-1-4 能增加師生對學校的認同感」全體專家填答其重要程度比率雖超過 58%，但有一位專家小組成員認為「不重要」，予以刪除。其依專家建議調整後的 4-1 向度指標為 4-1-1、4-1-3、4-2-1、4-2-2；其順序更改為 4-1-1、4-1-2、4-

1-3、4-1-4。4-2 向度指標則為 4-2-3、4-2-4 符合篩選標準,則予以保留並順序調整為,4-2-1 及 4-2-2。

　　(五)「教育績效」層面之統計結果分析

　　指標 5-1-1、5-1-2、5-1-3、5-1-4、5-1-5、5-2-1、5-2-2、5-2-3、5-2-4、5-2-5,全體專家填答其重要程度比率高於 58%,且專家皆無認為不重要,其指標細目均符合篩選標準,則予以保留。

　　經過第二次德懷術篩選,篩選標準為各指標細目之平均數(M)、眾數(Mo)及標準差(SD),以至少有一位專家認為不重要或全體專家填答其重要程度低於 58%者,做為指標細目篩選標準,經 12 位專家的德懷術後,其原有之指標細目從原六十四個指標刪減成為五十八項指標,如表 3-6。

表 **3-6**

第二次德懷術結果

層面	向度	細目	重要程度			保留	刪除
			重要	普通	不重要		
			%				
1.行政領導與創新管理	1-1具特色發展的辦學理念	1-1-1 辦學理念能符合學校願景。	92	8	0	v	
		1-1-2 能建立合宜溝通互動平台,爭取理解與資源。	100	0	0	v	
		1-1-3 能制定短、中、長期具特色校務發展計畫。	83	17	0	v	
		1-1-4 能善用具特色之典禮與儀式凝聚成員之向心力。	67	33	0	v	
		1-1-5 校務規劃能結合社區特色,兼顧親、師、生需求。	92	8	0	v	
		1-1-6 能架構學校願景及學生圖像。	92	8	0	v	
	1-2政策轉化與執行力	1-2-1 能了解中央與地方的重要教育政策。	83	17	0	v	
		1-2-2 能轉化教育政策成為適合學校的辦學特色。	92	8	0	v	
		1-2-3 校長能追求自我專業成長、反思與政策執行能力。	92	8	0	v	
		1-2-4 能接納各方意見,多向溝通使其支持政策作為。	92	8	0	v	
		1-2-5 促進團隊合作,行政效率具創新、彈性。	100	0	0	v	
	1-3優質的領導效能	1-3-1 能不斷的鼓勵成員實現學校教育目標。	100	0	0	v	
		1-3-2 校長具備領導能力,展現合宜領導作為。	100	0	0	v	
		1-3-3 校長辦學具熱忱,積極投入校務經營發展。	92	8	0	v	
		1-3-4 行政人員與教師能相互合作,共同努力發展。	100	0	0	v	
		1-3-5 校長能正確掌握「改變」的重要性並積極投入。	100	0	0	v	

表 3-6

第二次德懷術結果（續）

層面	向度	細目	重要程度			保留	刪除
			重要	普通	不重要		
			%				
2. 特色課程與教學	2-1 發展特色校訂課程	2-1-1 能依據願景與目標，規劃特色課程。	100	0	0	v	
		2-1-2 課程發展委員會組織能有效運作。	92	8	0	v	
		2-1-3 能跨領域整合，共同協作，精進校訂課程內涵。	100	0	0	v	
		2-1-4 能進行跨校聯盟，創發特色學習主題。	42	50	8		v
		2-1-5 能創發特色課程模組與分享。	100	0	0	v	
	2-2 活化教學創新與實踐	2-2-1 能運用多元教學策略，落實學生學習。	100	0	0	v	
		2-2-2 能將素養導向教育融入課程與教學。	100	0	0	v	
		2-2-3 課程能回應特殊族群（如新住民、原住民）之需求，反應多元文化。	83	8	8		v
		2-2-4 能運用多元評量，並提供扶助學習課程，提升學生學習成效。	92	8	0	v	
	2-3 激勵教師持續學習成長	2-3-1 能建立教師專業社群支持性系統。	100	0	0	v	
		2-3-2 能精進課程設計與教學的能力。	100	0	0	v	
		2-3-3 能透過反思、深度匯談進行回饋。	75	25	0	v	
		2-3-4 能積極參與交流、指導學生競賽，提升專業發展。	83	17	0	v	
		2-3-5 能省思課程計畫，管理與分享相關教學檔案紀錄。	83	17	0	v	
		2-3-6 能落實備課、觀課、議課之課程實踐。	92	8	0	v	

表 3-6

第二次德懷術結果（續）

層面	向度	細目	重要程度			保留	刪除
			重要	普通	不重要		
			%				
	2-4 學生多元展能	2-4-1 能辦理特色多元學習活動及多元社團。	100	0	0	v	
		2-4-2 能辦理各項學習成果發表，肯定並激勵學生表現。	100	0	0	v	
		2-4-3 能獎勵學生參加校內外競賽。	75	17	8		v
		2-4-4 能重視學生基本素養能力的培養。	92	8	0	v	
		2-4-5 能重視學生學習歷程的展現。	92	8	0	v	
3. 資源整合運用與活化	3-1 整合多元教育資源	3-1-1 能依據特色發展需求，引進校外資源。	100	0	0	v	
		3-1-2 能讓親、師、生重視在地文化，深化在地認同。	100	0	0	v	
		3-1-3 能善用在地環境與資源，融入學校課程活動。	100	0	0	v	
		3-1-4 能提供軟硬體設施，作為社區居民終身學習。	58	33	8		v
		3-1-5 能結合社區特色資源，延伸學習場域。	83	17	0	v	
	3-2 創新與活化空間	3-2-1 閒置空間能活化再利用。	100	0	0	v	
		3-2-2 能營造成符合教師教學與學習需求之空間。	100	0	0	v	
		3-2-3 能營造與社區共存共榮之校園環境。	92	8	0	v	
		3-2-4 能整合學校、社區數位平台，呈現特色課程學習成果。	92	8	0	v	
		3-2-5 能打造綠色環境，邁向永續發展。	83	17	0	v	

表 3-6

第二次德懷術結果（續）

層面	向度	細目	重要程度			保留	刪除
			重要	普通	不重要		
			%				
4. 品牌特色與行銷	4-1 建立學校品牌特色	4-1-1 能採取多元策略與行動，提升學校能見度。	100	0	0	v	
		4-1-2 能組織團隊參與各項競賽，建立學校知名度。	83	17	0		v
		4-1-3 能創新特色教學樹立學校品牌形象。	92	8	0	v	
		4-1-4 能增加師生對學校的認同感。	100	0	0		v
	4-2 善用管道行銷學校特色	4-2-1 能透過各種活動宣傳辦學績效與辦學特色。	92	8	0	v	調整至4-1
		4-2-2 能善用網頁與社群軟體並即時更新活動訊息。	100	0	0	v	調整至4-1
		4-2-3 能主動發布新聞稿、行銷辦學成果。	83	17	0	v	
		4-2-4 能努力爭取報章雜誌、新聞採訪，提高學校能見度。	58	42	0	v	

（三）相對權重問卷編製

本研究採模糊層級分析法（FAHP），執行過程主要透過各個指標之間以兩兩比較的方式，找出不同指標的權重數值，並根據這些權重數值的高低，計算出模糊的相對權重、進行決策的判斷。

本研究工具依據二次德懷術結果編製成「國民中小學特色學校指標相

對權重問卷」(如附錄七),將由專家小組成員填寫問卷。問卷內容將包括:填答說明、名詞釋義、指標內涵架構、範例說明與相對權重調查等五個部分;問卷之設計採用模糊層級分析法(FAHP)之理論概念設計,以成對比較方式評估指標的重要性,並以九點量表形式進行指標間之兩兩成對比較,其評定尺度劃分為「同等重要」、「稍微重要」、「重要」、「相當重要」、「絕對重要」等五個尺度,並賦予1、3、5、7、9的衡量值,另有四項介於五個基本尺度之間,則賦予2、4、6、8的衡量值,代表相鄰尺度之中間值。透過指標之間的模糊相對權重評比,進而建立國民中小學特色學校指標的權重體系。

(四)正式問卷編製

本研究根據二次德懷術的結果,著手編製「國民中小學特色學校指標」正式問卷(如附錄八)。正式問卷編製後,將用來探討當前國民中小學具備本研究所建構特色學校指標之現況,並進一步統計分析。正式問卷抽樣方式將採取分層隨機抽樣,資料來源則參考教育部統計處(2021)「各級學校校數(公立國民中學、國民小學)」資料做為抽樣母群體,正式問卷將包括基本資料、填答說明與問卷內容等三個部分。

四、資料處理與統計分析

本研究依據文獻初步建構之指標,經由二次德懷術結果,確立「國民中小學特色學校指標」架構,接著透過模糊層級分析法(FAHP),建立「國民中小學特色學校指標」權重體系,同時以問卷調查方式來探討當前台灣中部五縣市公立國民中小學所具備特色學校指標之現況,並將所得資料進行統計分析。

（一）資料處理

本研究所蒐集之資料，主要來自於二次德懷術及模糊層級分析法（FAHP）之資料，透過德懷術篩選與修正初步建構之特色學校指標，可反映出指標的可靠性、實用性與決策性；進行德懷術和模糊層級分析法（FAHP）時，分別由德懷術專家小組與模糊層級分析法專家小組成員提供諮詢。第一次德懷術實施時，就「國民中小學特色學校指標」適切性進行評估，透過學者專家意見獲得共識並進行指標項目修正、增刪或合併。實施第二次德懷術時，則進行指標重要性之界定，區分為「不重要」、「普通」和「重要」三種，以建立指標的相對權重。

（二）統計分析

正式問卷調查回收後，本研就將針對有效問卷進行編碼，並以因素分析與 SPSS 22 套裝統計軟體進行統計分析。在正式問卷方面，首先，經由描述統計了解學校在特色學校指標之各層面、向度及項目之得分情形；其次，分析不同背景變項學校在特色學校指標各面向之差異情形。本研究將使用的統計分析方法，包括：偏態與峰度、常態分配考驗、信度分析、驗證性因素分析、描述性統計、t 檢定及單因子變異數分析（ANOVA）與事後比較。

第四章　研究結果分析與討論

　　本研究主要透過國內外相關文獻的整理歸納，探究特色學校意涵，進而初步建構出「國民中小學特色學校指標」；本章共分四節，第一節為國民中小學特色學校指標建構；第二節為國民中小學特色學校指標相對權重研究結果與討論；第三節為國民中小學特色學校指標實證調查結果分析與討論；第四節為指標權重體系與實證調查結果綜合討論；第五節為問卷指標適配度分析結果綜合討論。

一、國民中小學特色學校指標建構

　　本研究之國民中小學特色學校指標建構問卷初稿，經由國內、外相關文獻的分析整理，歸納出行政領導與創新管理層面（包含具特色發展的辦學理念 5 個指標、政策轉化能力與執行力 5 個指標、優質的領導效能 4 個指標）、特色課程與教學層面（包含發展特色校本課程 4 個指標、活化教學創新與實踐 4 個指標、激勵教師專業持續學習成長 6 個指標、學生多元展能 4 個指標）、資源整合運用與活化層面（包含整合在地多元資源 5 個指標、創新與活化空間 5 個指標）、品牌特色與行銷層面（包含建立學校品牌特色 4 個指標、善用管道行銷學校特色 4 個指標）與教育績效層面（包括呈現學生學習成果 5 個指標、創造特色學校之社會接受度 4 個指標）等五個層面、十三個向度與五十九個指標，由於國民中小學特色學校指標建構

之目的在反應當前國中小特色學校的狀況，為兼顧指標建構過程之嚴謹性與指標內容之重要性，因此藉由二次德懷術專家諮詢來進行指標之修正與增刪。

第一次德懷術用「適當程度」作為區分，採用 1 至 5 分之評分方式，指標項目之評估以平均數≧4.00（即五點量表換算成百分位數 80）及標準差＜1.00 為篩選標準，同時依據學者專家提出的意見進行指標項目意涵之內容修正與增刪，分別是：

一、「行政領導與創新管理」層面，修正五項指標，新增指標細目「1-1-6 能架構學校願景及學生圖像」與「1-3-5 校長能正確掌握「改變」的重要性並積極投入」兩個指標。

二、「特色課程與教學」層面，修正五項指標，新增指標細目「2-1-5 能創發特色課程模組與分享」與「2-4-5 能重視學生學習歷程的展現」兩個指標。

三、「資源整合運用與活化」層面，修正三個指標。

四、「品牌特色與行銷」層面，刪除「4-1-1 能提升學生學習品質」指標，修正三個指標，新增指標細目「4-1-4 能增加師生對學校的認同感」。

五、「教育績效」層面，修正五項指標，新增指標細目「5-2-5 能以特色課程為標竿，成為跨縣、跨區的指標學校」。

綜合第一次德懷術之學者專家諮詢結果，學者專家對層面及指標部分並無重大異議，所以維持指標的五個層面及十三個向度，而在五十九個指標細目方面，刪除一個指標，新增六個指標，最後為六十四個指標。第二次德懷術用「重要程度」作為區分，採用 1 至 3 分之評分方式，計算各指標細目之平均數（M）、眾數（Mo）及標準差（SD），以至少有一位專家認為不重要或全體專家填答其重要程度低於 58%者，做為指標細目篩選標準，同時依據學者專家提出的意見進行指標項目意涵之內容修正與增刪，分別是：

　　一、「行政領導與創新管理」層面，其指標細目均符合篩選標準，則予以保留。

　　二、「特色課程與教學」層面，刪除三項指標。

　　三、「資源整合運用與活化」層面，刪除一項指標。

　　四、「品牌特色與行銷」層面，刪除二項指標，將 4-2 向度二個指標調整至 4-1 向度。

　　五、「教育績效」層面，指標細目均符合篩選標準，則予以保留。

　　綜合第二次德懷術之學者專家諮詢結果，學者專家對層面及指標部分並無重大異議，所以維持指標的五個層面及十三個向度，而在六十四個指標細目方面，刪除八個指標，最後為五十八個指標，其結果分析如下：

　　一、「行政領導與創新管理」層面共有 16 項題目，其指標細目之平均數（M）、眾數（Mo）及標準差（SD），沒有一位專家認為不重要或全體專家填答其重要程度高於 58%，則予以全部保留。

　　二、「特色課程與教學」層面共有 17 項題目，其指標細目之平均數（M）、眾數（Mo）及標準差（SD），沒有一位專家認為不重要或全體專家填答其重要程度高於 58%，則予以全部保留。

　　三、「資源整合運用與活化」層面共有 9 項題目，其指標細目之平均數（M）、眾數（Mo）及標準差（SD），沒有一位專家認為不重要或全體專家填答其重要程度高於 58%，則予以全部保留。

　　四、「品牌特色與行銷」層面共有 6 項題目，其指標細目之平均數（M）、眾數（Mo）及標準差（SD），沒有一位專家認為不重要或全體專家填答其重要程度高於 58%，則予以全部保留。

　　五、「教育績效」層面共有 10 項題目，其指標細目之平均數（M）、眾數（Mo）及標準差（SD），沒有一位專家認為不重要或全體專家填答其重要程度高於 58%，則予以全部保留。

　　茲將修正與增刪之國民中小學特色學校指標整理如表 4-1 所示。

表 4-1

國民中小學特色學校指標建構確立

層面	向度	指標
1.行政領導與創新管理	1-1 具特色發展的辦學理念	1-1-1 校長辦學理念能符合學校願景。
		1-1-2 學校能建立合宜溝通互動平台，爭取理解與資源。
		1-1-3 學校能制定短、中、長期具特色校務發展計畫。
		1-1-4 學校能善用具特色之典禮與儀式凝聚成員之向心力。
		1-1-5 學校校務規劃，能結合社區特色，兼顧親、師、生需求。
		1-1-6 學校能架構學校願景及學生圖像。
	1-2 政策轉化與執行力	1-2-1 學校能了解中央與地方的重要教育政策。
		1-2-2 校長能轉化教育政策成為適合學校的辦學特色。
		1-2-3 校長能追求自我專業成長、反思與政策執行能力。
		1-2-4 校長能接納各方意見，多向溝通使其支持政策作為。
		1-2-5 校長能促進團隊合作，行政效率具創新、彈性。

表 **4-1**

國民中小學特色學校指標建構確立（續）

層面	向度	指標
1.行政領導與創新管理	1-3 優質的領導效能	1.校長能不斷的鼓勵成員實現學校教育目標。
		2.校長具備領導能力，展現合宜領導作為。
		3.校長辦學具熱忱，積極投入校務經營發展。
		4.行政人員與教師能相互合作，共同努力發展。
		5.校長能正確掌握「改變」的重要性並積極投入
2.特色課程與教學	2-1 學校能發展特色校訂課程	2-1-1 學校能依據願景與目標，規劃特色課程。
		2-1-2 學校的課程發展委員會組織能有效運作。
		2-1-3 學校能跨領域整合，共同協作，精進校訂課程內涵。
		2-1-4 學校能創發特色課程模組與分享。
	2-2 活化教學創新與實踐	2-2-1 教師能運用多元教學策略，落實學生學習。
		2-2-2 學校能將素養導向教育融入課程與教學。
		2-2-3 教師能運用多元評量，並提供扶助學習課程，提升學生學習成效。

表 4-1

國民中小學特色學校指標建構確立（續）

層面	向度	指標
2.特色課程與教學	2-3 激勵教師持續學習成長	2-3-1 學校能建立教師專業社群支持性系統。
		2-3-2 教師能精進課程設計與教學的能力。
		2-3-3 教師能透過反思、深度匯談進行回饋。
		2-3-4 教師能積極參與交流、指導學生競賽，提升專業發展。
		2-3-5 教師能省思課程計畫，管理與分享相關教學檔案紀錄。
		2-3-6 學校能落實備課、觀課、議課之課程實踐。
	2-4 學生多元展能	2-4-1 學校能辦理特色多元學習活動及多元社團
		2-4-2 學校能辦理各項學習成果發表，肯定並激勵學生表現。
		2-4-3 學校能重視學生基本素養能力的培養。
		2-4-4 學校能重視學生學習歷程的展現。
3.資源整合運用與活化	3-1 整合多元教育資源	3-1-1 學校能依據特色發展需求，引進校外資源。
		3-1-2 學校能讓親、師、生重視在地文化，深化在地認同。
		3-1-3 學校能善用在地環境與資源，融入學校課程活動。
		3-1-4 學校能結合社區特色資源，延伸學習場域。

表 **4-1**

國民中小學特色學校指標建構確立（續）

層面	向度	指標
3.資源整合運用與活化	3-2 創新與活化空間	3-2-1 學校能將閒置空間活化再利用。
		3-2-2 學校能營造成符合教師教學與學習需求之空間。
		3-2-3 學校能營造與社區共存共榮之校園環境。
		3-2-4 學校能整合學校、社區數位平台，呈現特色課程學習成果。
		3-2-5 學校能打造綠色環境，邁向永續發展。
4.品牌特色與行銷	4-1 建立學校品牌特色	4-1-1 學校能採取多元策略與行動，提升學校能見度。
		4-1-2 學校能創新特色教學樹立學校品牌形象。
		4-1-3 學校能透過各種活動宣傳辦學績效與辦學特色。
		4-1-4 學校能善用網頁與社群軟體並即時更新活動訊息。
	4-2 善用管道行銷學校特色	4-2-1 學校能主動發布新聞稿、行銷辦學成果。
		4-1-2 學校能努力爭取報章雜誌、新聞採訪，提高學校能見度。

表 **4-1**

國民中小學特色學校指標建構確立（續）

層面	向度	指標
5.教育績效	5-1 呈現學生學習成果	5-1-1 學校的教學活動能以學生為主體。
		5-1-2 學校能透過課程學習提升學習動機。
		5-1-3 學校能在課程學習過程中能激發學生多元潛能。
		5-1-4 學校能訂定各項激勵辦法，公開表揚學生優異學習成果。
		5-1-5 學校能提升學生學習素養能力。
5.教育績效	5-2 創造特色學校之社會接受度	5-2-1 學校經營成效，能夠獲得親、師、生認同肯定。
		5-2-2 學校能與社區互惠共榮，創造學校與社區之特色價值。
		5-2-3 學校能贏得家長信賴，樂意挹注教育資源。
		5-2-4 學校能成為社區學習與文化傳承中心。
		5-2-5 學校能以特色課程為標竿，成為跨縣、跨區的指標學校。

二、指標權重研究結果與討論

（一）層面指標模糊權重體系結果分析

本研究模糊層級分析法（FAHP）透過兩兩比較方式建構成對比較矩陣

計算各學者專家於層面指標的相對權重分數，接著則再以所有學者專家的相對權重分數計算三角模糊數與反模糊化，做為國民中小學特色學校教育指標的模糊權重值。

表 4-2 為國民中小學特色學校層面之模糊權重分析結果，12 位學者專家在行政領導與創新管理層面的權重介於.16 至.58、特色課程與教學層面的權重介於.09 至.61，資源整合運用與活化層面的權重介於.03 至.48、品牌特色與行銷層面的權重介於.03 至.15，教育績效層面的權重介於.02 至.41，一致性比率 CR 值介於.02 至.34。

採三角模糊數與反模糊化計算後，三角模糊數最小值 L 介於.02 至.16，最佳值 M 介於.06 至.30，最大值 U 介於.15 至.61，重心法解模糊化介於.08 至.35；經反模糊化計算後，所得之指標的右界值 μR 介於.14 至.47，左界值 μL 介於.06 至.26，總效用值 μT 介於.55 至.60，各層面指標的共識值均高於.55，顯示者學者專家們對各層面指標內容已具有共識性。以重心法解模糊化計算後，並依權重排序，各層面指標的模糊權重值分別為「2.特色課程與教學」層面（.35）、「1.行政領導與創新管理」層面（.34）、「3.資源整合運用與活化」（.20）、「5.教育績效」層面（.19）、「4.品牌特色與行銷」層面（.08）。（從最高到最低）

表 4-2

國民中小學特色學校指標層面之模糊權重分析

層面	三角模糊數			DF	反模糊化			排序
	L	M	U		μR	μL	μT	
1.行政領導 與創新管理	.16	.29	.58	.34	.45	.25	.60	2
2.特色課程 與教學	.13	.30	.61	.35	.47	.26	.61	1
3.資源整合 運用與活化	.03	.08	.48	.20	.34	.08	.63	3
4.品牌特色 與行銷	.03	.06	.15	.08	.14	.06	.55	5
5.教育績效	.02	.13	.41	.19	.32	.12	.60	4

　　表 4-3 為層面 1 行政領導與創新管理之向度三角模糊數權重體系分析結果，12 位學者專家在「1-1 具特色發展的辦學理念」向度的權重介於.14 至.78、「1-2 政策轉化與執行力」向度的權重介於.04 至.54 和「1-3 優質的領導效能」向度的權重介於.07 至.76，一致性比率 CR 值介於.00 至.48。

　　採三角模糊數與反模糊化計算後，三角模糊數最小值 L 介於.04 至.14，最佳值 M 介於.12 至.42，最大值 U 介於.54 至.78，重心法解模糊化介於.23 至.45；經反模糊化計算後，所得之指標的右界值 μR 介於.38 至.57，左界值 μL 介於.11 至.33，總效用值 μT 介於.63 至.65，各層面指標的共識值均高於.55，顯示者學者專家們對各層面指標內容已具有共識性。以重心法解模糊化計算後，並依權重排序，各項度指標的模糊權重值分別為「1-1 具特色發展的辦學理念」向度（.45）、「1-3 優質的領導效能」（.35）、「1-2 政策轉化與執行力」（.23）。（從最高到最低）

表 4-3

層面 1 行政領導與創新管理之向度三角模糊數權重體系分析

向度	三角模糊數			DF	反模糊化			排序
	L	M	U		μR	μL	μT	
1-1 具特色發展的辦學理念	.14	.42	.78	.45	.57	.33	.62	1
1-2 政策轉化與執行力	.04	.12	.54	.23	.38	.11	.63	3
1-3 優質的領導效能	.07	.23	.76	.35	.50	.20	.65	2

　　表 4-4 為層面 2 特色課程與教學之向度之三角模糊數權重體系分析結果，12 位學者專家在「2-1 學校能發展特色校訂課程」指標的權重介於.03 至.69、「2-2 活化教學創新與實踐」向度的權重介於.09 至.62、「2-3 激勵教師持續學習成長」向度的權重介.14 至.58 和「2-4 學生多元展能」向度的權重介於.04 至.06，一致性比率 CR 值介於.01 至.76。

　　採三角模糊數與反模糊化計算後，三角模糊數最小值 L 介於.03 至.09，最佳值 M 介於.14 至.22，最大值 U 介於.58 至.69，重心法解模糊化 DF 介於.25 至.34；經反模糊化計算後，所得之指標的右界值 μR 介於.40 至.47，左界值 μL 介於.13 至.19，總效用值 μT 介於.63 至.64，各層面指標的共識值均高於.55，顯示者學者專家們對各層面指標內容已具有共識性。以重心法解模糊化計算後，並依權重排序，各向度指標的模糊權重值分別為，「2-1 學校能發展特色校訂課程」(.32)、「2-3 激勵教師持續學習成長」(.31)、「2-4 學生多元展能」(.27)、「2-2 活化教學創新與實踐」(.25)。(從最高到最低)

表 4-4

層面 2 特色課程與教學之向度之三角模糊數權重體系分析

向度	三角模糊數			DF	反模糊化			排序
	L	M	U		μR	μL	μT	
2-1 學校能發展特色校訂課程	.03	.22	.69	.32	.47	.19	.64	1
2-2 活化教學創新與實踐	.09	.21	.62	.31	.44	.19	.63	2
2-3 激勵教師持續學習成長	.03	.14	.58	.25	.40	.13	.64	4
2-4 學生多元展能	.04	.16	.60	.27	.42	.14	.64	3

　　表 4-5 為層面 3 資源整合運用與活化之向度三角模糊數權重體系分析結果，12 位學者專家在「3-1 整合多元教育資源」向度的權重介於.17 至.88（L-U）、「3-2 創新與活化空間實踐」向度的權重介於.13 至.83。

　　採三角模糊數與反模糊化計算後，三角模糊數最小值 L 介於.13 至.17，最佳值 M 介於.23 至.62，最大值 U 介於.83 至.88，重心法解模糊化 DF 介於.40 至.55；經反模糊化計算後，所得之指標的右界值 μR 介於.52 至.70，左界值 μL 介於.21 至.43，總效用值 μT 介於.64 至.65，各層面指標的共識值均高於.55，顯示者學者專家們對各層面指標內容已具有共識性。

　　以重心法解模糊化計算後，並依權重排序，各層面向度的模糊權重值分別為（DF 值）「3-1 整合多元教育資源」（.55）、「3-2 創新與活化空間實踐」向度（.40）。（從最高到最低）

表 4-5

層面 3 資源整合運用與活化之向度三角模糊數權重體系分析

向度	三角模糊數			DF	反模糊化			排序
	L	M	U		μR	μL	μT	
3-1 整合多元教育資源	.17	.62	.88	.55	.70	.43	.64	1
3-2 創新與活化空間實踐	.13	.23	.83	.40	.52	.21	.66	2

　　表 4-6 為層面 4 品牌特色與行銷之向度三角模糊數權重體系分析結果，12 位學者專家在「4-1 建立學校品牌特色」向度的權重介於.13 至.88、「4-2 善用管道行銷學校特色」向度的權重介於.13 至.87。

　　採三角模糊數與反模糊化計算後，三角模糊數最小值 L 介於.13 至.13，最佳值 M 介於.27 至.57，最大值 U 介於.87 至.88，重心法解模糊化介於.42 至.52；經反模糊化計算後，所得之指標的右界值 μR 介於.54 至.67，左界值 μL 介於.23 至.39，總效用值 μT 介於.64 至.66，各層面指標的共識值均高於.55，顯示者學者專家們對各層面指標內容已具有共識性。以重心法解模糊化計算後，並依權重排序，各向度指標的模糊權重值（DF 值）分別為「4-1 建立學校品牌特色」(.52)、「4-2 善用管道行銷學校特色」(.42)。（從最高到最低）

表 4-6

層面 4 品牌特色與行銷之向度三角模糊數權重體系分析

向度	三角模糊數			DF	反模糊化			排序
	L	M	U		μR	μL	μT	
4-1 建立學校品牌特色	.13	.57	.88	.52	.67	.39	.64	1
4-2 善用管道行銷學校特色	.13	.27	.87	.42	.54	.23	.66	2

表 4-7 為層面 5 教育績效之向度三角模糊數權重體系分析結果，12 位學者專家在「5-1 呈現學生學習成果」向度的權重介於.17 至.89、「5-2 創造特色學校之社會接受度」向度的權重介於.11 至.83。

採三角模糊數與反模糊化計算後，三角模糊數最小值 L 介於.11 至.17，最佳值 M 介於.22 至.64，最大值 U 介於.83 至.89，重心法解模糊化（DF 值）介於.39 至.56；經反模糊化計算後，所得之指標的右界值 μR 介於.39 至.56，左界值 μL 介於.20 至.43，總效用值 μT 介於.64 至.66，各層面指標的共識值均高於.55，顯示者學者專家們對各層面指標內容已具有共識性。以重心法解模糊化計算後，並依權重排序，各層面指標的模糊權重值分別為（DF 值「5-1 呈現學生學習成果」（.56）、「5-2 創造特色學校之社會接受度」（.39）。（從最高到最低）

表 4-7

層面 5 教育績效之向度三角模糊數權重體系分析

向度	三角模糊數			DF	反模糊化			排序
	L	M	U		μR	μL	μT	
5-1 呈現學生學習成果	.17	.64	.89	.56	.43	.64	.17	1
5-2 創造特色學校之社會接受度	.11	.22	.83	.39	.20	.66	.11	2

表 4-8 為向度 1-1 具特色發展的辦學理念之指標三角模糊數權重體系分析結果，12 位學者專家在「1-1-1 校長辦學理念能符合學校願景」指標的權重介於.03 至.56、「1-1-2 學校能建立合宜溝通互動平台，爭取理解與資源」的權重介於.05 至.39，「1-1-3 學校能制定短、中、長期具特色校務發展計畫」指標的權重介於.06 至.33、「1-1-4 學校能善用具特色之典禮與儀式凝聚成員之向心力」指標的權重介於.03 至.18，「1-1-5 學校校務規劃能結合社區特色，兼顧親、師、生需求」指標的權重介於.02 至.42，「1-1-6 學校能架構學校願景及學生圖像」指標的權重介於.02 至.47，一致性比率

CR 值介於.02 至.92。

　　採三角模糊數與反模糊化計算後，三角模糊數最小值 L 介於.02 至.06，最佳值 M 介於.07 至.18，最大值 U 介於.18 至.56，重心法解模糊化（DF）介於.17 至.26；經反模糊化計算後，所得之指標的右界值 μR 介於.16 至.41，左界值 μL 介於.06 至.16，總效用值 μT 介於.56 至.62，各層面指標的共識值均高於.55，顯示者學者專家們對各層面指標內容已具有共識性。

　　以重心法解模糊化計算後，並依權重排序，各層面指標的模糊權重值分別為「1-1-1 校長辦學理念能符合學校願景」（.26）、「1-1-2 學校能建立合宜溝通互動平台，爭取理解與資源」（.20）、「1-1-6 學校能架構學校願景及學生圖像」（.20）、「1-1-5 學校校務規劃能結合社區特色，兼顧親、師、生需求」（.18）、「1-1-3 學校能制定短、中、長期具特色校務發展計畫」（.17）與「1-1-4 學校能善用具特色之典禮與儀式凝聚成員之向心力」（.09）。（從最高到最低）

表 4-8

向度 1-1 具特色發展的辦學理念之指標三角模糊數權重體系分析

向度	三角模糊數			DF	反模糊化			排序
	L	M	U		μR	μL	μT	
1-1-1 校長辦學理念能符合學校願景。	.03	.18	.56	.26	.41	.16	.62	1
1-1-2 學校能建立合宜溝通互動平台，爭取理解與資源。	.05	.15	.39	.20	.32	.13	.59	2
1-1-3 學校能制定短、中、長期具特色校務發展計畫。	.06	.13	.33	.17	.28	.12	.58	5

表 4-8

向度 1-1 具特色發展的辦學理念之指標三角模糊數權重體系分析（續）

向度	三角模糊數			DF	反模糊化			排序
	L	M	U		μR	μL	μT	
1-1-4 學校能善用具特色之典禮與儀式凝聚成員之向心力。	.03	.07	.18	.09	.16	.06	.55	6
1-1-5 學校校務規劃能結合社區特色，兼顧親、師、生需求。	.02	.09	.42	.18	.31	.09	.61	4
1-1-6 學校能架構學校願景及學生圖像。	.02	.12	.47	.20	.35	.11	.62	3

　　表 4-9 為向度 1-2 政策轉化與執行力之指標三角模糊數權重體系分析結果，12 位學者專家在「1-2-1 學校能了解中央與地方的重要教育政策」指標的權重介於.03 至 61、「1-2-2 校長能轉化教育政策成為適合學校的辦學特色」指標的權重介於.02 至.56，「1-2-3 校長能追求自我專業成長、反思與政策執行能力」指標的權重介於.04 至.39、「1-2-4 校長能接納各方意見，多向溝通使其支持政策作為」的權重介於.03 至.41，「1-2-5 校長能促進團隊合作，行政效率具創新、彈性」指標的權重介於.03 至.30，一致性比率 CR 值介於.01 至.66。

　　採三角模糊數與反模糊化計算後，三角模糊數最小值 L 介於.02 至.04，最佳值 M 介於.11 至.17，最大值 U 介於.41 至.61，重心法解模糊化(DF 值)介於.11 至.36；經反模糊化計算後，所得之指標的右界值 μR 介於.25 至.42，左界值 μL 介於.10 至.15，總效用值 μT 介於.57 至.64，各層面指標的共識值均高於.55，顯示者學者專家們對各層面指標內容已具有共識性。

　　以重心法解模糊化計算後，並依權重排序，各層面指標的模糊權重值分別為「1-2-1 學校能了解中央與地方的重要教育政策」(.27)、「1-2-2 校

長能轉化教育政策成為適合學校的辦學特色」（.25）、「1-2-4 校長能接納各方意見，多向溝通使其支持政策作為」（.20）、「1-2-3 校長能追求自我專業成長、反思與政策執行能力」（.19）與「1-2-5 校長能促進團隊合作，行政效率具創新、彈性」（.15）。（從最高到最低）

表 4-9

向度 1-2 政策轉化與執行力之指標三角模糊數權重體系分析

向度	三角模糊數			DF	反模糊化			排序
	L	M	U		μR	μL	μT	
1-2-1 學校能了解中央與地方的重要教育政策。	.03	.16	.61	.27	.42	.14	.64	1
1-2-2 校長能轉化教育政策成為適合學校的辦學特色。	.02	.17	.56	.25	.40	.15	.63	2
1-2-3 校長能追求自我專業成長、反思與政策執行能力。	.04	.14	.39	.19	.31	.12	.59	4
1-2-4 校長能接納各方意見，多向溝通使其支持政策作為。	.03	.15	.41	.20	.33	.13	.60	3
1-2-5 校長能促進團隊合作，行政效率具創新、彈性。	.03	.11	.30	.15	.25	.10	.57	5

表 4-10 為向度 1-3 優質的領導效能之指標三角模糊數權重體系分析結果，12 位學者專家在「1-3-1 校長能不斷的鼓勵成員實現學校教育目標」指標的權重介於.02 至.29（L-U）、「1-3-2 校長具備領導能力，展現合宜領

導作為」指標的權重介於.04 至.56，「1-3-3 校長辦學具熱忱，積極投入校務經營發展」指標的權重介於.12 至.60、「1-3-4 行政人員與教師能相互合作，共同努力發展」的權重介於.05 至.26，「1-3-5 校長能正確掌握『改變』的重要性並積極投入」指標的權重介於.03 至.54，一致性比率 CR 值介於.02 至.65。

採三角模糊數與反模糊化計算後，三角模糊數最小值 L 介於.02 至.12，最佳值 M 介於.11 至.28，最大值 U 介於.26 至.56，重心法解模糊化（DF）值介於.13 至.33；經反模糊化計算後，所得之指標的右界值 μR 介於.22 至.45，左界值 μL 介於.10 至.24，總效用值 μT 介於.56 至.64，各層面指標的共識值均高於.55，顯示者學者專家們對各層面指標內容已具有共識性。

以重心法解模糊化計算後，並依權重排序，各層面指標的模糊權重值分別為「1-3-3 校長辦學具熱忱，積極投入校務經營發展」（.33）、「1-3-2 校長具備領導能力，展現合宜領導作為」（.26）、「1-3-5 校長能正確掌握『改變』的重要性並積極投入」（.23）、「1-3-1 校長能不斷的鼓勵成員實現學校教育目標」（.14）與「1-3-4 行政人員與教師能相互合作，共同努力發展」（.13）。（從最高到最低）

表 4-10

向度 1-3 優質的領導效能之指標三角模糊數權重體系分析

向度	三角模糊數			DF	反模糊化			排序
	L	M	U		μR	μL	μT	
1-3-1 校長能不斷的鼓勵成員實現學校教育目標。	.02	.09	.29	.13	.24	.09	.58	4
1-3-2 校長具備領導能力，展現合宜領導作為。	.04	.19	.56	.26	.41	.17	.62	2

表 **4-10**

向度 1-3 優質的領導效能之指標三角模糊數權重體系分析（續）

向度	三角模糊數			DF	反模糊化			排序
	L	M	U		μR	μL	μT	
1-3-3 校長辦學具熱忱，積極投入校務經營發展。	.12	.28	.60	.33	.45	.24	.61	1
1-3-4 行政人員與教師能相互合作，共同努力發展。	.05	.10	.26	.14	.22	.10	.56	5
1-3-5 校長能正確掌握「改變」的重要性並積極投入。	.03	.11	.54	.23	.38	.10	.64	3

表 4-11 為向度 2-1 學校能發展特色校訂課程之指標三角模糊數權重體系分析結果，12 位學者專家在「2-1-1 學校能依據願景與目標，規劃特色課程」指標的權重介於.06 至.73、「2-1-2 學校的課程發展委員會組織能有效運作」指標的權重介於.03 至.63，「2-1-3 學校能跨領域整合，共同協作，精進校訂課程內涵」指標的權重介於.09 至.61、「2-1-4 學校能創發特色課程模組與分享」的權重介於.03 至.46，一致性比率 CR 值介於.01 至.86。

採三角模糊數與反模糊化計算後，三角模糊數最小值 L 介於.03 至.09，最佳值 M 介於.12 至.24，最大值 U 介於.46 至.73，重心法解模糊化（DF 值）介於.21 至.34；經反模糊化計算後，所得之指標的右界值 μR 介於.21 至.34，左界值 μL 介於.11 至.21，總效用值 μT 介於.61 至.65，各層面指標的共識值均高於.55，顯示者學者專家們對各層面指標內容已具有共識性。

以重心法解模糊化計算後，並依權重排序，各層面指標的模糊權重值分別為「2-1-1 學校能依據願景與目標，規劃特色課程」（.34）、「2-1-2 學校的課程發展委員會組織能有效運作」（.31）、「2-1-4 學校能創發特色課程模組與分享」（.26）、「2-1-3 學校能跨領域整合，共同協作，精進校訂課程內涵」（.21）。（從最高到最低）

表 **4-11**

向度 2-1 學校能發展特色校訂課程之指標三角模糊數權重體系分析

向度	三角模糊數			DF	反模糊化			排序
	L	M	U		μR	μL	μT	
2-1-1 學校能依據願景與目標，規劃特色課程。	.06	.23	.73	.34	.48	.19	.64	1
2-1-2 學校的課程發展委員會組織能有效運作。	.03	.12	.63	.26	.42	.11	.65	3
2-1-3 學校能跨領域整合，共同協作，精進校訂課程內涵。	.09	.24	.61	.31	.45	.21	.62	2
2-1-4 學校能創發特色課程模組與分享。	.03	.13	.46	.21	.34	.12	.61	4

　　表 4-12 為向度 2-2 活化教學創新與實踐之指標三角模糊數權重體系分析結果，12 位學者專家在「2-2-1 教師能運用多元教學策略，落實學生學習」的權重介於.33 至.79、「2-2-2 學校能將素養導向教育融入課程與教學」指標的權重介於.07 至.33 和「2-2-3 教師能運用多元評量，並提供扶助學習課程，提升學生學習成效」的權重介於.05 至.33，一致性比率 CR 值介於.18 至.59。

　　採三角模糊數與反模糊化計算後，三角模糊數最小值 L 介於.05 至.33，最佳值 M 介於.17 至.64，最大值 U 介於.33 至.79，重心法解模糊化 DF 介於.18 至.59；經反模糊化計算後，所得之指標的右界值 μR 介於.28 至.68，左界值 μL 介於.13 至.49，總效用值 μT 介於.57 至.60，各層面指標的共識值均高於.55，顯示者學者專家們對各層面指標內容已具有共識性。以重心法解模糊化計算後，並依權重排序，各層面指標的模糊權重值分別為（DF 值）「2-2-1 教師能運用多元教學策略，落實學生學習」(.59)、「2-2-2 學校

能將素養導向教育融入課程與教學」（.18）、「2-2-3 教師能運用多元評量，並提供扶助學習課程，提升學生學習成效」（.18）。（從最高到最低）

表 4-12

向度 2-2 活化教學創新與實踐之指標三角模糊數權重體系分析

向度	三角模糊數			DF	反模糊化			排序
	L	M	U		μR	μL	μT	
2-2-1 教師能運用多元教學策略，落實學生學習。	.33	.64	.79	.59	.68	.49	.60	1
2-2-2 學校能將素養導向教育融入課程與教學。	.07	.14	.33	.18	.28	.13	.57	2
2-2-3 教師能運用多元評量，並提供扶助學習課程，提升學生學習成效。	.05	.17	.33	.18	.29	.15	.57	3

　　表 4-13 為向度 2-3 激勵教師持續學習成長之指標三角模糊數權重體系析結果，12 位學者專家在「2-3-1 學校能建立教師專業社群支持性系統」指標的權重介於.05 至.48、「2-3-2 教師能精進課程設計與教學的能力」的權重介於.05 至.55，「2-3-3 教師能透過反思、深度匯談進行回饋」指標的權重介於.03 至.52、「2-3-4 教師能積極參與交流、指導學生競賽，提升專業發展」指標的權重介於.02 至.47，「2-3-5 教師能省思課程計畫，管理與分享相關教學檔案紀錄」指標的權重介於.04 至.16，「2-3-6 學校能落實備課、觀課、議課之課程實踐」的權重介於.02 至.28，一致性比率 CR 值介於.09 至.27。

採三角模糊數與反模糊化計算後，三角模糊數最小值 L 介於.02 至.05，最佳值 M 介於.07 至.02，最大值 U 介於.16 至.55，重心法解模糊化（DF）介於.09 至.27；經反模糊化計算後，所得之指標的右界值 μR 介於.15 至.41，左界值 μL 介於.07 至.18，總效用值 μT 介於.54 至.63，各層面指標的共識值均高於.55，顯示者學者專家們對各層面指標內容已具有共識性。

以重心法解模糊化計算後，並依權重排序，各層面指標的模糊權重值分別為（DF 值）「2-3-2 教師能精進課程設計與教學的能力」（.27）、「2-3-1 學校能建立教師專業社群支持性系統」（.24）、「2-3-3 教師能透過反思、深度匯談進行回饋」（.23）、「2-3-4 教師能積極參與交流、指導學生競賽，提升專業發展」（.19）、「2-3-6 學校能落實備課、觀課、議課之課程實踐」（.12）與「2-3-5 教師能省思課程計畫，管理與分享相關教學檔案紀錄」（.09）。（從最高到最低）

表 4-13

向度 2-3 激勵教師持續學習成長之指標三角模糊數權重體系分析

向度	三角模糊數			DF	反模糊化			排序
	L	M	U		μR	μL	μT	
2-3-1 學校能建立教師專業社群支持性系統。	.05	.20	.48	.24	.38	.18	.60	2
2-3-2 教師能精進課程設計與教學的能力。	.05	.21	.55	.27	.41	.18	.61	1
2-3-3 教師能透過反思、深度匯談進行回饋。	.03	.13	.52	.23	.38	.12	.63	3
2-3-4 教師能積極參與交流、指導學生競賽，提升專業發展。	.02	.08	.47	.19	.34	.08	.63	4

表 **4-13**

向度 **2-3** 激勵教師持續學習成長之指標三角模糊數權重體系分析（續）

向度	三角模糊數			DF	反模糊化			排序
	L	M	U		μR	μL	μT	
2-3-5 教師能省思課程計畫，管理與分享相關教學檔案紀錄。	.04	.07	.16	.09	.15	.07	.54	6
2-3-6 學校能落實備課、觀課、議課之課程實踐。	.02	.07	.28	.12	.23	.07	.58	5

　　表 4-14 為向度 2-4 學生多元展能之指標三角模糊數權重體系分析結果，12 位學者專家在「2-4-1 學校能辦理特色多元學習活動及多元社團」的權重介於.04 至.65、「2-4-2 學校能辦理各項學習成果發表，肯定並激勵學生表現」的權重介於.05 至.54，「2-4-3 學校能重視學生基本素養能力的培養」的權重介於.06 至.66、「2-4-4 學校能重視學生學習歷程的展現」的權重介於.05 至.47，一致性比率 CR 值介於.21 至.32。

　　採三角模糊數與反模糊化計算後，三角模糊數最小值 L 介於.04 至.06，最佳值 M 介於.02 至.11，最大值 U 介於.47 至.65，重心法解模糊化（DF）介於.21 至.32；經反模糊化計算後，所得之指標的右界值 μR 介於.34 至.47，左界值 μL 介於.17 至.21，總效用值 μT 介於.62 至.64，各層面指標的共識值均高於.55，顯示者學者專家們對各層面指標內容已具有共識性。以重心法解模糊化計算後，並依權重排序，各層面指標的模糊權重值分別為「2-4-3 學校能重視學生基本素養能力的培養」（.32）、「2-4-1 學校能辦理特色多元學習活動及多元社團」（.30）、「2-4-2 學校能辦理各項學習成果發表，肯定並激勵學生表現」（.26）、「2-4-4 學校能重視學生學習歷程的展現」（.21）。（從最高到最低）

表 **4-14**

向度 2-4 學生多元展能之指標三角模糊數權重體系分析

向度	三角模糊數			DF	反模糊化			排序
	L	M	U		μR	μL	μT	
2-4-1 學校能辦理特色多元學習活動及多元社團。	.04	.20	.65	.30	.45	.18	.64	2
2-4-2 學校能辦理各項學習成果發表，肯定並激勵學生表現。	.05	.20	.54	.26	.40	.17	.62	3
2-4-3 學校能重視學生基本素養能力的培養。	.06	.26	.66	.32	.47	.21	.63	1
2-4-4 學校能重視學生學習歷程的展現。	.05	.11	.47	.21	.34	.10	.62	4

　　表 4-15 為向度 3-1 整合多元教育資源之指標三角模糊數權重體系分析結果，12 位學者專家在「3-1-1 學校能依據特色發展需求，引進校外資源」的權重介於.05 至.65、「3-1-2 學校能讓親、師、生重視在地文化，深化在地認同」的權重介於.05 至.67，「3-1-3 學校能善用在地環境與資源，融入學校課程活動」的權重介於.06 至.59、「3-1-4 學校能結合社區特色資源，延伸學習場域」的權重介於.03 至.28，一致性比率 CR 值介於.00 至.59。

　　採三角模糊數與反模糊化計算後，三角模糊數最小值 L 介於.03 至.06，最佳值 M 介於.17 至.22，最大值 U 介於.59 至.67 重心法解模糊化（DF）介於.27 至.31；經反模糊化計算後，所得之指標的右界值 μR 介於.43 至.46，左界值 μL 介於.13 至.19，總效用值 μT 介於.62 至.65，各層面指標的共識值均高於.55，顯示者學者專家們對各層面指標內容已具有共識性。

　　以重心法解模糊化計算後，並依權重排序，各層面指標的模糊權重值分別為「3-1-2 學校能讓親、師、生重視在地文化，深化在地認同」（.31）、

「3-1-3 學校能善用在地環境與資源，融入學校課程活動」（.29）、「3-1-4 學校能結合社區特色資源，延伸學習場域」（.28）、「3-1-1 學校能依據特色發展需求，引進校外資源」（.27）。（從最高到最低）

表 4-15

向度 3-1 整合多元教育資源之指標三角模糊數權重體系分析

向度	三角模糊數			DF	反模糊化			排序
	L	M	U		μR	μL	μT	
3-1-1學校能依據特色發展需求，引進校外資源。	.04	.14	.65	.27	.43	.13	.65	4
3-1-2學校能讓親、師、生重視在地文化，深化在地認同。	.05	.22	.67	.31	.46	.19	.64	1
3-1-3學校能善用在地環境與資源，融入學校課程活動。	.06	.21	.59	.29	.43	.18	.62	2
3-1-4學校能結合社區特色資源，延伸學習場域。	.03	.17	.62	.28	.43	.15	.64	3

表 4-16 為向度 3-2 創新與活化空間之指標三角模糊數權重體系分析結果，12 位學者專家在「3-2-1 學校能將閒置空間活化再利用」的權重介於.07 至.53、「3-2-2 學校能營造成符合教師教學與學習需求之空間」的權重介於.05 至.61，「3-2-3 學校能營造與社區共存共榮之校園環境」的權重介於.04 至.57、「3-2-4 學校能整合學校、社區數位平台，呈現特色課程學習成果」的權重介於.02 至.52，「3-2-5 學校能打造綠色環境，邁向永續發展」指標

的權重介於.03 至.28，一致性比率 CR 值介於.01 至.88。

　　採三角模糊數與反模糊化計算後，三角模糊數最小值 L 介於.02 至.07，最佳值 M 介於.09 至.25，最大值 U 介於.28 至.61，重心法解模糊化 DF 介於.13 至.30；經反模糊化計算後，所得之指標的右界值 µR 介於.23 至.45，左界值 µL 介於.08 至.21，總效用值 µT 介於.58 至.64，各層面指標的共識值均高於.55，顯示者學者專家們對各層面指標內容已具有共識性。以重心法解模糊化計算後，並依權重排序，各層面指標的模糊權重值分別為「3-2-2 學校能營造成符合教師教學與學習需求之空間」(.30)、「3-2-1 學校能將閒置空間活化再利用」(.26)、「3-2-3 學校能營造與社區共存共榮之校園環境」(.26)、「3-2-4 學校能整合學校、社區數位平台，呈現特色課程學習成果」(.21) 與「3-2-5 學校能打造綠色環境，邁向永續發展」(.13)。(從最高到最低)

表 4-16

向度 3-2 創新與活化空間之指標三角模糊數權重體系分析

向度	三角模糊數			DF	反模糊化			排序
	L	M	U		µR	µL	µT	
3-2-1 學校能將閒置空間活化再利用。	.07	.17	.53	.26	.39	.16	.62	2
3-2-2 學校能營造成符合教師教學與學習需求之空間。	.05	.25	.61	.30	.45	.21	.62	1
3-2-3 學校能營造與社區共存共榮之校園環境。	.04	.18	.57	.26	.41	.16	.63	3
3-2-4 學校能整合學校、社區數位平台，呈現特色課程學習成果。	.02	.09	.52	.21	.36	.08	.64	4
3-2-5 學校能打造綠色環境，邁向永續發展。	.03	.08	.28	.13	.23	.07	.58	5

表 4-17 為向度 4-1 建立學校品牌特色之指標三角模糊數權重體系分析結果，12 位學者專家在「4-1-1 學校能採取多元策略與行動，提升學校能見度」的權重介於.12 至.69、「4-1-2 學校能創新特色教學樹立學校品牌形象」的權重介於.05 至.69，「4-1-3 學校能透過各種活動宣傳辦學績效與辦學特色」的權重介於.05 至.34、「4-1-4 學校能善用網頁與社群軟體並即時更新活動訊息」的權重介於.04 至.14，一致性比率 CR 值介於.01 至.44。

採三角模糊數與反模糊化計算後，三角模糊數最小值 L 介於.03 至.12，最佳值 M 介於.07 至.39，最大值 U 介於.14 至.69，重心法解模糊化 DF 介於.09 至.40；經反模糊化計算後，所得之指標的右界值 μR 介於.13 至.53，左界值 μL 介於.13 至.30，總效用值 μT 介於.53 至.63，各層面指標的共識值均高於.55，顯示者學者專家們對各層面指標內容已具有共識性。以重心法解模糊化計算後，並依權重排序，各層面指標的模糊權重值分別為「4-1-2 學校能創新特色教學樹立學校品牌形象」（.40）、「4-1-1 學校能採取多元策略與行動，提升學校能見度」（.31）、「4-1-3 學校能透過各種活動宣傳辦學績效與辦學特色」（.17）與「4-1-4 學校能善用網頁與社群軟體並即時更新活動訊息」（.09）。（從最高到最低）

表 4-17

向度 4-1 建立學校品牌特色之指標三角模糊數權重體系分析

向度	三角模糊數			DF	反模糊化			排序
	L	M	U		μR	μL	μT	
4-1-1 學校能採取多元策略與行動，提升學校能見度。	.03	.24	.66	.31	.47	.20	.63	2
4-1-2 學校能創新特色教學樹立學校品牌形象。	.12	.39	.69	.40	.53	.30	.61	1
4-1-3 學校能透過各種活動宣傳辦學績效與辦學特色。	.05	.14	.34	.17	.28	.13	.58	3
4-1-4 學校能善用網頁與社群軟體並即時更新活動訊息。	.04	.07	.14	.09	.13	.07	.53	4

表 4-18 為向度 4-2 善用管道行銷學校特色之指標三角模糊數權重體系分析結果，12 位學者專家在「4-2-1 學校能主動發布新聞稿、行銷辦學成果」的權重介於.20 至.88（L-U）、「4-2-2 學校能努力爭取報章雜誌、新聞採訪，提高學校能見度」的權重介於.13 至.80。

採三角模糊數與反模糊化計算後，三角模糊數最小值 L 介於.01 至.20，最佳值 M 介於.29 至.57，最大值 U 介於.80 至.88，重心法解模糊化（DF）介於.40 至.56；經反模糊化計算後，所得之指標的右界值 μR 介於.53 至.67，左界值 μL 介於.25 至.42，總效用值 μT 介於.63 至.64，各層面指標的共識值均高於.55，顯示者學者專家們對各層面指標內容已具有共識性。

以重心法解模糊化計算後，並依權重排序，各層面指標的模糊權重值分別為（DF 值）「4-2-1 學校能主動發布新聞稿、行銷辦學成果」（.55）、「4-2-2 學校能努力爭取報章雜誌、新聞採訪，提高學校能見度」（.40）。（從最高到最低）

表 4-18

向度 4-2 善用管道行銷學校特色之指標三角模糊數權重體系分析

向度	三角模糊數			DF	反模糊化			排序
	L	M	U		μR	μL	μT	
4-2-1 學校能主動發布新聞稿、行銷辦學成果。	.20	.57	.88	.55	.67	.42	.63	1
4-2-2 學校能努力爭取報章雜誌、新聞採訪，提高學校能見度。	.13	.29	.80	.40	.53	.25	.64	2

表 4-19 向度 5-1 呈現學生學習成果之指標三角模糊數權重體系分析結果，12 位學者專家在「5-1-1 學校的教學活動能以學生為主體」的權重介於.04 至.62（L-U）、「5-1-2 學校能透過課程學習提升學習動機」的權重介於.07 至.54，「5-1-3 學校能在課程學習過程中能激發學生多元潛能」的權重介於.04 至.48、「5-1-4 學校能訂定各項激勵辦法，公開表揚學生優異學習成果」的權重介於.03 至.09，「5-1-5 學校能提升學生學習素養能力」的權重介於.02 至.26，一致性比率 CR 值介於.00 至.34。

　　採三角模糊數與反模糊化計算後，三角模糊數最小值 L 介於.02 至.07，最佳值 M 介於.06 至.27，最大值 U 介於.09 至.62，重心法解模糊化（DF）介於.06 至.31；經反模糊化計算後，所得之指標的右界值 μR 介於.09 至.46，左界值 μL 介於.06 至.22，總效用值 μT 介於.52 至.62，各層面指標的共識值均高於.50，顯示者學者專家們對各層面指標內容已具有共識性。以重心法解模糊化計算後，並依權重排序，各層面指標的模糊權重值分別為「5-1-1 學校的教學活動能以學生為主體」（.31）、「5-1-2 學校能透過課程學習提升學習動機」（.28）、「5-1-3 學校能在課程學習過程中能激發學生多元潛能」（.12）、「5-1-5 學校能提升學生學習素養能力」（.12）與「5-1-4 學校能訂定各項激勵辦法，公開表揚學生優異學習成果」（.06）。（從最高到最低）

表 4-19

向度 5-1 呈現學生學習成果之指標三角模糊數權重體系分析

向度	三角模糊數			DF	反模糊化			排序
	L	M	U		μR	μL	μT	
5-1-1 學校的教學活動能以學生為主體。	.04	.27	.62	.31	.46	.22	.62	1
5-1-2 學校能透過課程學習提升學習動機。	.07	.23	.54	.28	.41	.19	.61	2
5-1-3 學校能在課程學習過程中能激發學生多元潛能。	.04	.17	.48	.23	.37	.15	.61	3
5-1-4 學校能訂定各項激勵辦法，公開表揚學生優異學習成果。	.03	.06	.09	.06	.09	.06	.52	5
5-1-5 學校能提升學生學習素養能力。	.02	.08	.26	.12	.22	.08	.57	4

　　表 4-20 為向度 5-2 創造特色學校之社會接受度之指標三角模糊數權重體系分析結果，12 位學者專家在「5-2-1 學校經營成效，能夠獲得親、師、生認同肯定」的權重介於.08 至.62、「5-2-2 學校能與社區互惠共榮，創造學校與社區之特色價值」指標的權重介於.06 至.43，「5-2-3 學校能贏得家長信賴，樂意挹注教育資源」的權重介於.03 至.49、「5-2-4 學校能成為社區學習與文化傳承中心」的權重介於.04 至.22，「5-2-5 學校能以特色課程為標竿，成為跨縣、跨區的指標學校」的權重介於.02 至.53，一致性比率 CR 值介於.02 至.29。

　　採三角模糊數與反模糊化計算後，三角模糊數最小值 L 介於.02 至.08，最佳值 M 介於.07 至.37，最大值 U 介於.22 至.62，重心法解模糊化（DF 值）介於.19 至.50；經反模糊化計算後，所得之指標的右界值 μR 介於.19 至.50，左界值 μL 介於.08 至.29，總效用值 μT 介於.55 至.62，各層面指標的共識值均高於.55，顯示者學者專家們對各層面指標內容已具有共識性。

　　以重心法解模糊化計算後，並依權重排序，各層面指標的模糊權重值分別為「5-2-1 學校經營成效，能夠獲得親、師、生認同肯定」（.36）、「5-2-2 學校能與社區互惠共榮，創造學校與社區之特色價值」（.23）、「5-2-3 學校能贏得家長信賴，樂意挹注教育資源」（.22）、「5-2-5 學校能以特色課程為標竿，成為跨縣、跨區的指標學校」（.21）與「5-2-4 學校能成為社區學習與文化傳承中心」（.12）。（從最高到最低）

表 4-20

向度 5-2 創造特色學校之社會接受度之指標三角模糊數權重體系分析

向度	三角模糊數			DF	反模糊化			排序
	L	M	U		μR	μL	μT	
5-2-1 學校經營成效，能夠獲得親、師、生認同肯定。	.08	.37	.62	.36	.50	.29	.61	1
5-2-2 學校能與社區互惠共榮，創造學校與社區之特色價值。	.06	.19	.43	.23	.35	.17	.59	2
5-2-3 學校能贏得家長信賴，樂意挹注教育資源。	.03	.13	.49	.22	.36	.12	.62	3
5-2-4 學校能成為社區學習與文化傳承中心。	.04	.09	.22	.12	.19	.08	.55	5
5-2-5 學校能以特色課程為標竿，成為跨縣、跨區的指標學校。	.02	.07	.53	.21	.36	.07	.65	4

（二）小結

　　本研究藉由 12 位具特色學校的實務及理論學者專家的諮詢，以模糊層級分析法建構國民中小學特色學校指標之權重體系，綜合上述的調查結果歸納如下：

　　一、本研究應用模糊層級分析法建構指標的權重體系，其結果的一致性比率皆在可容許的偏誤內，換言之，不論是層面、向度或項目之模糊權重及共識值都是可以接受的。

　　二、國民中小學特色學校的五個層面中，以「2.特色課程與教學層面」是專家認為在國中小特色學校中最為重要的層面，接續為「1.行政領導與創新管理」層面、「3.資源整合運用與活化」、「5.教育績效」層面，最後則是「4.品牌特色與行銷」層面。

　　三、在「1.行政領導與創新管理」層面中，「1-1 具特色發展的辦學理

念」向度是最為重要的，次之為「1-3 優質的領導效能」向度，最後則是「1-2 政策轉化與執行力」向度。

四、在層面「2.特色課程與教學層面」層面中，「2-1 學校能發展特色校訂課程」向度是專家認為最為重要的，次之為「2-2 活化教學創新與實踐」、「2-3 激勵教師持續學習成長」，最後則是「2-4 學生多元展能」向度。

五、在「3.資源整合運用與活化」之層面層面中，「3-1 整合多元教育資源」向度、是專家認為最為重要的，次之為「3-2 創新與活化空間實踐」向度。

六、「4.品牌特色與行銷」層面中，「4-1 建立學校品牌特色」向度是專家認為最為重要的，次之為「4-2 善用管道行銷學校特色」向度。

七、在「5.教育績效」層面中，「5-1 呈現學生學習成果」向度是專家認為最為重要的，次之為「5-2 創造特色學校之社會接受度」向度。

八、向度「1-1 具特色發展的辦學理念」中，12 位專家認為最為重要的為指標「1-1-1 校長辦學理念能符合學校願景」，最後為指標「1-1-4 學校能善用具特色之典禮與儀式凝聚成員之向心力」。

九、向度「1-2 政策轉化與執行力」中，12 位專家認為最為重要的為指標「1-2-1 學校能了解中央與地方的重要教育政策」，最後為指標「1-2-5 校長能促進團隊合作，行政效率具創新、彈性」。

十、向度「1-3 優質的領導效能」中，12 位專家認為最為重要的為指標「1-3-2 校長具備領導能力，展現合宜領導作為」，最後為指標「1-3-4 行政人員與教師能相互合作，共同努力發展」。

十一、向度「2-1 學校能發展特色校訂課程」中，12 位專家認為最為重要的為指標「2-1-1 學校能依據願景與目標，規劃特色課程」，最後為指標「2-1-3 學校能跨領域整合，共同協作，精進校訂課程內涵」。

十二、向度「2-2 活化教學創新與實踐」中，12 位專家認為最為重要的為指標「2-2-1 教師能運用多元教學策略，落實學生學習」，最後為指標

「2-2-3 教師能運用多元評量，並提供扶助學習課程，提升學生學習成效」。

十三、向度「2-3 激勵教師持續學習成長」中，12 位專家認為最為重要的為指標「2-3-2 教師能精進課程設計與教學的能力」，最後為指標「2-3-5 教師能省思課程計畫，管理與分享相關教學檔案紀錄」。

十四、向度「2-4 學生多元展能」中，12 位專家認為最為重要的為指標「2-4-3 學校能重視學生基本素養能力的培養」，最後為指標「2-4-4 學校能重視學生學習歷程的展現」。

十五、向度「3-1 整合多元教育資源」中，12 位專家認為最為重要的為指標「3-1-2 學校能讓親、師、生重視在地文化，深化在地認同」，最後為指標「3-1-1 學校能依據特色發展需求，引進校外資源」。

十六、向度「3-2 創新與活化空間」中，12 位專家認為最為重要的為指標「3-2-2 學校能營造成符合教師教學與學習需求之空間」，最後為指標「3-2-5 學校能打造綠色環境，邁向永續發展」。

十七、向度「4-1 建立學校品牌特色」中，12 位專家認為最為重要的為指標「4-1-2 學校能創新特色教學樹立學校品牌形象」，最後為指標「4-1-4 學校能善用網頁與社群軟體並即時更新活動訊息」。

十八、向度「4-2 善用管道行銷學校特色」中，12 位專家認為最為重要的為指標「4-2-1 學校能主動發布新聞稿、行銷辦學成果」，最後為指標「4-2-2 學校能努力爭取報章雜誌、新聞採訪，提高學校能見度」。

十九、向度「5-1 呈現學生學習成果」中，12 位專家認為最為重要的為指標「5-1-1 學校的教學活動能以學生為主體」，最後為指標「5-1-4 學校能訂定各項激勵辦法，公開表揚學生優異學習成果」。

二十、向度「5-2 創造特色學校之社會接受度」中，12 位專家認為最為重要的為指標「5-2-1 學校經營成效，能夠獲得親、師、生認同肯定」，最後為指標「5-2-4 學校能成為社區學習與文化傳承中心」。

三、實證分析研究調查結果分析與討論

（一）國民中小學特色學校實證調查基本資料分析

　　本研究的調查以台灣中部五縣市為母群體，總樣本人數為 698 人，就縣市別來看，以台中市的人數最多，為 226 人（32.38%），接著依序為彰化縣 152 人（21.78%）、雲林縣 127 人（18.19%）、南投縣 104 人（14.09%）最末為苗栗縣 89 人（12.75%）；就性別來看，以男性人數 275（39.04%）女性為 423 人（60.60%）；年齡以 40-49 歲居多為 329 人（47.13%），接著依序為 50 歲以上為 165 人（23.64%）、30-39 歲為 134 人（19.20%）最末為 29 歲以下為 70 人（10.03%）；最高學歷以居多為 574 人（78.37%），接著依序為學士 138 人（19.77%）最末為博士 13 人（1.86%），因博士學位只有 13 人，由於人數偏少，恐造成統計的偏頗，因此將博士及碩士（含 40 學分班）合併計算，其合併為碩士（含 40 學分班）以上為 587 人（80.23），接續學士是為 138 人（19.77%）。

　　在教師擔任職務部分以教師居多為 264 人（37.82%），接著依序為組長 222 人（31.81%）最末為主任 212 人（30.37%）；服務年資部分 21 年以上居多為 286 人（40.97%），接著依序為 11-20 年 254 人（36.39%）最末為 1-10 年為 158 人（22.64%）；就學校階段來看，國民小學居多人數 472 人（67.62%）國民中學為 226 人（32.38%）；學校規模部分 113-48 班居多為 305 人（43.70%），接著依序為 12 班以下 269 人（38.54%）最末為 49 班以上為 124 人（17.77%）；學校類型部分以一般鄉鎮居多為 3865 人（55.30%），接著依序為都市地區（含直、縣轄市）172 人（24.64%）最末為偏遠地區為 140 人（20.06%）。台灣中部五縣市調查樣本概況如表 4-21 所示。

表 4-21

台灣中部五縣市調查樣本概況

變項	類別	次數	百分比
縣市	台中	226	32.38
	南投	104	14.90
	苗栗	89	12.75
	雲林	127	18.19
	彰化	152	21.78
性別	男	275	39.40
	女	423	60.60
年齡	29 歲以下	70	10.03
	30-39 歲	134	19.20
	40-49 歲	329	47.13
	50 歲以上	165	23.64
最高學歷	碩士（含 40 學分班）以上	587	80.23
	學士	138	19.77
擔任職務	主任	212	30.37
	組長	222	31.81
	教師	264	37.82
服務年資	1-10 年	158	22.64
	11-20 年	254	36.39
	21 年以上	286	40.97
學校階段	國民中學	226	32.38
	國民小學	472	67.62
學校規模	12 班以下	269	38.54
	13-48 班	305	43.70
	49 班以上	124	17.77

表 4-21

台灣中部五縣市調查樣本概況（續）

變項	類別	次數	百分比
學校類型	偏遠地區	140	20.06
	一般鄉鎮	386	55.30
	都市地區（含直、縣轄市）	172	24.64
	總和		100.00

（二）國民中小學特色學校分析

1. 國民中小學特色學校層面分析

　　本研究國民中小學特色學校指標包括五個層面、十三個向度和五十八指標，以下分別從平均數、標準差、偏態及峰度來了解當前國民中小學特色學校情形，並針對統計結果進行比較與討論。本研究之國民中小學特色學校，包括行政領導與創新管理、特色課程與教學、資源整合運用與活化、品牌特色與行銷與教育績效等五個層面計五十八個指標，有關國民中小學特色學校層面之得分情形如表 4-22。

　　由該表得知，就平均數而言，「1.行政領導與創新管理」（M=4.30）的得分最高，「3.資源整合運用與活化」（M=4.27）和「5.教育績效」（M=4.27），接下來依序是「4.品牌特色與行銷」（M=4.24），最末是「2.特色課程與教學」（M=4.19）。

　　可見國民中小學特色學校五個層面，所得結果平均數上有高低之別，但都高於 4 分，且其間差距並不大，表示中部五縣市國民中小學特色學校具備五個層面的實踐及表現上尚佳。

　　在「1.行政領導與創新管理」得分最高，符合國外特色學校永續經營相關研究，即影響國外特色學校永續經營的關鍵因素為行政領導作為、參與者的滿意度及學校教育績效（ArbisiLittle,2012;Every,2012;Miller,2010;

Every,2012）。此研究和戴貝珊（2010）研究結果相類似，特色學校對關鍵成功要素重要性其中以「校長領導」層面最高。

　　至於「2.特色課程與教學」得分最低，可能是普遍存在教育現場的一種偏差觀念，許多學校不了解特色學校的意涵，而誤認為辦理許多活動即是可成為特色學校，因此也造成教師的教學工作額外負擔，所以此層面的分數也反映了實際的教育現況。

表 4-22

國民中小學特色學校指標層面之平均數、標準差、偏態及峰度分析

層面	平均數	標準差	偏態	峰度
1.行政領導與創新管理	4.30	0.63	1.47	3.40
2.特色課程與教學	4.19	0.61	1.13	2.86
3.資源整合運用與活化	4.27	0.66	1.13	1.93
4.品牌特色與行銷	4.24	0.68	1.19	2.10
5.教育績效	4.27	0.64	1.08	2.00

2. 國民中小學特色學校向度分析

　　本研究之國民中小學特色學校向度，包括具特色發展的辦學理念、政策轉化與執行力、優質的領導效能、學校能發展特色校訂課程、活化教學創新與實踐、激勵教師持續學習成長、學生多元展能、整合多元教育資源、創新與活化空間實踐、建立學校品牌特色、善用管道行銷學校特色、呈現學生學習成果、創造特色學校之社會接受度等十三個向度，針對國民中小學特色學校向度之得分情形整理（如表 4-23）。

　　由表中可知，「1-3 優質的領導效能」（M=4.38）、「4-1 建立學校品牌特色」（M=4.36）、「5-1 呈現學生學習成果」（M=4.33）、「2-4 學生多元展能」（M=4.31）與「1-2 政策轉化與執行力養」（M=4.30）等五個向度的平均數均大於等於 4.30 分，在整體表現上相對較佳。上述的研究發現與林進山（2011）的研究結果中，特色學校要能彰顯學生多元成就相似、張茵倩

（2014）的研究結果特色學校與校長策略領導成高度相關、溫育賢（2019）的研究結果中特色學校創新經營的關鍵學生的展能與學習成效，建立學校品牌形象相類似。

「2-1 學校能發展特色校訂課程」（M=4.17）、「2-2 活化教學創新與實踐（M=4.16）、「2-3 激勵教師持續學習成長」（M=4.13）與「4-2 善用管道行銷學校特色」（M=4.13）等四個向度則表現相對較弱。上述的研究發現與陳玥臻（2011）的研究結果中，成為特色學校的關鍵因素：主要為行政領導創新，其次為課程教學創新的結果相類似、另在激勵教師持續學習成長與活化教學創新與實踐，則是在教育改革及學校普遍經營時所遭遇到的困難之處，這樣的研究結果也適時的反映了教育的真實情況。不過整體而言，國民中小學特色學校指標的十三個向度之平均數均高於 4 分，顯示十三個向度的國民中小學特色學上表現尚佳。

表 4-23

國民中小學特色學校指標向度之平均數、標準差、偏態及峰度分析

層面	向度	平均數	標準差	偏態	峰度
	1-1 具特色發展的辦學理念	4.21	0.64	1.11	2.36
1.行政領導與創新管理	1-2 政策轉化與執行力	4.30	0.69	1.36	2.62
	1-3 優質的領導效能	4.38	0.67	1.51	3.05
	2-1 學校能發展特色校訂課程	4.17	0.67	1.06	2.18
2.特色課程與教學	2-2 活化教學創新與實踐	4.16	0.65	0.80	1.56
	2-3 激勵教師持續學習成長	4.13	0.66	0.84	1.45
	2-4 學生多元展能	4.31	0.64	1.23	3.02
3.資源整合運用與活化	3-1 整合多元教育資源	4.29	0.70	1.14	1.62
	3-2 創新與活化空間	4.25	0.66	1.05	1.73

表 **4-23**

國民中小學特色學校指標向度之平均數、標準差、偏態及峰度分析（續）

層面	向度	平均數	標準差	偏態	峰度
4.品牌特色與行銷	4-1 建立學校品牌特色	4.36	0.66	1.35	3.03
	4-2 善用管道行銷學校特色	4.13	0.79	0.92	0.88
5.教育績效	5-1 呈現學生學習成果	4.33	0.63	1.18	2.53
	5-2 創造特色學校之社會接受度	4.20	0.69	0.90	1.00

3. 國民中小學特色學校指標分析

　　本研究之國民中小學特色學校指標，包括五個層面、十三個向度與五十八個指標，有關國民中小學特色學校指標之得分情形如表 4-24 所示。

　　由表 4-24 中可看出，國民中小學特色學校指標在五十七個項目之平均數都在 4 分以上，顯示出校長在具備五十七個項目的通識素養上表現尚佳，唯一在「2-3-5 教師能省思課程計畫，管理與分享相關教學檔案紀錄。」（M=3.98）未達四分，屬於表現極弱的部分。

　　在五十八項指標中，平均分數達 4.30 分以上表現較佳指標的依序為「1-3-3 校長辦學具熱忱，積極投入校務經營發展」（M=4.56）、「5-1-4 學校能訂定各項激勵辦法，公開表揚學生優異學習成果」（M=4.50）、「3-1-1 學校能依據特色發展需求，引進校外資源」（M=4.40）、「4-1-4 學校能善用網頁與社群軟體並即時更新活動訊息」（M=4.40）、「5-1-1 學校的教學活動能以學生為主體」（M=4.39）、「1-3-5.校長能正確掌握『改變』的重要性並積極投入」（M=4.39）、「1-2-3 校長能追求自我專業成長、反思與政策執行能力」（M=4.38）、「2-4-1 學校能辦理特色多元學習活動及多元社團」（M=4.38）、「1-1-1 校長辦學理念能符合學校願景」（M=4.36）、「4-1-3 學校能透過各種

活動宣傳辦學績效與辦學特色」（M=4.36）、「1-3-2 校長具備領導能力，展現合宜領導作為」（M=4.33）、「5-2-3 學校能贏得家長信賴，樂意挹注教育資源」（M=4.32）、「3-2-5 學校能打造綠色環境，邁向永續發展」（M=4.31）、「5-2-1.學校經營成效，能夠獲得親、師、生認同肯定」（M=4.30）、「2-1-1 學校能依據願景與目標，規劃特色課程」（M=4.30）。

上述指標中表現最佳的部分，與溫育賢（2019）研究發現「校長領導」（24.3%）權重最高，其次依序為「學生多元學習與表現」（16.7%）的研究結果相似。

在五十八項指標中，平均分數 4.15 以下表現較弱的指標依序為「2-1-2.學校的課程發展委員會組織能有效運作。」（M=4.12）、「2-2-2 學校能將素養導向教育融入課程與教學」（M=4.12）、「2-3-4 教師能積極參與交流、指導學生競賽，提升專業發展」（M=4.11）、「5-2-4 學校能成為社區學習與文化傳承中心」（M=4.10）、「1-1-.學校能善用具特色之典禮與儀式凝聚成員之向心力」（M=4.09）、「2-3-3 教師能透過反思、深度匯談進行回饋」（M=4.08）、「5-2-5 學校能以特色課程為標竿，成為跨縣、跨區的指標學校」（M=4.05）、「4-2-2 學校能努力爭取報章雜誌、新聞採訪，提高學校能見度」（M=4.05）、「2-3-5 教師能省思課程計畫，管理與分享相關教學檔案紀錄」（M=3.98）。這和林進山（2011），國民中小學特色學校的辦學績效，以「建立學校特色課程」、「再創優質校園文化」、「彰顯學生多元成就」依序為前三名的研究發現不符合。黃翠萍（2020）的研究也發現，教師流動率高、教師共同參與討論意願不高及授課時數有限，是經營特色學校的困境。此一現象是在經營特色學校時的要多注意的重點，換句話說「教師的專業提升、提升尊榮和熱忱」是一種另類的辦學績效。

表 4-24

國民中小學特色學校指標之平均數、標準差、偏態及峰度分析

層面	向度	指標	平均數	標準差	偏態	峰度
1.行政領導與創新管理	1-1 具特色發展的辦學理念	1-1-1 校長辦學理念能符合學校願景。	4.36	0.74	1.38	3.07
		1-1-2 學校能建立合宜溝通互動平台,爭取理解與資源。	4.24	0.75	0.89	0.93
		1-1-3 學校能制定短、中、長期具特色校務發展計畫。	4.15	0.76	0.67	0.39
		1-1-4 學校能善用具特色之典禮與儀式凝聚成員之向心力。	4.09	0.81	0.70	0.34
		1-1-5 學校校務規劃能結合社區特色,兼顧親、師、生需求。	4.15	0.79	0.83	0.64
		1-1-6 學校能架構學校願景及學生圖像。	4.29	0.74	0.98	1.34
	1-2 政策轉化與執行力	1-2-1 學校能了解中央與地方的重要教育政策。	4.24	0.74	1.03	1.94
		1-2-2 校長能轉化教育政策成為適合學校的辦學特色。	4.23	0.78	0.97	1.02
		1-2-3 校長能追求自我專業成長、反思與政策執行能力。	4.38	0.81	1.57	3.12

表 4-24

國民中小學特色學校指標之平均數、標準差、偏態及峰度分析（續）

層面	向度	指標	平均數	標準差	偏態	峰度
1.行政領導與創新管理	1-2 政策轉化與執行力	1-2-4 校長能接納各方意見，多向溝通使其支持政策作為。	4.35	0.80	1.16	1.10
		1-2-5 校長能促進團隊合作，行政效率具創新、彈性。	4.31	0.79	1.18	1.62
	1-3 優質的領導效能	1-3-1 校長能不斷的鼓勵成員實現學校教育目標。	4.38	0.78	1.42	2.72
		1-3-2 校長具備領導能力，展現合宜領導作為。	4.33	0.79	1.17	1.31
		1-3-3 校長辦學具熱忱，積極投入校務經營發展。	4.56	0.70	1.85	4.19
		1-3-4 行政人員與教師能相互合作，共同努力發展。	4.26	0.77	1.19	2.31
		1-3-5 校長能正確掌握「改變」的重要性並積極投入。	4.39	0.77	1.22	1.31
2.特色課程與教學	2-1 學校能發展特色校訂課程	2-1-1 學校能依據願景與目標，規劃特色課程。	4.30	0.70	0.98	1.64
		2-1-2 學校的課程發展委員會組織能有效運作。	4.14	0.78	0.86	1.04
		2-1-3 學校能跨領域整合，共同協作，精進校訂課程內涵。	4.10	0.78	0.87	1.27
		2-1-4 學校能創發特色課程模組與分享。	4.15	0.78	0.90	1.24

表 4-24

國民中小學特色學校指標之平均數、標準差、偏態及峰度分析（續）

層面	向度	指標	平均數	標準差	偏態	峰度
2.特色課程與教學	2-2 活化教學創新與實踐	2-2-1 教師能運用多元教學策略，落實學生學習。	4.20	0.72	0.85	1.31
		2-2-2 學校能將素養導向教育融入課程與教學。	4.12	0.71	0.56	0.62
		2-2-3 教師能運用多元評量，並提供扶助學習課程，提升學生學習成效。	4.17	0.73	0.79	1.00
	2-3 激勵教師持續學習成長	2-3-1 學校能建立教師專業社群支持性系統。	4.19	0.73	0.76	0.99
		2-3-2 教師能精進課程	4.15	0.73	0.78	1.34
		2-3-3 教師能透過反思、深度匯談進行回饋。	4.08	0.73	0.60	0.66
		2-3-4 教師能積極參與交流、指導學生競賽，提升專業發展。	4.11	0.78	0.61	0.16
		2-3-5 教師能省思課程計畫，管理與分享相關教學檔案紀錄。	3.98	0.82	0.57	0.18
		2-3-6 學校能落實備課、觀課、議課之課程實踐。	4.26	0.78	0.95	0.77
	2-4 學生多元展能	2-4-1 學校能辦理特色多元學習活動及多元社團。	4.38	0.71	1.15	1.99
		2-4-2 學校能辦理各項學習成果發表，肯定並激勵學生表現。	4.38	0.73	1.37	2.96
		2-4-3.學校能重視學生基本素養能力的培養。	4.29	0.70	0.98	1.90
		2-4-4.學校能重視學生學習歷程的展現。	4.19	0.75	0.91	1.39

表 4-24

國民中小學特色學校指標之平均數、標準差、偏態及峰度分析（續）

層面	向度	指標	平均數	標準差	偏態	峰度
3.資源整合運用與活化	3-1 整合多元教育資源	3-1-1 學校能依據特色發展需求，引進校外資源。	4.40	0.71	1.22	2.13
		3-1-2 學校能讓親、師、生重視在地文化，深化在地認同。	4.23	0.80	0.93	0.66
		3-1-3 學校能善用在地環境與資源，融入學校課程活動。	4.26	0.80	1.08	1.26
		3-1-4 學校能結合社區特色資源，延伸學習場域。	4.27	0.79	0.95	0.65
	3-2 創新與活化空間	3-2-1 學校能將閒置空間活化再利用。	4.32	0.77	1.32	2.52
		3-2-2 學校能營造成符合教師教學與學習需求之空間。	4.27	0.73	0.84	0.83
		3-2-3 學校能營造與社區共存共榮之校園環境。	4.20	0.75	0.76	0.65
		3-2-4 學校能整合學校、社區數位平台，呈現特色課程學習成果。	4.12	0.81	0.58	0.17
		3-2-5 學校能打造綠色環境，邁向永續發展。	4.32	0.77	1.13	1.54

表 4-24

國民中小學特色學校指標之平均數、標準差、偏態及峰度分析（續）

層面	向度	指標	平均數	標準差	偏態	峰度
4.品牌特色與行銷	4-1 建立學校品牌特色	4-1-1 學校能採取多元策略與行動，提升學校能見度。	4.38	0.71	1.18	2.04
		4-1-2 學校能創新特色教學樹立學校品牌形象。	4.29	0.78	1.18	2.11
		4-1-3 學校能透過各種活動宣傳辦學績效與辦學特色。	4.36	0.72	1.18	2.21
		4-1-4 學校能善用網頁與社群軟體並即時更新活動訊息。	4.40	0.73	1.23	1.80
	4-2 善用管道行銷學校特色	4-2-1 學校能主動發布新聞稿、行銷辦學成果。	4.22	0.82	1.01	1.06
		4-2-2 學校能努力爭取報章雜誌、新聞採訪，提高學校能見度。	4.05	0.86	0.62	0.01
5.教育績效	5-1 呈現學生學習成果	5-1-1 學校的教學活動能以學生為主體。	4.39	0.71	1.20	2.07
		5-1-2 學校能透過課程學習提升學習動機。	4.24	0.74	0.71	0.38
		5-1-3 學校能在課程學習過程中能激發學生多元潛能。	4.29	0.72	0.87	0.99
		5-1-4 學校能訂定各項激勵辦法，公開表揚學生優異學習成果。	4.50	0.65	1.38	3.03
		5-1-5 學校能提升學生學習素養能力。	4.26	0.72	0.91	1.53

表 4-24

國民中小學特色學校指標之平均數、標準差、偏態及峰度分析（續）

層面	向度	指標	平均數	標準差	偏態	峰度
5.教育績效	5-2 創造特色學校之社會接受度	5-2-1 學校經營成效，能夠獲得親、師、生認同肯定。	4.30	0.72	0.99	1.59
		5-2-2 學校能與社區互惠共榮，創造學校與社區之特色價值。	4.22	0.78	0.82	0.45
		5-2-3 學校能贏得家長信賴，樂意挹注教育資源。	4.32	0.72	0.91	0.96
		5-2-4 學校能成為社區學習與文化傳承中心。	4.10	0.83	0.68	0.07
		5-2-5 學校能以特色課程為標竿，成為跨縣、跨區的指標學校。	4.05	0.91	0.70	0.08

（三）不同背景變項在國中小特色學校之差異分析

本研究依據正式問卷施測結果，進行不同背景變項在中部五縣市國中小特色學校之差異分析，以下分別從性別、年齡、學歷、擔任職務、服務年資、學校階段、學校規模、學校類型、學校所在地區等八個變項進行考驗，其中性別、學校階段採 t 檢定進行考驗；年齡、最高學歷、擔任職務、服務年資、學校規模、學校類型、學校所在地區則進行單因子變異數分析，茲將分析結果敘述如下：

1. 不同性別變項在國民中小學特色學校層面的差異分析

表 4-25 是性別與國民中小學特色學校之比較，針對不同性別在國民中小學特色學校層面的差異分析，在 1.行政領導與創新管理層面、2.特色課程與教學、3.資源整合運用與活化、4.品牌特色與行銷及 5.教育績效的 5 個層面，於資料顯示發現男性的平均數皆大於女性，採用獨立樣本 t 檢定，分析結果發現四個層面 t 值皆達.05 的顯著水準，這四個層面分別是 1.行政

領導與創新管理層面、2.特色課程與教學、3.資源整合運用與活化及 5.教育
績效顯示出性別的不同可能會造成國中小特色學校的差異，換言之，中部
五縣市國民中小學不因性別的不同，而在特色學校的層面具備上有所差異，
即不同性別在中部五縣市國民中小學特色學校層面表現上有差異。上述研
究發現與李怡樺（2018）和陳映如（2015）研究發現不同性別對於特色學
校永續經營指標之認同度有顯著差異的結果相同，探究原因可能是因本研
究的區域為雖為中部五縣市，但和陳映如（2015）調查對象是以全國地區
為對象，其地區文化及人口結構就會有相類似的結構相似所致。

表 4-25

不同性別在國民中小學特色學校層面的檢定結果

層面	性別	平均數	標準差	t	P 值
1.行政領導與創新管理	男	4.38	0.59	2.66**	.008
	女	4.25	0.65		
2.特色課程與教學	1.男	4.26	0.59	2.53*	.012
	2.女	4.15	0.61		
3.資源整合運用與活化	1.男	4.35	0.65	2.62**	.009
	2.女	4.22	0.66		
4.品牌特色與行銷	1.男	4.30	0.67	1.75	.080
	2.女	4.21	0.69		
5.教育績效	1.男	4.35	0.62	2.66**	.008
	2.女	4.21	0.64		

*$p<.05$、**$p<.01$

2. 不同性別變項在國民中小學特色學校向度的差異分析

表 4-26 是性別與國中小特色學校之向度比較,針對不同性別在國中小特色學校向度的差異分析,在 1-1 具特色發展的辦學理念、1-2 政策轉化與執行力、1-3 優質的領導效能、2-1 學校能發展特色校訂課程、2-2 活化教學創新與實踐、2-3 激勵教師持續學習成長、2-4 學生多元展能、3-1 整合多元教育資源、3-2 創新與活化空間和 5-2 創造特色學校之社會接受度的 13 個向度,於資料顯示發現男性的平均數皆大於女性,採用獨立樣本 t 檢定,分析結果發現九個向度 t 值皆達.05 的顯著水準,分別是 1-1 具特色發展的辦學理念、1-2 政策轉化與執行力、1-3 優質的領導效能、2-1 學校能發展特色校訂課程、2-2 活化教學創新與實踐、2-4 學生多元展能、3-1 整合多元教育資源、3-2 創新與活化空間和 5-2 創造特色學校之社會接受度,顯示出性別的不同可能會造成國中小特色學校的差異,換言之,中部五縣市國民中小學會因性別的不同,而在特色學校的上述 9 個向度上有所差異,即不同性別在中部五縣市國民中小學特色學校上述的 9 個向度表現上有差異。

表 4-26

不同性別在國民中小學特色學校向度的檢定結果

向度	性別	平均數	標準差	t	p 值
1-1 具特色發展的辦學理念	1.男	4.29	0.63	2.64**	.008
	2.女	4.16	0.63		
1-2 政策轉化與執行力	1.男	4.39	0.64	2.86**	.004
	2.女	4.24	0.71		
1-3 優質的領導效能	1.男	4.45	0.61	2.07*	.039
	2.女	4.34	0.70		
2-1 學校能發展特色校訂課程	1.男	4.24	0.65	2.20*	.028
	2.女	4.13	0.69		

表 4-26

不同性別在國民中小學特色學校向度的檢定結果（續）

向度	性別	平均數	標準差	t	p 值
2-2 活化教學創新與實踐	1.男	4.23	0.66	2.17*	.030
	2.女	4.12	0.64		
2-3 激勵教師持續學習成長	1.男	4.19	0.64	1.93	.055
	2.女	4.09	0.67		
2-4 學生多元展能	1.男	4.40	0.61	3.08**	.002
	2.女	4.25	0.65		
3-1 整合多元教育資源	1.男	4.38	0.69	2.71**	.007
	2.女	4.23	0.71		
3-2 創新與活化空間	1.男	4.32	0.65	2.34*	.020
	2.女	4.20	0.67		
4-1 建立學校品牌特色	1.男	4.40	0.63	1.37	.172
	2.女	4.33	0.67		
4-2 善用管道行銷學校特色	1.男	4.20	0.80	1.82	.060
	2.女	4.09	0.79		
5-1 呈現學生學習成果	1.男	4.38	0.63	1.61	.108
	2.女	4.30	0.63		
5-2 創造特色學校之社會接受度	1.男	4.31	0.66	3.43**	.001
	2.女	4.13	0.70		

*$p < .05$、**$p < .01$

3. 不同年齡的教師在國民中小學特色學校層面差異之分析

表 4-27 呈現在不同年齡的教師進行國民中小學特色學校層面差異的檢定結果，在平均數方面「1.行政領導與創新管理」、「2.特色課程與教學」、「3.資源整合運用與活化」、「4.品牌特色與行銷」、「5.教育績效」等五個層面的得分均高於 4 分以上。

在變異數分析上，層面「2.特色課程與教學」、「3.資源整合運用與活化」、「5.教育績效」等三個層面均未達統計上的顯著水準，顯示出擔任教師的年齡不同可能不會造成國民中小學特色學校認知的差異，換言之，國民中小學教師不因年齡的不同，而在國民中小學特色學校的認知上有所差異。

在「1.行政領導與創新管理」（F=2.76）和「4.品牌特色與行銷」（F=2.99）

兩層面分析結果達統計上的顯著水準，但經事後比較發現「1.行政領導與創新管理」無法區分顯著差異。但在「4.品牌特色與行銷」層面則「29 歲以下」顯著高於「30-39 歲」，這研究發現和張茵倩（2014）研究發現「不同年齡、年資、學校規模等背景變項的教師在校長策略領導、行銷策略、學校創新經營效能上的知覺均無顯著差異」不相同；這個現象可能是近幾年數位行銷及數位社群及網絡特別興盛，且越年輕的教師其接受度與使用上較為普遍的結果，這樣的結果對於特色學校的經營上是可提供在品牌特色行銷時的一個重要的訊息。

表 4-27

不同年齡在國民中小學特色學校層面之單因子變異數分析及事後比較摘要表

層面	年齡	平均數	標準差	F	Scheffe' s 事後比較
1.行政領導與創新管理	1.29 歲以下	4.27	0.77	2.76*	n.s.
	2.30-39 歲	4.22	0.70		
	3.40-49 歲	4.28	0.58		
	4.50 歲以上	4.41	0.59		
2.特色課程與教學	1.29 歲以下	4.19	0.69	0.73	
	2.30-39 歲	4.16	0.63		
	3.40-49 歲	4.17	0.57		
	4.50 歲以上	4.25	0.61		
3.資源整合運用與活化	1.29 歲以下	4.34	0.68	1.02	
	2.30-39 歲	4.25	0.64		
	3.40-49 歲	4.23	0.65		
	4.50 歲以上	4.32	0.67		

表 4-27

不同年齡在國民中小學特色學校層面之單因子變異數分析及事後比較摘要
表（續）

層面	年齡	平均數	標準差	F	Scheffe's 事後比較
4.品牌特色與行銷	1.29 歲以下	4.38	0.66	2.99*	1>2
	2.30-39 歲	4.11	0.67		
	3.40-49 歲	4.27	0.66		
	4.50 歲以上	4.24	0.73		
5.教育績效	1.29 歲以下	4.39	0.63	1.87	
	2.30-39 歲	4.19	0.66		
	3.40-49 歲	4.25	0.62		
	4.50 歲以上	4.31	0.65		

*$p<.05$

4. 不同年齡的教師在國民中小學特色學校向度差異之分析

　　表 4-28 呈現在不同年齡的教師進行國民中小學特色學校向度差異的
檢定結果，在平均數方面「1-1 具特色發展的辦學理念」、「1-2 政策轉化與
執行力」、「1-3 優質的領導效能」、「2-1 學校能發展特色校訂課程」、「2-2 活
化教學創新與實踐」、「2-3 激勵教師持續學習成長」、「2-4 學生多元展能」、
「3-1 整合多元教育資源」、「3-2 創新與活化空間」、「4-1 建立學校品牌特
色」、「1-2 政策轉化與執行力」、「5-1 呈現學生學習成果」、「5-2 創造特色
學校之社會接受度」等十二個向度的平均分數均高於 4 分以上；唯有「4-2
善用管道行銷學校特色」在 30-39 歲的平均分數低於 4 分。

　　在變異數分析上，在向度「1-3 優質的領導效能」、「2-1 學校能發展特
色校訂課程」、「2-2 活化教學創新與實踐」、「2-3 激勵教師持續學習成長」、

「2-4 學生多元展能」、「3-1 整合多元教育資源」、「3-2 創新與活化空間」、「4-1 建立學校品牌特色」、「5-1 呈現學生學習成果」、「5-2 創造特色學校之社會接受度」等十一個向度均未達統計上的顯著水準,顯示上述十一個向度的教師年齡不同,可能不會造成國民中小學特色學校的差異。

在「1-1 具特色發展的辦學理念」(F=4.65)、「1-2 政策轉化與執行力」(F=2.67)和「4-2 善用管道行銷學校特色」(F=3.64)三個向度分析結果達統計上的顯著水準,但經事後比較發現「1-2 政策轉化與執行力」無法區分顯著差異;但在「1-1 具特色發展的辦學理念」和「4-2 善用管道行銷學校特色」二個向度有顯著差異,分別是在「1-1 具特色發展的辦學理念」50歲以上顯著高於 40-49 歲,這研究發現和何高志(2017)研究發現「50 歲以上之教師兼主任知覺校長領導的現況有顯著差異。」相同。在「4-2 善用管道行銷學校特色」向度「29 歲以下」顯著高於「30-39 歲」,這研究發現和張茵倩(2014)研究發現「學校行銷,對於不同年齡之中小學教師,皆獲得一致性認同。」不同。這不同的研究結果是否是因為近年來數位科技及數位社群的興盛所導致的結果,則可再進一步探討其原因。

表 4-28

不同年齡在國民中小學特色學校度向度之單因子變異數分析及事後比較摘表

層面	向度	年齡	平均數	標準差	F	Scheffe's 事後比較
1.行政領導與創新管理	1-1 具特色發展的辦學理念	1.29 歲以下	4.27	0.77		
		2.30-39 歲	4.16	0.68		
		3.40-49 歲	4.15	0.60		
		4.50 歲以上	4.37	0.60		
	1-2 政策轉化與執行力	1.29 歲以下	4.25	0.86	2.67*	n.s.
		2.30-39 歲	4.20	0.76		
		3.40-49 歲	4.29	0.62		
		4.50 歲以上	4.42	0.63		

表 **4-28**

不同年齡在國民中小學特色學校度向度之單因子變異數分析及事後比較摘
表（續）

層面	向度	年齡	平均數	標準差	F	Scheffe's 事後比較
1.行政領導與創新管理	1-3 優質的領導效能	1.29 歲以下	4.38	0.81	1.02	
		2.30-39 歲	4.28	0.76		
		3.40-49 歲	4.38	0.61		
		4.50 歲以上	4.45	0.62		
2.特色課程與教學	2-1 學校能發展特色校訂課程	1.29 歲以下	4.14	0.74	1.65	
		2.30-39 歲	4.16	0.72		
		3.40-49 歲	4.14	0.64		
		4.50 歲以上	4.24	0.65		
	2-2 活化教學創新與實踐	1.29 歲以下	4.21	0.69	0.91	
		2.30-39 歲	4.08	0.69		
		3.40-49 歲	4.14	0.61		
		4.50 歲以上	4.23	0.64		
	2-3 激勵教師持續學習成長	1.29 歲以下	4.08	0.79	0.42	
		2.30-39 歲	4.13	0.67		
		3.40-49 歲	4.10	0.61		
		4.50 歲以上	4.17	0.65		
	2-4 學生多元展能	1.29 歲以下	4.32	0.81	0.57	
		2.30-39 歲	4.27	0.62		
		3.40-49 歲	4.29	0.60		
		4.50 歲以上	4.35	0.64		

表 4-28

不同年齡在國民中小學特色學校度向度之單因子變異數分析及事後比較摘表（續）

層面	向度	年齡	平均數	標準差	F	Scheffe's 事後比較
3.資源整合運用與活化	3-1 整合多元教育資源	1.29 歲以下	4.36	0.73	0.84	
		2.30-39 歲	4.26	0.68		
		3.40-49 歲	4.25	0.70		
		4.50 歲以上	4.34	0.70		
	3-2 創新與活化空間	1.29 歲以下	4.32	0.68	1.09	
		2.30-39 歲	4.22	0.62		
		3.40-49 歲	4.20	0.66		
		4.50 歲以上	4.30	0.67		
4.品牌特色與行銷	4-1 建立學校品牌特色	1.29 歲以下	4.39	0.71	1.40	
		2.30-39 歲	4.22	0.65		
		3.40-49 歲	4.39	0.62		
		4.50 歲以上	4.37	0.68		
	4-2 善用管道行銷學校特色	1.29 歲以下	4.37	0.71	3.64*	1＞2
		2.30-39 歲	3.99	0.79		
		3.40-49 歲	4.14	0.77		
		4.50 歲以上	4.10	0.85		
5.教育績效	5-1 呈現學生學習成果	1.29 歲以下	4.41	0.62	1.31	
		2.30-39 歲	4.25	0.67		
		3.40-49 歲	4.33	0.60		
		4.50 歲以上	4.36	0.66		
	5-2 創造特色學校之社會接受度	1.29 歲以下	4.36	0.66	1.94	
		2.30-39 歲	4.12	0.70		
		3.40-49 歲	4.16	0.69		
		4.50 歲以上	4.25	0.68		

*$p<.05$

5. 不同學歷的教師在國民中小學特色學校層面差異之分析

　　表 4-29 是不同學歷與國民中小學特色學校之比較，針對不同學歷在國民中小特色學校層面的差異分析，在 1.行政領導與創新管理層面、2.特色課程與教學、3.資源整合運用與活化、4.品牌特色與行銷及 5.教育績效的 5 個層面，於資料顯示發現學士的平均數大於碩士（含 40 學分班）以上，雖然如此，但採用獨立樣本 t 檢定，分析結果發現五個層面 t 值皆未達.05 的顯著水準，顯示學歷的不同可能不會造成國中小特色學校的差異，換言之，中部五縣市國民中小學不因學歷的不同，而在特色學校的層面具備上有所差異，即不同學歷在中部五縣市國民中小學特色學校層面表現上沒有差異。

表 4-29

不同學歷在國民中小學特色學校層面的檢定結果

層面	學歷	平均數	標準差	t	P 值
1.行政領導與創新管理	1.碩士(含 40 學分班)以上	4.28	0.65	-1.29	.197
	2.學士	4.36	0.56		
2.特色課程與教學	1.碩士(含 40 學分班)以上	4.18	0.62	-1.41	.159
	2.學士	4.26	0.53		
3.資源整合運用與活化	1.碩士(含 40 學分班)以上	4.26	0.66	-0.92	.357
	2.學士	4.31	0.64		
4.品牌特色與行銷	1.碩士(含 40 學分班)以上	4.23	0.69	-0.89	.374
	2.學士	4.29	0.63		
5.教育績效	1.碩士(含 40 學分班)以上	4.26	0.64	-0.57	.566
	2.學士	4.29	0.61		

6. 不同學歷變項在國民中小學特色學校向度的差異分析

　　表 4-30 是不同學歷與國民中小學特色學校之向度比較，針對不同學歷在國民中小特色學校向度的差異分析，在 1-1 具特色發展的辦學理念、1-2 政策轉化與執行力、1-3 優質的領導效能向度、2-1 學校能發展特色校訂課程、2-2 活化教學創新與實踐、2-3 激勵教師持續學習成長、2-4 學生多元展能、3-1 整合多元教育資源、3-2 創新與活化空間、4-1 建立學校品牌特色、4-2 善用管道行銷學校特色、5-1 呈現學生學習成果和 5-2 創造特色學校之社會接受度的十二個向度，於資料顯示發現學士的平均數皆大於碩士（含 40 學分班）以上；5-2 創造特色學校之社會接受度向度兩者是相等，雖然如此，但採用獨立樣本 t 檢定，分析結果發現 2-3 激勵教師持續學習成長，t 值達.05 的顯著水準，顯示學歷的不同可能會造成激勵教師持續學習成長向度的差異，是學士學位大於碩士（含 40 學分班）學位。其餘的十二個向度 t 值皆未達.05 的顯著水準，顯示出學歷的不同可能不會造成其他十二個向度的差異，換言之，不同學歷在中部五縣市國民中小學特色學校的十二個向度表現上沒有差異。

　　陳映如（2015）研究發現碩士（含 40 學分班）以上學位之教師較學士學歷教師重視特色學校永續經營指標；張茵倩（2014）研究發現博、碩士畢業的「凝聚共識願景」、「行銷策略、行政規劃管理效能」的向度上顯著高於大學畢業的教師，本研究結果與上述研究發現不相同。探究其原因，可能具有學士學位之教師，於特色學校相關理論與實踐的接觸層面需求較為強烈，因此在校激勵教師成長向度上會有更多的期許。

表 **4-30**

不同學歷在國民中小學特色學校向度的檢定結果

向度	性別	平均數	標準差	t	P值
1-1 具特色發展的辦學理念	1.碩士（含 40 學分班）以上	4.19	0.64	-1.66	.097
	2.學士	4.29	0.61		
1-2 政策轉化與執行力	1.碩士（含 40 學分班）以上	4.29	0.70	-0.69	.493
	2.學士	4.34	0.63		
1-3 優質的領導效能	1.碩士（含 40 學分班）以上	4.37	0.70	-1.63	.172
	2.學士	4.45	0.52		
2-1 學校能發展特色校訂課程	1.碩士（含 40 學分班）以上	4.16	0.69	-1.09	.276
	2.學士	4.23	0.59		
2-2 活化教學創新與實踐	1.碩士（含 40 學分班）以上	4.15	0.66	-1.29	.197
	2.學士	4.23	0.58		
2-3 激勵教師持續學習成長	1.碩士（含 40 學分班）以上	4.10	0.67	-2.09*	.037
	2.學士	4.23	0.59		

7. 不同職務的教師在國民中小學特色學校層面差異之分析

表 4-31 呈現在不同學歷的教師進行國民中小學特色學校層面差異的檢定結果，在平均數方面「1.行政領導與創新管理」、「2.特色課程與教學」、「3.資源整合運用與活化」、「4.品牌特色與行銷」、「5.教育績效」等五個層面的得分均高於 4 分以上。在變異數分析上，「4.品牌特色與行銷」層面達統計上的顯著水準，且經事後比較，得知組長顯著高於主任，顯示出擔任教師的職務不同會造成國民中小學特色學校認知的差異。

上述的發現與李怡樺（2018）和陳映如（2015）研究結果相似，不同職務、學校階段、學區之教師對特色學校永續經營指標之認同有顯著差異。

表 **4-31**

不同職務在國民中小學特色學校度層面之單因子變異數分析及事後比較摘要表

層面	職務	平均數	標準差	F	Scheffe's 事後比較
1.行政領導與創新管理	1.主任	4.32	0.54	0.24	
	2.組長	4.28	0.69		
	3.老師	4.30	0.65		
2.特色課程與教學	1.主任	4.17	0.54	0.40	
	2.組長	4.19	0.64		
	3.老師	4.22	0.62		
3.資源整合運用與活化	1.主任	4.25	0.59	0.18	
	2.組長	4.26	0.71		
	3.老師	4.29	0.67		
4.品牌特色與行銷	1.主任	4.14	0.73	3.78*	1<2
	2.組長	4.30	0.64		
	3.老師	4.28	0.67		
5.教育績效	1.主任	4.24	0.57	0.39	
	2.組長	4.26	0.67		
	3.老師	4.29	0.66		

*$p<.05$

8. 不同職務的教師在國民中小學特色學校向度差異之分析

　　表 4-32 呈現在不同職務的教師進行國民中小學特色學校向度差異的檢定結果，在平均數方面十二個向度的平均分數皆高於 4 分以上。在變異數分析上，十二個向度均未達統計上的顯著水準，顯示上述十二個向度的教師職務不同，可能不會造成國民中小學特色學校的差異。

　　在「4-2 善用管道行銷學校特色」（F=5.42）個向度分析結果達統計上的顯著水準，但經事後比較發現組長高於主任，組長高於老師及老師高於

主任。上述研究發現與陳映如（2015）研究結果，擔任主任職務之教師，對特色學校永續經營指標之認同度高於擔任組長、導師及專任（科任）之教師，有所不同，這現象是值得再加以研究探討。

表 4-32

不同職務在國民中小學特色學校度向度之單因子變異數分析及事後比較摘要表

層面	向度	職務	平均數	標準差	F	Scheffe's 事後比較
1.行政領導與創新管理	1-1 具特色發展的辦學理念	1.主任	4.23	0.58		
		2.組長	4.20	0.68	0.13	
		3.老師	4.21	0.65		
	1-2 政策轉化與執行力	1.主任	4.35	0.58		
		2.組長	4.27	0.76	0.70	
		3.老師	4.30	0.70		
	1-3 優質的領導效能	1.主任	4.40	0.60		
		2.組長	4.38	0.71	0.70	
		3.老師	4.37	0.69		
2.特色課程與教學	2-1 學校能發展特色校訂課程	1.主任	4.16	0.62		
		2.組長	4.16	0.71	0.17	
		3.老師	4.19	0.69		
	2-2 活化教學創新與實踐	1.主任	4.15	0.59		
		2.組長	4.15	0.68	0.26	
		3.老師	4.18	0.67		
	2-3 激勵教師持續學習成長	1.主任	4.08	0.61		
		2.組長	4.13	0.68	0.74	
		3.老師	4.16	0.67		
	2-4 學生多元展能	1.主任	4.27	0.55		
		2.組長	4.31	0.69	0.60	
		3.老師	4.34	0.67		

表 **4-32**

不同職務在國民中小學特色學校度向度之單因子變異數分析及事後比較摘要表（續）

層面	向度	職務	平均數	標準差	F	Scheffe's 事後比較
3.資源整合運用與活化	3-1 整合多元教育資源	1.主任	4.29	0.60		
		2.組長	4.29	0.76	0.00	
		3.老師	4.29	0.73		
	3-2 創新與活化空間	1.主任	4.21	0.61		
		2.組長	4.23	0.70	0.83	
		3.老師	4.29	0.67		
4.品牌特色與行銷	4-1 建立學校品牌特色	1.主任	4.29	0.65		
		2.組長	4.40	0.66	1.60	
		3.老師	4.37	0.65		
	4-2 善用管道行銷學校特色	1.主任	3.98	0.89		2>1
		2.組長	4.21	0.69	5.42 ***	2>3
		3.老師	4.19	0.78		3>1
5.教育績效	5-1 呈現學生學習成果	1.主任	4.33	0.56		
		2.組長	4.32	0.69		
		3.老師	4.34	0.64	0.60	
	5-2 創造特色學校之社會接受度	1.主任	4.15	0.63		
		2.組長	4.20	0.71		
		3.老師	4.24	0.72	0.98	

***p<.001

9. 不同服務年資教師在國民中小學特色學校層面差異之分析

　　表 4-33 呈現在不同服務年資的教師進行國民中小學特色學校層面差異的檢定結果，在平均數方面「1.行政領導與創新管理」、「2.特色課程與教學」、「3.資源整合運用與活化」、「4.品牌特色與行銷」、「5.教育績效」等五個層面的得分均高於 4 分以上。

　　在變異數分析上，五個層面均未達統計上的顯著水準，顯示出不同服

務年資的教師可能不會造成國民中小學特色學校的差異，換言之，國民中小學教師不因服務年資的不同，而在國民中小學特色學校上有所差異。這研究發現和陳映如(2015)研究結果「不同年齡及服務年資之中小學教師對於特色學校永續經營指標之認同沒有顯著差異」不相同。但和何志高（2014）、李怡樺（2018）研究結果是相符合的。

表 4-33

不同服務年資在國民中小學特色學校層面之單因子變異數分析及事後比較摘要表

層面	服務年資	平均數	標準差	F	Scheffe's 事後比較
1.行政領導與創新管理	1.1-10 年	4.22	0.74		
	2.11-20 年	4.28	0.59	2.78	
	3.21 年以上	4.36	0.59		
2.特色課程與教學	1.1-10 年	4.16	0.63		
	2.11-20 年	4.17	0.58	0.82	
	3.21 年以上	4.23	0.61		
3.資源整合運用與活化	1.1-10 年	4.26	0.66		
	2.11-20 年	4.23	0.67	0.77	
	3.21 年以上	4.30	0.65		
4.品牌特色與行銷	1.1-10 年	4.25	0.62		
	2.11-20 年	4.19	0.71	1.56	
	3.21 年以上	4.29	0.69		
5.教育績效	1.1-10 年	4.27	0.63		
	2.11-20 年	4.22	0.63	1.35	
	3.21 年以上	4.31	0.64		

10. 不同服務年資的教師在國民中小學特色學校向度差異之分析

　　表 4-34 呈現在不同服務年資國民中小學特色學校向度差異的檢定結果，在平均數方面「1-1 具特色發展的辦學理念」、「1-2 政策轉化與執行力」、「1-3 優質的領導效能」、「2-1 學校能發展特色校訂課程」、「2-2 活化教學

創新與實踐」、「2-3 激勵教師持續學習成長」、「2-4 學生多元展能」、「3-1 整合多元教育資源」、「3-2 創新與活化空間」、「4-1 建立學校品牌特色」、「4-2 善用管道行銷學校特色」、「5-1 呈現學生學習成果」、「5-2 創造特色學校之社會接受度」等十三個向度的平均分數均高於 4 分以上。

在變異數分析上，十三個向度均未達統計上的顯著水準，顯示上述十三個向度的教師服務年資，可能不會造成國民中小學特色學校的差異，換句話說，不同服務年資的教師對國民中小學特色學校不會有所不同。

在「1-1 具特色發展的辦學理念」（F=5.40）個向度分析結果達統計上的顯著水準，但經事後比較發現 21 年以上年資高於 1-10 年的年資，21 年以上年資高於 11-20 年的年資。

表 4-34

不同服務年資在國民中小學特色學校度向度之單因子變異數分析及事後比較
摘要表

層面	向度	服務年資	平均數	標準差	F	Scheffe's 事後比較
1.行政領導與創新管理	1-1 具特色發展的辦學理念	1.1-10 年	4.22	0.74	5.40*	3>2 3>1
		2.11-20 年	4.28	0.59		
		3.21 年以上	4.36	0.59		
	1-2 政策轉化與執行力	1.1-10 年	4.16	0.63	2.67	
		2.11-20 年	4.17	0.58		
		3.21 年以上	4.23	0.61		
	1-3 優質的領導效能	1.1-10 年	4.26	0.66	0.92	
		2.11-20 年	4.23	0.67		
		3.21 年以上	4.30	0.65		
2.特色課程與教學	2-1 學校能發展特色校訂課程	1.1-10 年	4.25	0.62	2.14	
		2.11-20 年	4.19	0.71		
		3.21 年以上	4.29	0.69		
	2-2 活化教學創新與實踐	1.1-10 年	4.27	0.63	1.70	
		2.11-20 年	4.22	0.63		
		3.21 年以上	4.31	0.64		
	2-3 激勵教師持續學習成長	1.1-10 年	4.13	0.71	0.34	
		2.11-20 年	4.16	0.62		
		3.21 年以上	4.30	0.60		
	2-4 學生多元展能	1.1-10 年	4.21	0.81	0.32	
		2.11-20 年	4.30	0.65		
		3.21 年以上	4.36	0.64		

表 **4-34**

不同服務年資在國民中小學特色學校度向度之單因子變異數分析及事後比較摘要表（續）

層面	向度	服務年資	平均數	標準差	F	Scheffe's 事後比較
3.資源整合運用與活化	3-1 整合多元教育資源	1.1-10 年	4.33	0.79		
		2.11-20 年	4.38	0.62	1.48	
		3.21 年以上	4.42	0.64		
	3-2 創新與活化空間	1.1-10 年	4.15	0.72		
		2.11-20 年	4.11	0.66	0.35	
		3.21 年以上	4.23	0.66		
4.品牌特色與行銷	4-1 建立學校品牌特色	1.1-10 年	4.11	0.68		
		2.11-20 年	4.14	0.63	1.32	
		3.21 年以上	4.22	0.64		
	4-2 善用管道行銷學校特色	1.1-10 年	4.10	0.69		n.s.
		2.11-20 年	4.12	0.62	3.23*	
		3.21 年以上	4.15	0.67		
5.教育績效	5-1 呈現學生學習成果	1.1-10 年	4.27	0.68	0.69	
		2.11-20 年	4.33	0.62		
		3.21 年以上	4.31	0.64		
	5-2 創造特色學校之社會接受度	1.1-10 年	4.30	0.71	2.42	
		2.11-20 年	4.23	0.73		
		3.21 年以上	4.34	0.67		

*$p<.05$

11. 不同學校階段在國中小特色學校層面的差異分析

　　表 4-35 是不同學校階段在國中小特色學校之比較，針對不同學校階段在國中小特色學校層面的差異分析，及 5.教育績效的 3 個層面，於資料顯示發現國小的平均數皆大於國中，在 2.特色課程與教學層面的平均數是相

等，在 3.資源整合運用與活化層面國中的平均數大於國小。但採用獨立樣本 *t* 檢定，分析結果發現五個層面 *t* 值皆未達.05 的顯著水準，顯示不同學校階段的不同可能不會造成國中小特色學校的差異，換言之，中部五縣市國民中小學學校階段的不同，而在特色學校的層面具備上有所差異，即不同學校階段在中部五縣市國民中小學特色學校層面表現上沒有差異。

表 **4-35**

不同學校階段在國民中小學特色學校層面的檢定結果

層面	學校階段	平均數	標準差	t	P 值
1.行政領導與創新管理	1.國中	4.25	0.65	-1.31	.190
	2.國小	4.32	0.62		
2.特色課程與教學	1.國中	4.19	0.55	-0.05	.962
	2.國小	4.19	0.63		
3.資源整合運用與活化	1.國中	4.24	0.63	-0.83	.406
	2.國小	4.28	0.67		
4.品牌特色與行銷	1.國中	4.25	0.64	-0.31	.760
	2.國小	4.24	0.70		
5.教育績效	1.國中	4.22	0.58	1.36	.174
	2.國小	4.25	0.65		

12. 不同學校階段在國民中小學特色學校向度的差異分析

表 4-36 是不同學校階段在國中小特色學校之向度比較，針對不同學校階段在國中小特色學校向度的差異分析，在 1-1 具特色發展的辦學理念、1-2 政策轉化與執行力、1-3 優質的領導效能、2-3 激勵教師持續學習成長、2-4 學生多元展能、3-1 整合多元教育資源、3-2 創新與活化空間、5-1 呈現學生學習成果和 5-2 創造特色學校之社會接受度的九個層面，於資料顯示發現國小的平均數皆大於國中；在 2-2 活化教學創新與實踐、4-1 建立學校品牌特色及 4-2 善用管道行銷學校特色等三個向度是國中的平均數大於國小，但採用獨立樣本 *t* 檢定，分析結果發現十三個向度 *t* 值皆未達.05 的顯著水準，顯示學校階段的不同可能不會造成國中小特色學校的差異，換言

之，中部五縣市國民中小學不因學校階段的不同，而在特色學校的向度上
有所差異，即不同學校階段在中部五縣市國民中小學特色學校向度上沒有
差異。

表 4-36

不同學校階段在國民中小學特色學校向度的檢定結果

向度	學校階段	平均數	標準差	t	p 值
1-1 具特色發展的辦學理念	1.國中	4.16	0.63	-1.38	.167
	2.國小	4.23	0.64		
1-2 政策轉化與執行力	1.國中	4.25	0.73	-1.55	.123
	2.國小	4.33	0.67		
1-3 優質的領導效能	1.國中	4.35	0.67	-0.80	.422
	2.國小	4.40	0.67		
2-1 學校能發展特色校訂課程	1.國中	4.18	0.60	0.21	.873
	2.國小	4.17	0.71		
2-2 活化教學創新與實踐	1.國中	4.21	0.58	1.18	.239
	2.國小	4.14	0.68		
2-3 激勵教師持續學習成長	1.國中	4.12	0.60	-0.27	.791
	2.國小	4.13	0.68		
2-4 學生多元展能	1.國中	4.27	0.60	-0.95	.342
	2.國小	4.32	0.66		
3-1 整合多元教育資源	1.國中	4.26	0.70	-0.77	.439
	2.國小	4.31	0.71		

表 4-36

不同學校階段在國民中小學特色學校向度的檢定結果（續）

向度	學校階段	平均數	標準差	t	p 值
3-2 創新與活化空間	1.國中	4.22	0.61	-0.83	.405
	2.國小	4.26	0.69		
4-1 建立學校品牌特色	1.國中	4.36	0.63	0.12	.907
	2.國小	4.35	0.67		
4-2 善用管道行銷學校特色	1.國中	4.15	0.74	0.43	.668
	2.國小	4.12	0.82		
5-1 呈現學生學習成果	1.國中	4.28	0.57	-1.55	.122
	2.國小	4.36	0.66		
5-2 創造特色學校之社會接受度	1.國中	4.16	0.66	-1.09	.278
	2.國小	4.22	0.71		

13. 不同學校規模在國民中小學特色學校層面差異之分析

　　表 4-37 呈現在不同學校規模在國民中小學特色學校層面差異的檢定結果，在平均數方面「1.行政領導與創新管理」、「2.特色課程與教學」、「3.資源整合運用與活化」、「4.品牌特色與行銷」、「5.教育績效」等五個層面的得分均高於 4 分以上。在變異數分析上，在五個層面均未達統計上的顯著水準，顯示出不同學校規模可能不會造成國民中小學特色學校的差異，換言之，國民中小學教師不因學校規模的不同，而在國民中小學特色學校的上有所差異。

　　上述這研究發現和李怡樺（2018）研究發現「不同學校規模教育人員，對校長空間領導、學校組織文化、學校創新經營效能的認知程度達顯著差異」，相同。陳映如（2015）研究發現「不同性別、學歷、職務、學校階段、

學校類型、學校規模及學校所在地區之教師對特色學校經營指標之認同有顯著差異」及林進山（2011）的研究發現「國民中小學特色學校在經營策略上，不同學校規模和不同學校認同有顯著的差異」明顯不同，這現象是很值得探究的一個議題。

表 4-37

不同學校規模在國民中小學特色學校度層面之單因子變異數分析及事後比較摘要表

層面	學校規模	平均數	標準差	F	Scheffe's 事後比較
1.行政領導與創新管理	1.12 班以下	4.28	0.68	1.15	
	2.13-48 班	4.28	0.63		
	3.49 班以上	4.38	0.50		
2.特色課程與教學	1.12 班以下	4.19	0.61	0.96	
	2.13-48 班	4.17	0.63		
	3.49 班以上	4.26	0.52		
3.資源整合運用與活化	1.12 班以下	4.31	0.67	1.70	
	2.13-48 班	4.22	0.68		
	3.49 班以上	4.31	0.58		
4.品牌特色與行銷	1.12 班以下	4.16	0.74	1.96	
	2.13-48 班	4.29	0.67		
	3.49 班以上	4.29	0.57		
5.教育績效	1.12 班以下	4.27	0.66	0.46	
	2.13-48 班	4.25	0.65		
	3.49 班以上	4.31	0.56		

14. 不同學校規模的教師在國民中小學特色學校向度差異之分析

表 4-38 呈現在不同學校規模的教師進行國民中小學特色學校向度差異的檢定結果，在平均數方面「1-1 具特色發展的辦學理念」、「1-2 政策轉

化與執行力」、「1-3 優質的領導效能」、「2-1 學校能發展特色校訂課程」、「2-2 活化教學創新與實踐」、「2-3 激勵教師持續學習成長」、「2-4 學生多元展能」、「3-1 整合多元教育資源」、「3-2 創新與活化空間」、「4-1 建立學校品牌特色」、「4-2 善用管道行銷學校特色」、「5-1 呈現學生學習成果」、「5-2 創造特色學校之社會接受度」等十三個向度的平均分數均高於 4 分以上。

在變異數分析上，在向度、「2-2 活化教學創新與實踐」、「2-3 激勵教師持續學習成長」、「2-4 學生多元展能」、「3-1 整合多元教育資源」、「3-2 創新與活化空間」、「4-1 建立學校品牌特色」、「5-1 呈現學生學習成果」、「5-2 創造特色學校之社會接受度」等十一個向度均未達統計上的顯著水準，顯示上述十一個向度的教師年齡不同，可能不會造成國民中小學特色學校的差異。

在「2-2 活化教學創新與實踐」（F=4.15）、「4-2 善用管道行銷學校特色」（F=3.11）二個向度分析結果達統計上的顯著水準，但經事後比較發現「2-2 活化教學創新與實踐」49 班以上高於 12 班以下，而「4-2 善用管道行銷學校特色」則 13-48 班高於 12 班以下。

上述的研究發現和林進山（2011）的研究結果，不同學校規模和不同學校認同有顯著的差異，其中學校規模在「49 班以上」之特色學校在整體經營策略之得分高於「13-48 班」之特色學校相類似。

表 **4-38**

不同學校規模在國民中小學特色學校度向度之單因子變異數分析及事後比較
摘要表

層面	向度	學校規模	平均數	標準差	F	Scheffe's 事後比較
1.行政領導與創新管理	1-1 具特色發展的辦學理念	1.12 班以下	4.20	0.67	0.70	
		2.13-48 班	4.20	0.64		
		3.49 班以上	4.27	0.53		
	1-2 政策轉化與執行力	1.12 班以下	4.29	0.74	0.84	
		2.13-48 班	4.29	0.69		
		3.49 班以上	4.38	0.57		
	1-3 優質的領導效能	1.12 班以下	4.37	0.73	1.69	
		2.13-48 班	4.36	0.67		
		3.49 班以上	4.48	0.51		
2.特色課程與教學	2-1 學校能發展特色校訂課程	1.12 班以下	4.19	0.69	0.73	
		2.13-48 班	4.14	0.71		
		3.49 班以上	4.21	0.54		
	2-2 活化教學創新與實踐	1.12 班以下	4.09	0.66	4.15*	3＞1
		2.13-48 班	4.17	0.66		
		3.49 班以上	4.29	0.56		
	2-3 激勵教師持續學習成長	1.12 班以下	4.12	0.64	1.02	
		2.13-48 班	4.10	0.70		
		3.49 班以上	4.20	0.58		
	2-4 學生多元展能	1.12 班以下	4.34	0.66	0.97	
		2.13-48 班	4.27	0.67		
		3.49 班以上	4.33	0.53		

表 4-38

不同學校規模在國民中小學特色學校度向度之單因子變異數分析及事後比較摘要表（續）

層面	向度	學校規模	平均數	標準差	F	Scheffe's 事後比較
3.資源整合運用與活化	3-1 整合多元教育資源	1.12 班以下	4.33	0.72		
		2.13-48 班	4.25	0.71	0.99	
		3.49 班以上	4.32	0.63		
	3-2 創新與活化空間	1.12 班以下	4.29	0.66		
		2.13-48 班	4.18	0.69	2.37	
		3.49 班以上	4.29	0.57		
4.品牌特色與行銷	4-1 建立學校品牌特色	1.12 班以下	4.29	0.72		
		2.13-48 班	4.38	0.64	2.58	
		3.49 班以上	4.43	0.53		
	4-2 善用管道行銷學校特色	1.12 班以下	4.04	0.86		
		2.13-48 班	4.20	0.76	3.11*	2＞1
		3.49 班以上	4.15	0.71		
5.教育績效	5-1 呈現學生學習成果	1.12 班以下	4.34	0.64		
		2.13-48 班	4.31	0.65	0.63	
		3.49 班以上	4.38	0.57		
	5-2 創造特色學校之社會接受度	1.12 班以下	4.19	0.73		
		2.13-48 班	4.18	0.69	0.29	
		3.49 班以上	4.24	0.60		

*$p < .05$

15. 不同學校類型在國民中小學特色學校層面差異之分析

表 4-39 呈現在不同學校規模進行國民中小學特色學校層面差異的檢定結果，在平均數方面「1.行政領導與創新管理」、「2.特色課程與教學」、「3.資源整合運用與活化」、「4.品牌特色與行銷」、「5.教育績效」等五個層

面的得分均高於 4 分以上。

　　在變異數分析上，在層面「1.行政領導與創新管理」（F=3.12）、「3.資源整合運用與活化」（F=3.17）、「4.品牌特色與行銷」（F=5.32）、「5.教育績效」（F=3.81）等四個層面達統計上的顯著水準，但經事後比較發現「1.行政領導與創新管理」、「5.教育績效」二層面無法區分顯著差異，在「3.資源整合運用與活化」層面則「都市地區」高於「一般鄉鎮地區」，「4.品牌特色與行銷」則「都市地區」高於「一般鄉鎮地區」及「都市地區」高於「偏遠地區地區」。

　　這研究發現和陳映如（2015）研究發現「不同性別、學歷、職務、學校階段、學校類型、學校規模及學校所在地區之教師對特色學校永續經營指標之認同有顯著差異。

表 4-39

不同學校類型在國民中小學特色學校度層面之單因子變異數分析及事後比較摘要表

層面	學校類型	平均數	標準差	F	Scheffe's 事後比較
1.行政領導與創新管理	1.偏遠地區	4.21	0.80	3.12*	n.s.
	2.一般鄉鎮	4.29	0.56		
	3.都市地區	4.39	0.61		
2.特色課程與教學	1.偏遠地區	4.13	0.72	2.86	
	2.一般鄉鎮	4.17	0.56		
	3.都市地區	4.28	0.60		

表 4-39

不同學校類型在國民中小學特色學校度層面之單因子變異數分析及事後比較摘要表（續）

層面	學校類型	平均數	標準差	F	Scheffe's 事後比較
3.資源整合運用與活化	1.偏遠地區	4.29	0.79		
	2.一般鄉鎮	4.22	0.61	3.17*	3＞2
	3.都市地區	4.37	0.64		
4.品牌特色與行銷	1.偏遠地區	4.14	0.83		3＞1
	2.一般鄉鎮	4.22	0.62	5.32**	3＞2
	3.都市地區	4.38	0.67		
5.教育績效	1.偏遠地區	4.22	0.73		
	2.一般鄉鎮	4.25	0.58	3.81*	n.s.
	3.都市地區	4.35	0.66		

*p<.05 、**p<.01

16. 不同學校規模的教師在國民中小學特色學校向度差異之分析

　　表 4-40 呈現在不同學歷的教師進行國民中小學特色學校向度差異的檢定結果，在平均數方面「1-1 具特色發展的辦學理念」、「1-2 政策轉化與執行力」、「1-3 優質的領導效能 」、「2-1 學校能發展特色校訂課程」、「2-2 活化教學創新與實踐」、「2-3 激勵教師持續學習成長」、「2-4 學生多元展能」、「3-1 整合多元教育資源」、「3-2 創新與活化空間」、「4-1 建立學校品牌特色」、「4-2 善用管道行銷學校特色」、「5-1 呈現學生學習成果」、「5-2 創造特色學校之社會接受度」等十三個向度的平均分數均高於 4 分以上；上述各向度的平均數表現尚佳。

　　在變異數分析上，「1-1 具特色發展的辦學理念」、「1-2 政策轉化與執行力」、「1-3 優質的領導效能」、「2-2 活化教學創新與實踐」 、「2-3 激勵教

師持續學習成長」、「2-4 學生多元展能」、「3-1 整合多元教育資源」、「5-1 呈現學生學習成果」、「5-2 創造特色學校之社會接受度」等十個向度均未達統計上的顯著水準，顯示上述十個向度的學校規模不同，可能不會造成國民中小學特色學校的差異。

在向度「2-1 學校能發展特色校訂課程」（F=6.41）、「2-2 活化教學創新與實踐」（F=5.16）、「3-2 創新與活化空間」（F=4.07）、「4-1 建立學校品牌特色」（F=5.55）、「4-2 善用管道行銷學校特色」（F=4.08）四個向度分析結果達統計上的顯著水準，經事後比較發現三個也都有顯著差異，在「2-1 學校能發展特色校訂課程」向度上度有顯著差異，都市地區明顯高於「偏遠地區」及都市地區明顯高於「一般鄉鎮」。在「2-2 活化教學創新與實踐」向度上度有顯著差異，都市地區明顯高於「偏遠地區」。另「3-2 創新與活化空間」向度有顯著差異，「都市地區」明顯高於「一般鄉鎮」。在「4-1 建立學校品牌特色」向度有顯著差異，「都市地區」明顯高於「偏遠地區」，在「4-2 善用管道行銷學校特色」向度有顯著差異，「一般鄉鎮」明顯高於「偏遠地區」。上述研究發現，和陳映如（2015）研究結果「偏遠地區學校教師較一般地區教師重視「提升特色課程之深化與永續發展。」不同。與林進山（2011）研究結果「國民中小學特色學校在品牌形塑上，不同學校社區結構和不同學校社區文化皆無顯著的差異。」不同，這些不同的研究結果是很值得再進一步探討其原因。

表 4-40

不同學校類型在國民中小學特色學校度向度之單因子變異數分析及事後比較摘要表

層面	向度	學校類型	平均數	標準差	F	Scheffe's 事後比較
1.行政領導與創新管理	1-1 具特色發展的辦學理念	1.偏遠地區	4.15	0.81	3.81*	n.s.
		2.一般鄉鎮	4.18	0.57		
		3.都市地區	4.33	0.62		
	1-2 政策轉化與執行力	1.偏遠地區	4.20	0.87	2.55	
		2.一般鄉鎮	4.31	0.61		
		3.都市地區	4.38	0.67		
	1-3 優質的領導效能	1.偏遠地區	4.28	0.81	1.81	
		2.一般鄉鎮	4.39	0.63		
		3.都市地區	4.46	0.62		
2.特色課程與教學	2-1 學校能發展特色校訂課程	1.偏遠地區	4.13	0.80	6.41**	3>1 3>2
		2.一般鄉鎮	4.11	0.64		
		3.都市地區	4.33	0.62		
	2-2 活化教學創新與實踐	1.偏遠地區	4.04	0.71	5.16**	3>1
		2.一般鄉鎮	4.16	0.61		
		3.都市地區	4.28	0.66		
	2-3 激勵教師持續學習成長	1.偏遠地區	4.06	0.75	0.90	
		2.一般鄉鎮	4.14	0.62		
		3.都市地區	4.16	0.66		
	2-4 學生多元展能	1.偏遠地區	4.29	0.81	1.19	
		2.一般鄉鎮	4.28	0.57		
		3.都市地區	4.37	0.63		

表 4-40

不同學校類型在國民中小學特色學校度向度之單因子變異數分析及事後比較摘要表（續）

層面	向度	學校類型	平均數	標準差	F	Scheffe's 事後比較
3.資源整合運用與活化	3-1 整合多元教育資源	1.偏遠地區	4.32	0.83	2.14	
		2.一般鄉鎮	4.24	0.66		
		3.都市地區	4.37	0.69		
	3-2 創新與活化空間	1.偏遠地區	4.26	0.80	4.07*	3>2
		2.一般鄉鎮	4.19	0.61		
		3.都市地區	4.36	0.64		
4.品牌特色與行銷	4-1 建立學校品牌特色	1.偏遠地區	4.26	0.81	5.55**	3>1
		2.一般鄉鎮	4.33	0.59		
		3.都市地區	4.49	0.64		
	4-2 善用管道行銷學校特色	1.偏遠地區	4.03	0.95	4.08*	2>1
		2.一般鄉鎮	4.11	0.73		
		3.都市地區	4.27	0.78		
5.教育績效	5-1 呈現學生學習成果	1.偏遠地區	4.28	0.72	1.93	
		2.一般鄉鎮	4.32	0.58		
		3.都市地區	4.41	0.67		
	5-2 創造特色學校之社會接受度	1.偏遠地區	4.17	0.79	1.74	
		2.一般鄉鎮	4.17	0.64		
		3.都市地區	4.28	0.71		

*p<.05、**p<.01

17. 不同學校地區在國民中小學特色學校層面差異之分析

　　表 4-41 呈現在不同學校地區的國民中小學特色學校層面差異檢定結果，在平均數方面「1.行政領導與創新管理」、「2.特色課程與教學」、「3.資源整合運用與活化」、「4.品牌特色與行銷」、「5.教育績效」，除了苗栗縣在

172

「4.品牌特色與行銷」（M=3.96）此層面的得分低於4分以，其餘的平均分數皆高於四分。

　　在變異數分析上，層面「1.行政領導與創新管理」（F=3.45）、「4.品牌特色與行銷」（F=6.71）、「5.教育績效」（F=2.80）等三個層面達統計上的顯著水準，但經事後比較發現「1.行政領導與創新管理」無法區分顯著差異。然在「4.品牌特色與行銷」（F=2.99）兩層面分析結果達統計上的顯著水準，但在「4.品牌特色與行銷」層面則「台中市」顯著高於「苗栗縣」、「彰化縣」顯著高於「苗栗縣」。在「5.教育績效」層面則「台中市」顯著高於「苗栗縣」。

表 4-41

不同學校地區在國民中小學特色學校層面的之單因子變異數分析及事後比較摘要表

層面	學校地區	平均數	標準差	F	Scheffe's 事後比較
1.行政領導與創新管理	1.台中市	4.39	0.49	3.45*	n.s.
	2.彰化縣	4.37	0.66		
	3.苗栗縣	4.25	0.67		
	4.南投縣	4.19	0.70		
	5.雲林縣	4.19	0.69		
2.特色課程與教學	1.台中市	4.25	0.54	2.07	
	2.彰化縣	4.25	0.63		
	3.苗栗縣	4.08	0.68		
	4.南投縣	4.14	0.62		
	5.雲林縣	4.14	0.61		

表 **4-41**

不同學校地區在國民中小學特色學校層面的之單因子變異數分析及事後比較摘要表（續）

層面	學校地區	平均數	標準差	F	Scheffe's 事後比較
3.資源整合運用與活化	1.台中市	4.30	0.57	1.07	
	2.彰化縣	4.33	0.67		
	3.苗栗縣	4.18	0.70		
	4.南投縣	4.25	0.72		
	5.雲林縣	4.22	0.71		
4.品牌特色與行銷	1.台中市	4.37	0.55	6.71***	1>3 2>3
	2.彰化縣	4.31	0.72		
	3.苗栗縣	3.96	0.73		
	4.南投縣	4.21	0.73		
	5.雲林縣	4.16	0.72		
5.教育績效	1.台中市	4.32	0.53	2.80*	1>3
	2.彰化縣	4.31	0.66		
	3.苗栗縣	4.06	0.72		
	4.南投縣	4.28	0.67		
	5.雲林縣	4.25	0.66		

*$p<.05$、***$p<.001$

18. 不同學校地區在國民中小學特色學校向度差異之分析

表 4-42 呈現在不同學校地區國民中小學特色學校向度的程度上，在平均數方面「1-1 具特色發展的辦學理念」、「1-2 政策轉化與執行力」、「1-3 優質的領導效能」、「2-1 學校能發展特色校訂課程」、「2-2 活化教學創新與實踐」、「2-4 學生多元展能」、「3-1 整合多元教育資源」、「3-2 創新與活化空間」、「4-1 建立學校品牌特色」、「5-1 呈現學生學習成果」、「5-2 創造特色

學校之社會接受度」等十一個向度的平均分數均高於 4 分以上；有兩個向度分別是「2-3 激勵教師持續學習成長」（3.99）與「4-2 善用管道行銷學校特色」（3.81）在苗栗縣的平均分數低於 4 分。

　　在變異數分析上，在向度「1-1 具特色發展的辦學理念」（F=2.80）、「1-2 政策轉化與執行力」（F=3.49）、「1-3 優質的領導效能」（F=3.05）、「4-1 建立學校品牌特色」（F=6.80）、「4-2 善用管道行銷學校特色」（F=5.46）、「5-1 呈現學生學習成果」（F=4.05）等五個向度均達統計上的顯著水準，但經事後比較發現在「1-1 具特色發展的辦學理念」、「1-2 政策轉化與執行力」、「1-3 優質的領導效能」三個向度分析結果達統計上的顯著水準，經事後比較發現無法區分顯著差異；在「4-1 建立學校品牌特色」（F=6.80）、「4-2 善用管道行銷學校特色」（F=5.46）、「5-1 呈現學生學習成果」（F=4.05）三個向度有顯著差異，分別是在「4-1 建立學校品牌特色」台中市顯著高於苗栗縣、彰化縣顯著高於苗栗縣與台中市高於雲林縣。在「4-2 善用管道行銷學校特色」（F=5.46）向度上則台中市顯著高於苗栗縣、彰化縣顯著高於苗栗縣。最後「5-1 呈現學生學習成果」（F=4.05）向度上則台中市顯著高於苗栗縣、彰化縣顯著高於苗栗縣。

　　上述研究發現台中市在三個向度皆顯著高於其他縣市，這是否和台中市屬六都之一，在資源、教育條件及人口結構不同而有所影響。這結果是值得探究原因。

表 **4-42**

不同學校地區在國民中小學特色學校度向度之單因子變異數分析及事後比較
摘要表

層面	向度	年齡	平均數	標準差	F	Scheffe's 事後比較
1.行政領導與創新管理	1-1 具特色發展的辦學理念	1.台中市	4.29	0.52	2.80*	n.s.
		2.彰化縣	4.27	0.69		
		3.苗栗縣	4.15	0.67		
		4.南投縣	4.11	0.69		
		5.雲林縣	4.12	0.67		
	1-2 政策轉化與執行力	1.台中市	4.39	0.52	3.49**	n.s.
		2.彰化縣	4.39	0.71		
		3.苗栗縣	4.24	0.74		
		4.南投縣	4.20	0.77		
		5.雲林縣	4.17	0.77		
	1-3 優質的領導效能	1.台中市	4.47	0.54	3.05*	n.s.
		2.彰化縣	4.45	0.67		
		3.苗栗縣	4.34	0.72		
		4.南投縣	4.28	0.75		
		5.雲林縣	4.26	0.74		
2.特色課程與教學	2-1 學校能發展特色校訂課程	1.台中市	4.25	0.62	2.17	
		2.彰化縣	4.22	0.70		
		3.苗栗縣	4.07	0.70		
		4.南投縣	4.10	0.68		
		5.雲林縣	4.10	0.69		

表 **4-42**

不同學校地區在國民中小學特色學校度向度之單因子變異數分析及事後比較摘要表（續）

層面	向度	年齡	平均數	標準差	F	Scheffe's 事後比較
2.特色課程與教學	2-2 活化教學創新與實踐	1.台中市	4.24	0.60		
		2.彰化縣	4.21	0.68		
		3.苗栗縣	4.09	0.68	2.06	
		4.南投縣	4.07	0.66		
		5.雲林縣	4.10	0.64		
	2-3 激勵教師持續學習成長	1.台中市	4.15	0.62		
		2.彰化縣	4.19	0.66		
		3.苗栗縣	3.99	0.70	1.47	
		4.南投縣	4.11	0.67		
		5.雲林縣	4.11	0.65		
	2-4 學生多元展能	1.台中市	4.36	0.52		
		2.彰化縣	4.38	0.67		
		3.苗栗縣	4.16	0.71	1.20	
		4.南投縣	4.29	0.68		
		5.雲林縣	4.26	0.70		
3.資源整合運用與活化	3-1 整合多元教育資源	1.台中市	4.33	0.59		
		2.彰化縣	4.37	0.72		
		3.苗栗縣	4.21	0.72	1.32	
		4.南投縣	4.26	0.79		
		5.雲林縣	4.22	0.78		

表 4-42

不同學校地區在國民中小學特色學校度向度之單因子變異數分析及事後比較摘要表（續）

層面	向度	年齡	平均數	標準差	F	Scheffe's 事後比較
3.資源整合運用與活化	3-2 創新與活化空間	1.台中市	4.28	0.59		
		2.彰化縣	4.28	0.68		
		3.苗栗縣	4.14	0.71	0.84	
		4.南投縣	4.25	0.70		
		5.雲林縣	4.22	0.69		
4.品牌特色與行銷	4-1 建立學校品牌特色	1.台中市	4.49	0.50		
		2.彰化縣	4.42	0.68		1>3
		3.苗栗縣	4.12	0.73	6.80***	2>3
		4.南投縣	4.29	0.71		1>5
		5.雲林縣	4.26	0.71		
	4-2 善用管道行銷學校特色	1.台中市	4.25	0.69		
		2.彰化縣	4.20	0.82		
		3.苗栗縣	3.81	0.80	5.46***	1>3
		4.南投縣	4.13	0.85		2>3
		5.雲林縣	4.07	0.83		

表 **4-42**

不同學校地區在國民中小學特色學校度向度之單因子變異數分析及事後比較摘要表（續）

層面	向度	年齡	平均數	標準差	F	Scheffe's 事後比較
5.教育績效	5-1 呈現學生學習成果	1.台中市	4.41	0.53		
		2.彰化縣	4.39	0.63		
		3.苗栗縣	4.11	0.75	4.05**	1>3 2>3
		4.南投縣	4.33	0.67		
		5.雲林縣	4.30	0.67		
	5-2 創造特色學校之社會接受度	1.台中市	4.24	0.61		
		2.彰化縣	4.23	0.72		
		3.苗栗縣	4.02	0.72	1.87	
		4.南投縣	4.23	0.74		
		5.雲林縣	4.20	0.72		

*p<.05、**p<.01、***p<.001

　　表 4-43 是歸納出不同變項在國民中小學特色學校層面的顯著差異情形，空白表格處表示沒有顯著及差異。

表 **4-43**

不同變項在國民中小學特色學校層面的顯著差異情形

不同變項 ＼ 層面		1.行政領導與創新管理	2.特色課程與教學	3.資源整合運用與活化	4.品牌特色與行銷	5.教育績效
性別	1.男性	1>2	1>2	1>2		1>2
	2.女性					
年齡	1.29 歲以下	n.s			1>2	
	2.30-39 歲					
	3.40-49 歲					
	4.50 歲以上					

表 **4-43**

不同變項在國民中小學特色學校層面的顯著差異情形（續）

不同變項	層面	1.行政領導與創新管理	2.特色課程與教學	3.資源整合運用與活化	4.品牌特色與行銷	5.教育績效
學歷	1.碩士(含 40學分班)以上					
	2.學士					
職務	1.主任				1<2	
	2.組長					
	3.老師					
服務年資	1.1-10 年					
	2.11-20 年					
	3.21 年以上					
學校階段	1.國中					
	2.國小					
學校規模	1.12 班以下					
	2.13-48 班					
	3.49 班以上					
學校類型	1.偏遠地區	n.s.		3>2	3>1	n.s.
	2.一般鄉鎮				3>2	
	3.都市地區					
學校地區	1.台中市	n.s.			1>3	1>3
	2.彰化縣				2>3	
	3.苗栗縣					
	4.南投縣					
	5.雲林縣					

　　表 4-44 是歸納出不同變項在國民中小學特色學校向度的顯著差異情形，空白表格處表示沒有顯著及差異。

表 4-44

不同變項在國民中小學特色學校向度的顯著差異情形

不同變項 \ 層面	1-1 具特色的學校發展辦理念	1-2 策略轉化與執行力	1-3 優質的領導效能	2-1 學校發展特色課程訂	2-2 活化創新教學與實踐	2-3 激勵教師持續研習成長	2-4 學生多元展能
性別 1.男性	1>2	1>2	1>2	1>2	1>2		1>2
2.女性							
年齡 1.29 歲以下		n.s.					
2.30-39 歲							
3.40-49 歲	4>3						
4.50 歲以上							
學歷 1.碩士(含 40 學分班)以上						1<2	
2.學士							
職務 1.主任							
2.組長							
3.老師							
服務年資 1.1-10 年	1<3						
2.11-20 年	3>2						
3.21 年以上							
學校階段 1.國中							
2.國小							
學校規模 1.12 班以下					3>1		
2.13-48 班							
3.49 班以上							
學校類型 1.偏遠地區	n.s.			3＞1	3＞1		
2.一般鄉鎮				3＞2			
3.都市地區							
學校地區 1.台中市	n.s.	n.s.	n.s.				
2.彰化縣							
3.苗栗縣							
4.南投縣							
5.雲林縣							

表 4-44

不同變項在國民中小學特色學校向度的顯著差異情形（續）

不同變項	層面	3-1 整合多元教育資源	3-2 創新與活化空間	4-1 建立學校品牌特色	4-2 善用管道行銷學校特色	5-1 呈現學生學習成果	5-2 創造特色學校之社會接受度
性別	1.男性	1>2	1>2				1>2
	2.女性						
年齡	1.29 歲以下						
	2.30-39 歲						
	3.40-49 歲				3>4		
	4.50 歲以上						
學歷	1.碩士(含 40 學分班)以上						
	2.學士						
職務	1.主任				1<2		
	2.組長				2>3		
	3.老師				3>1		
服務年資	1.1-10 年			n.s.			
	2.11-20 年						
	3.21 年以上						
學校階段	1.國中						
	2.國小						
學校規模	1.12 班以下						
	2.13-48 班				2>1		
	3.49 班以上						
學校類型	1.偏遠地區	3>2	3>1	3>1			
	2.一般鄉鎮				2>1		
	3.都市地區						
學校地區	1.台中市		1>3	1>3		1>3	
	2.彰化縣		2>3	2>3		2>3	
	3.苗栗縣	1>5					
	4.南投縣						
	5.雲林縣						

（四）小結

依據問卷調查後透過統計分析，綜合上述的分析結果，加以探討說明如下：

一、國中小特色學校的現況，在五個層面的平均分數表現尚佳，表示中部五縣市在特色學校的共識及看法有其一致性。

二、在層面「行政領導與創新管理」得分最高，這符合教育現場中學校效能及教育品質較優質的現況，如得過教學卓越獎、空間美學特色學校、閱讀磐石或國家環境教育等全國性獎項，在行政領導及創新管理上都具有相當可取之處。

三、在「特色課程與教學」得分最低，探究其原因可能是因為近年來的教育改革有關聯，因從九年一貫到十二年新課綱的實施，學校在改革過程中普遍認為最為困難的部分即是課程與教學的這區塊，因此特色學校的經營應特別著重在此部分。

四、有關於到教師的向度的部分都屬於較低分群，如「2-3-4 教師能積極參與交流、指導學生競賽，提升專業發展」（M=4.11）、「2-3-3 教師能透過反思、深度匯談進行回饋」（M=4.08）、「2-3-5 教師能省思課程計畫，管理與分享相關教學檔案紀錄」（M=3.98），這可能反映了教育現場，教師能未能有足夠共同參與討論的時間及制度、教師專業成長社群運作不佳、教師退休制度改變造成流動率降低、新進教師的減少等因素，所以積極改善優化上述的問題，應有助於教師尊榮感的提升與激起熱忱投入。

五、中部五縣市的教師會因性別對國中小特色的層面有所差別，在 1.行政領導與創新管理、2.特色課程與教學、3.資源整合運用與活化、5.教育績效的四個層面男性明顯高於女性。在 1-1 具特色發展的辦學理念、1-2 政策轉化與執行力、1-3 優質的領導效能、2-1 學校能發展特色校訂課程、2-2 活化教學創新與實踐、2-4 學生多元展能、3-1 整合多元教育資源、3-2 創

新與活化空間、5-2 創造特色學校之社會接受度等九個向度也是男性明顯高於女性；這樣顯著的差異可能是抽樣的人數不相等，分別是男性 39.4%、女性 60.6%所造成的結果，值得後續再進一步探討。

六、不同職務的教師對國中小特色學校的分析，在「4.品牌特色與行銷」層面上，組長是明顯大於主任，這和過去許多的研究結果不相同，其原因可能是中部地區的實際負責品牌特色與行銷，多是由組長來承辦所造成的結果。在「4-2 善用管道行銷學校特色」的向度上組長高於教師及主任、教師又高於主任，這結果可能是受到受 COVID-19 的影響，在今年的五到九月全部採用線上教學，所以大部分的品牌行銷及溝通倚靠數位科技，且教師和家長溝通的機會增加可能所導致結果；然此現象仍有待後續進一步探討。

七、不同服務年資在「1-1 具特色發展的辦學理念」向度中，發現 21 年以上資高於 1-10 年的年資，21 年以上資高於 11-20 年的年資，此現象與教育現場的現況大致符合，也表示說年資較久的老師可能對學校特色發展的脈絡及歷程是較為熟悉的。

八、不同學校規模對國中小特色層面上無差異，這和以往的研究迥然不同，其原因可能是，108 年實施十二年新課綱後，每一所學校皆須創發出自己獨特的校訂課程，而校訂課程中又大多會融入在地的資源及特色，所以每個學校就會有獨特及特殊的特色課程，這也是實施十二年國教的一個新現象，這現象有助於特色學校的發展。

九、學士學位教師相較於其它學歷，在「2-3 激勵教師持續學習成長」向度皆高於碩士(含四十學分)以上，探究其原因可能是，可具有學士學位之教師，對於特色學校相關理論與實踐的接觸層面較少，因此更重視教師的持續學習成長，所以在期待上也比較強烈與明顯。

十、在「品牌特色與行銷」中的「品牌行銷」向度上，29 歲年齡和 30-39 歲有顯著差異，這和過去的許多研究有所不同，探究其原因，可能是近

一年半以來受 COVID-19 的影響，在今年的五月到九月期間更是停課不停學，全部採用線上教學，所以大部分的品牌行銷及倚靠數位科技，年輕族群的教師大部分是科技使用的族群可能所導致結果。

　　十一、不同類型學校，在「特色行銷與品牌建立」向度上，都市地區大於一般鄉鎮及都市地區大於偏遠地區，這和過去許多的研究結果不相同，其原因可能是中部五縣市中，一般鄉鎮地區及偏遠地區就佔了八成以上，所以都市地區的學校相對較少，加上數量較少且大部分是大家耳熟能詳，所以在此向度上，都市地區的學校較為占優勢。

　　十二、在「特色行銷與品牌建立」向度上，台中高於苗栗、彰化高於苗栗，其原因可能是在此向度的三個指標為提升學生學習品質、提升學校能見度和學生參賽得獎，有可能這三項指標剛好是台中市及彰化縣較為優勢的指標，加上地區文化及教育發展重點不一樣的因素所導致的結果。

四、指標權重體系與實證調查結果綜合討論

　　本節主要針對國民中小學特色學校相對權重的研究結果與調查結果，將兩者加以比較分析，以了解學者專家評定指標重要程度與實際所具備程度之間的差距。本節共分四個部分，第一部分為國民中小學特色學校指標層面之比較分析；第二部分為國民中小學特色學校指標向度之比較分析；第三部分為國民中小學特色學校指標項目之比較分析；第四部分為小結。

（一）國民中小學特色學校指標層面之比較分析

　　本研究之國民中小學特色學校指標層面，包括「1.行政領導與創新管理」、「2.特色課程與教學層面」、「3.資源整合運用與活化」、「4.品牌特色

與行銷」與「5.教育績效」等五個層面,有關學者專家評定各層面相對權重、排序與校長具備程度平均數之比較如表 4-45 所示。

由表中得知,在國民中小學特色學校各層面中,校長具備程度的平均數整體得分介於 4.19 至 4.30 之間,其中「1.行政領導與創新管理」層面經相對權重調查後,學者專家認為係國民中小學特色學校最重要的層面,且具備程度平均數得分為 4.30,表示學者專家所認為的重要程度與國中小特色學校實際的具備程度一致。在「3.資源整合運用與活化」、「4.品牌特色與行銷」、「5.教育績效」三項層面部分,學者專家所認為的重要程度與國中小特色學校實際的具備程度,尚稱一致。

在「2.特色課程與教學」經相對權重調查後,學者專家認為係國民中小學特色學校相當重要的層面,且具備程度平均數得分為 4.19,表示學者專家所認為的重要程度與國中小特色學校實際的具備程度有著極大的差距。

表 4-45

國民中小學特色學校層面模糊權重、排序與具備程度平均數之比較分析表

層面	模糊權重(DF)	排序	程度平均分數 (M)
1.行政領導與創新管理	.36	1	4.30
2.特色課程與教學	.32	2	4.19
3.資源整合運用與活化	.20	3	4.27
4.品牌特色與行銷	.11	5	4.24
5.教育績效	.18	4	4.27

由表 4-46 得知,「1.行政領導與創新管理」向度平均數整體得分介於 4.21 至 4.38 之間,在「1.行政領導與創新管理」層面中,「1-1 具特色發展的辦學理念」向度是學者專家所認為的最重要,但在實際所具備程度卻是位居最末。在「1-3 優質的領導效能」和「1-2 政策轉化與執行力」向度上,學者專家所認為的最重要性,和實際所具備程度相差不大,尚稱一致。

表 **4-46**

行政領導與創新管理層面之向度模糊權重、排序與具備程度平均數比較分析表

層面	向度	模糊權重 (DF)	排序	具備程度 平均分數
1.行政領導與創新管理	1-1 具特色發展的辦學理念	.45	1	4.21
	1-2 政策轉化與執行力	.24	3	4.30
	1-3 優質的領導效能	.34	2	4.38

　　由表 4-47 得知,「2.特色課程與教學層面」向度平均數整體得分介於 4.13 至 4.17 之間,在「2-1 學校能發展特色校訂課程」向度是學者專家所認為的最重要,但在實際所具備程度卻是排序在第二,顯見學者專家所認為的最重要性,和實際所具備程度差異不大,看法與見解趨於一致。

　　在「2-2 活化教學創新與實踐」、「2-3 激勵教師持續學習成長」的部分,學者專家所認為的最重要和實際所具備程度差異不大。

　　在「2-4 學生多元展能」向度上,學者專家認為排序在最末,但在實際所具備程度卻是最為平均分數最高,顯見學者專家所認為的最重要性,和實際所具備程度差異迥然不同,是值得再探討進一步研究。

表 **4-47**

特色課程與教學層面之向度模糊權重、排序與具備程度平均數之比較分析表

層面	向度	模糊權重 (DF)	排序	具備程度 平均分數
2.特色課程與教學	2-1 學校能發展特色校訂課程	.34	1	4.17
	2-2 活化教學創新與實踐	.25	3	4.16
	2-3 激勵教師持續學習成長	.26	2	4.13
	2-4 學生多元展能	.25	4	4.31

由表 4-48 得知,「3.資源整合運用與活化」向度平均數整體得分介於 4.25 至 4.29 之間,在「3-1 整合多元教育資源」與「3-2 創新與活化空間實踐」向度,其排序及得分程度皆相同,學者專家所認為的重要性和實際所具備程度卻相同,顯見學者專家所認為的重要性,和實際所具備程度是一致的。

表 4-48

資源整合運用與活化層面之向度模糊權重、排序與具備程度平均數比較分析表

層面	向度	模糊權重 (DF)	排序	具備程度 平均分數
3.資源整合運用與活化	3-1 整合多元教育資源	.55	1	4.29
	3-2 創新與活化空間	.40	2	4.25

由表 4-49 得知,「4.品牌特色與行銷」向度平均數整體得分介於 4.36 至 4.13 之間,「4-1 建立學校品牌特色」向度是專家認為最為重要的,次之為「4-2 善用管道行銷學校特色」向度,這和實際所具備程度相同,顯見學者專家所認為的重要性,和實際所具備程度是一致的。

表 4-49

品牌特色與行銷層面之向度模糊權重、排序與具備程度平均數之比較分析表

層面	向度	模糊權重 (DF)	排序	具備程度 平均分數
4.品牌特色與行銷	4-1 建立學校品牌特色	.52	1	4.36
	4-2 善用管道行銷學校特色	.43	2	4.13

由表 4-50 得知,「5.教育績效」向度平均數整體得分介於 4.33 至 4.20 之間,「5-1 呈現學生學習成果」向度是專家認為最為重要的,次之為「5-2 創造特色學校之社會接受度」向度,這和實際所具備程度相同,顯見學者專家所認為的重要性,和實際所具備程度是一致的。

表 **4-50**

教育績效層面之向度模糊權重、排序與具備程度平均數之比較分析表

層面	向度	模糊權重 (DF)	排序	具備程度 平均分數
5.教育績效	5-1 呈現學生學習成果	.56	1	4.33
	5-2 創造特色學校之社會接受度	.39	2	4.20

　　由表 4-51 得知,「1-1 具特色發展的辦學理念」向度平均數整體得分介於 4.09 至 4.36 之間,「1-1-1 校長辦學理念能符合學校願景」向度是專家評定為最為重要的,也和實際所具備程度也最高,顯見學者專家所認為的重要性,和實際所具備程度是一致的。「1-1-4 學校能善用具特色之典禮與儀式凝聚成員之向心力」向度是專家評定為最為不重要的,和實際所具備程度也是最低,顯見學者專家所認為的重要性,和實際所具備程度是一致的。

　　「1-1-2 學校能建立合宜溝通互動平台,爭取理解與資源」、「1-1-3 學校能制定短、中、長期具特色校務發展計畫」、「1-1-5 學校校務規劃能結合社區特色,兼顧親、師、生需求」與「1-1-6 學校能架構學校願景及學生圖像」,學者專家所認為的重要和實際所具備程度差異不大。

表 **4-51**

具特色發展的辦學理念向度模糊權重、排序與具備程度平均數之比較分析表

層面	向度	指標	模糊權重(DF)	排序	具備程度平均分數
1.行政領導與創新管理	1-1 具特色發展的辦學理念	1-1-1 校長辦學理念能符合學校願景。	.26	1	4.36
		1-1-2 學校能建立合宜溝通互動平台，爭取理解與資源。	.20	2	4.24
		1-1-3 學校能制定短、中、長期具特色校務發展計畫。	.17	5	4.15
		1-1-4 學校能善用具特色之典禮與儀式凝聚成員之向心力。	.09	6	4.09
		1-1-5 學校校務規劃能結合社區特色，兼顧親、師、生需求。	.18	4	4.15
		1-1-6 學校能架構學校願景及學生圖像。	.20	3	4.29

　　由表 4-52 得知，「1-2 政策轉化與執行力」向度平均數整體得分介於 4.23 至 4.38 之間，在，「1-2-1 學校能了解中央與地方的重要教育政策」指標是學者專家所認為的最重要，但在實際所具備程度卻是位居最末。在「2-2 校長能轉化教育政策成為適合學校的辦學特色」向度上，學者專家所認為的最不重要，但實際所具備程度則相當高。上述兩個研究發現，顯示此指標具備的程度和專家認知有著重大落差，是值得深入繼續研究探討。

表 **4-52**

政策轉化與執行力之向度模糊權重、排序與具備程度平均數之比較分析表

層面	向度	指標	模糊權重(DF)	排序	具備程度平均分數
1.行政領導與創新管理	1-2 政策轉化與執行力	1-2-1 學校能了解中央與地方的重要教育政策。	.27	1	4.24
		1-2-2 校長能轉化教育政策成為適合學校的辦學特色。	.25	2	4.23
		1-2-3 校長能追求自我專業成長、反思與政策執行能力。	.19	4	4.38
		1-2-4 校長能接納各方意見,多向溝通使其支持政策作為。	.20	3	4.35
		1-2-5 校長能促進團隊合作,行政效率具創新、彈性。	.15	5	4.31

　　由表 4-53 得知,「1-3 優質的領導效能」向度平均數整體得分介於 4.26 至 4.39 之間,在「1-3-3 校長辦學具熱忱,積極投入校務經營發展」指標是學者專家所認為的最重要,在實際所具備程度亦是最高分。在「1-3-4 行政人員與教師能相互合作,共同努力發展」向度上,學者專家所認為的最不重要性,和實際所具備程度得分最低。上述兩個研究發現,顯示實際具備的程度和專家認知是一致的。

表 **4-53**

優質的領導效能之指標模糊權重、排序與具備程度平均數之比較分析表

層面	向度	指標	模糊權重 (DF)	排序	具備程度平均分數
1.行政領導與創新管理	1-3 優質的領導效能	1-3-1 校長能不斷的鼓勵成員實現學校教育目標。	.13	4	4.38
		1-3-2 校長具備領導能力，展現合宜領導作為。	.26	2	4.33
		1-3-3 校長辦學具熱忱，積極投入校務經營發展。	.33	1	4.56
		1-3-4 行政人員與教師能相互合作，共同努力發展。	.14	5	4.26
		1-3-5 校長能正確掌握「改變」的重要性並積極投入。	.23	3	4.39

　　由表 4-54 得知，「2-1 學校能發展特色校訂課程」向度的平均數整體得分介於 4.10 至 4.30 之間，在「2-1-1 學校能依據願景與目標，規劃特色課程」指標是學者專家所認為的最重要，在實際所具備程度得分也是最高，顯見學者專家所認為的重要性，和實際所具備程度是一致的。

　　在「2-1-4 學校能創發特色課程模組與分享」指標，學者專家所認為是最不重要性，然實際所具備程度卻是第二高分，上述研究發現顯示此指標具備的程度和專家認知有著重大落差，是值得深入繼續研究探討。

表 **4-54**

學校能發展特色校訂課程之向度模糊權重、排序與具備程度平均數之比較分析表

層面	向度	指標	模糊權重 (DF)	排序	具備程度 平均分數
2. 特色課程與教學	2-1 學校能發展特色校訂課程	2-1-1 學校能依據願景與目標，規劃特色課程。	.34	1	4.30
		2-1-2 學校的課程發展委員會組織能有效運作。	.26	3	4.14
		2-1-3 學校能跨領域整合，共同協作，精進校訂課程內涵。	.31	2	4.10
		2-1-4 學校能創發特色課程模組與分享。	.21	4	4.15

　　由表 4-55 得知，「2-2 活化教學創新與實踐」向度平均數整體得分介於 4.12 至 4.17 之間，在「2-2-1 教師能運用多元教學策略」，落實學生學習向度是學者專家所認為的最重要，在實際所具備程度得分也是最高，顯見學者專家所認為的重要性，和實際所具備程度是一致的。在「2-2-2 學校能將素養導向教育融入課程與教學」和「2-2-3 教師能運用多元評量，並提供扶助學習課程，提升學生學習成效」向度上，學者專家所認為的最重要性，和實際所具備程度相差不大，尚稱一致。

表 **4-55**

活化教學創新與實踐之向度模糊權重、排序與具備程度平均數之比較分析表

層面	向度	指標	模糊權重(DF)	排序	具備程度平均分數
2.特色課程與教學	2-2 活化教學創新與實踐	2-2-1 教師能運用多元教學策略，落實學生學習。	.59	1	4.20
		2-2-2 學校能將素養導向教育融入課程與教學。	.18	2	4.12
		2-2-3 教師能運用多元評量，並提供扶助學習課程，提升學生學習成效。	.18	3	4.17

　　由表 4-56 得知，「2-3 激勵教師持續學習成長」向度平均數整體得分介於 3.98 至 4.26 之間，在「2-3-2 教師能精進課程設計與教學的能力」指標是學者專家所認為的最重要但在實際所具備程度分數卻是位居第三，上述研究發現顯示此指標具備的程度和專家認知有明顯落差，是值得深入繼續研究探討。

　　在「2-3-5 教師能省思課程計畫，管理與分享相關教學檔案紀錄」指標上，學者專家所認為的最不重要，在實際所具備程度得分也是最低，顯見學者專家所認為的重要性，和實際所具備程度是一致的。

表 **4-56**

激勵教師持續學習成長向度模糊權重、排序與具備程度平均數之比較分析表

層面	向度	指標	模糊權重(DF)	排序	具備程度平均分數
2.特色課程與教學	2-3 激勵教師持續學習成長	2-3-1 學校能建立教師專業社群支持性系統。	.24	2	4.19
		2-3-2 教師能精進課程設計與教學的能力。	.27	1	4.15
		2-3-3 教師能透過反思、深度匯談進行回饋。	.23	3	4.08
		2-3-4 教師能積極參與交流、指導學生競賽,提升專業發展。	.19	4	4.11
		2-3-5 教師能省思課程計畫,管理與分享相關教學檔案紀錄。	.09	6	3.98
		2-3-6 學校能落實備課、觀課、議課之課程實踐。	.12	5	4.26

　　由表 4-57 得知,「2-4 學生多元展能」向度平均數整體得分介於 4.19 至
4.38 之間,在「2-4-3 學校能重視學生基本素養能力的培養」指標是學者專
家所評定認為最重要,但在實際所具備程度卻是位居最中後段,上述研究
發現顯示此指標具備的程度和專家認知有明顯落差,是值得深入繼續研究
探討。

　　在「2-4-4 學校能重視學生學習歷程的展現」指標上,學者專家認為是
最不重要性,和實際所具備程度最低,顯見學者專家所認為的重要性,和
實際所具備程度是一致的。

表 4-57

學生多元展能之向度模糊權重、排序與具備程度平均數之比較分析表

層面	向度	指標	模糊權重 (DF)	排序	具備程度 平均分數
2. 特色課程 與教學	2-4 學生多元 展能	2-4-1 學校能 辦理特色多 元學習活動 及多元社團。	.30	2	4.38
		2-4-2 學校能 辦理各項學 習成果發表, 肯定並激勵 學生表現。	.26	3	4.38
		2-4-3 學校能 重視學生基 本素養能力 的培養。	.32	1	4.29
		2-4-4 學校能 重視學生學 習歷程的展 現。	.21	4	4.19

由表 4-58 得知，在「3-1-2 學校能讓親、師、生重視在地文化深化在地認同」指標是學者專家所認為的最重要，但在實際所具備程度卻是位居最末，上述研究發現顯示此指標具備的程度和專家認知有明顯落差。

在「3-1-1 學校能依據特色發展需求，引進校外資源」，學者專家所認為的最不重要性，和實際所具備程度卻最高分，上述研究發現顯示此指標具備的程度和專家認知有明顯落差，是值得深入繼續研究探討。

表 4-58

整合多元教育資源之向度模糊權重、排序與具備程度平均數之比較分析表

層面	向度	指標	模糊權重 (DF)	排序	具備程度平均分數
3.資源整合運用與活化	3-1 整合多元教育資源	3-1-1 學校能依據特色發展需求，引進校外資源。	.27	4	4.40
		3-1-2 學校能讓親、師、生重視在地文化，深化在地認同。	.31	1	4.23
		3-1-3 學校能善用在地環境與資源，融入學校課程活動。	.29	2	4.26
		3-1-4 學校能結合社區特色資源，延伸學習場域。	.28	3	4.27

　　由表 4-59 得知，在「3-2-2 學校能營造成符合教師教學與學習需求之空間」指標是學者專家所認為的最重要，但在實際所具備程度卻是位居中後段。在「3-2-5 學校能打造綠色環境，邁向永續發展」指標，是學者專家所認為的最不重要，和實際所具備程度最高，上述兩個研究發現顯示此指標具備的程度和專家認知有極大落差，是值得深入繼續研究探討。

表 **4-59**

創新與活化空間之向度模糊權重、排序與具備程度平均數之比較分析表

層面	向度	指標	模糊權重 (DF)	排序	具備程度平均分數
3. 資源整合運用與活化	3-2 創新與活化空間	3-2-1 學校能將閒置空間活化再利用。	.26	2	4.32
		3-2-2 學校能營造成符合教師教學與學習需求之空間。	.30	1	4.27
		3-2-3 學校能營造與社區共存共榮之校園環境。	.26	3	4.20
		3-2-4 學校能整合學校、社區數位平台，呈現特色課程學習成果。	.21	4	4.12
		3-2-5 學校能打造綠色環境，邁向永續發展。	.13	5	4.32

　　由表 4-60 得知，在「4-1-2 學校能創新特色教學樹立學校品牌形象」
指標是學者專家所認為的最重要，但在實際所具備程度卻是最低。在「4-
1-4 學校能善用網頁與社群軟體並即時更新活動訊息」指標，是學者專家所
認為的最不重要，和實際所具備程度最高，上述兩個研究發現顯示此指標
具備的程度和專家認知有極大落差，是值得深入繼續研究探討。

表 **4-60**

建立學校品牌特色之向度模糊權重、排序與具備程度平均數之比較分析表

層面	向度	指標	模糊權重 (DF)	排序	具備程度 平均分數
4.品牌特色 與行銷	4-1 建立學校 品牌特色	4-1-1 學校能 採取多元策 略與行動， 提升學校能 見度。	.31	2	4.38
		4-1-2 學校能 創新特色教 學樹立學校 品牌形象。	.40	1	4.29
		4-1-3 學校能 透過各種活 動宣傳辦學 績效與辦學 特色。	.17	3	4.36
		4-1-4 學校能 善用網頁與 社群軟體並 即時更新活 動訊息。	.09	4	4.40

　　由表 4-61 得知，「4-2-1 學校能主動發布新聞稿、行銷辦學成果」指標
是專家認為最為重要的，次之為「4-2-2 學校能努力爭取報章雜誌、新聞採
訪，提高學校能見度」指標，這和實際所具備程度相同，顯見學者專家所
認為的重要性，和實際所具備程度是一致的。

表 **4-61**

善用管道行銷學校特色向度模糊權重、排序與具備程度平均數之比較分析表

層面	向度	指標	模糊權重 (DF)	排序	具備程度 平均分數
4.品牌特色 與行銷	4-2 善用管道 行銷學校特 色	4-2-1 學校能 主動發布新 聞稿、行銷 辦學成果。	.55	1	4.22
		4-2-2 學校能 努力爭取報 章雜誌、新 聞採訪,提 高學校能見 度。	.40	2	4.05

　　由表 4-62 得知,「5-1 呈現學生學習成果」向度平均數整體得分介於 4.23 至 4.40 之間,在「5-1-1 學校的教學活動能以學生為主體」指標是學者專家所認為的最重要,但在實際所具備程度得分為第二高分,表示學者專家所認為的最重要性,和實際所具備程度相差不大,尚稱一致。在「5-1-4 學校能訂定各項激勵辦法,公開表揚學生優異學習成果」指標,是學者專家所認為的最不重要,和實際所具備程度最高,上述兩個研究發現顯示此指標具備的程度和專家認知有極大落差,是值得深入繼續研究探討。

表 4-62

呈現學生學習成果之向度模糊權重、排序與具備程度平均數之比較分析表

層面	向度	指標	模糊權重 (DF)	排序	具備程度平均分數
5.教育績效	5-1 呈現學生學習成果	5-1-1 學校的教學活動能以學生為主體。	.31	1	4.39
		5-1-2 學校能透過課程學習提升學習動機。	.28	2	4.24
		5-1-3 學校能在課程學習過程中能激發學生多元潛能。	.23	3	4.29
		5-1-4 學校能訂定各項激勵辦法,公開表揚學生優異學習成果。	.06	5	4.50
		5-1-5 學校能提升學生學習素養能力。	.12	4	4.26

　　由表 4-62 得知,「5-2 創造特色學校之社會接受度」向度平均數整體得分介於 4.05 至 4.30 之間,在「5-2-1 學校經營成效,能夠獲得親、師、生認同肯定」指標是學者專家所認為的最重要,但在實際所具備程度得分為第二高分,另「5-2-4 學校能成為社區學習與文化傳承中心」指標上,學者專家所認為的最重要性,和實際所具備程度相差不大,上述兩個研究發現顯示此指標具備的程度和專家認知大致相符,尚稱一致。

表 **4-63**

創造特色學校之社會接受度之向度模糊權重、排序與具備程度平均數之比較
分析表

層面	向度	指標	模糊權重(DF)	排序	具備程度平均分數
5.教育績效	5-2 創造特色學校之社會接受度	5-2-1 學校經營成效,能夠獲得親、師、生認同肯定。	.36	1	4.30
		5-2-2 學校能與社區互惠共榮,創造學校與社區之特色價值。	.23	2	4.22
		5-2-3 學校能贏得家長信賴,樂意把注教育資源。	.22	3	4.32
		5-2-4 學校能成為社區學習與文化傳承中心。	.12	5	4.10
		5-2-5 學校能以特色課程為標竿,成為跨縣、跨區的指標學校。	.21	4	4.05

（二）小結

　　關於國民中小學特色學校指標權重體系與校長實際所具備程度之比
較,綜合上述的探討,歸納如下:

　　一、國民中小學特色學校指標層面,包括「1.行政領導與創新管理」、
「2.特色課程與教學層面」、「3.資源整合運用與活化」、「4.品牌特色與行銷」
與「5.教育績效」等五個層面,經相對權重與實際國中小特色學校具備程度
的比較,在「1.行政領導與創新管理」層面,學者專家所評定認為的重要程

度與實際具備程度皆最高。

　　二、在「1.行政領導與創新管理」層面的向度，經相對權重與實際具備程度的比較，學者專家評定認為最重要的是「1-1 具特色發展的辦學理念」向度，而實際具備程度「1-3 優質的領導效能」得分最高。

　　三、在「2.特色課程與教學層面」層面的向度，經相對權重與實際學校具備程度的比較，學者專家評定認為最重要的是「2-1 學校能發展特色校訂課程」向度，而實際具備程度「2-4 學生多元展能」得分最高。

　　四、在「3.資源整合運用與活化」層面的向度，經相對權重與實際學校具備程度的比較，「3-1 整合多元教育資源」向度是學者專家評定認為最重要，和實際學校具備程度得分最高。

　　五、在「4.品牌特色與行銷」層面的向度，經相對權重與實際學校具備程度的比較，「4-1 建立學校品牌特色」向度是學者專家評定認為最重要，和實際學校具備程度得分最高。

　　六、在「5.教育績效」層面的向度，經相對權重與實際學校具備程度的比較，「5-1 呈現學生學習成果」向度是學者專家評定認為最重要，和實際學校具備程度得分最高。

　　七、在「1-1 具特色發展的辦學理念」向度的指標，經相對權重與實際學校具備程度的比較，學者專家評定認為最重要的是「1-1-1 校長辦學理念能符合學校願景」指標，而實際學校具備程度「1-1-1 校長辦學理念能符合學校願景」得分最高。

　　八、在「1-2 政策轉化與執行力」向度的指標，經相對權重與實際學校具備程度的比較，學者專家評定認為最重要的是「1-2-1 學校能了解中央與地方的重要教育政策」指標，而實際學校具備程度「1-2-3 校長能追求自我專業成長、反思與政策執行能力」得分最高。

　　九、在「1-3 優質的領導效能」向度的指標，經相對權重與實際學校具備程度的比較，「1-3-3 校長辦學具熱忱，積極投入校務經營發展」指標是

學者專家評定認為最重要，和實際學校具備程度得分最高。

十、在「2-1 學校能發展特色校訂課程」向度的指標，經相對權重與實際學校具備程度的比較，「2-1-1 學校能依據願景與目標，規劃特色課程」指標是學者專家評定認為最重要，和實際學校具備程度得分最高。

十一、在「2-2 活化教學創新與實踐」向度的指標，經相對權重與實際學校具備程度的比較，「2-2-1 教師能運用多元教學策略，落實學生學習」指標是學者專家評定認為最重要，和實際學校具備程度得分最高。

十二、在「2-3 激勵教師持續學習成長」向度的指標，經相對權重與實際學校具備程度的比較，學者專家評定認為最重要的是「2-3-2 教師能精進課程設計與教學的能力」指標，而實際學校具備程度「2-3-6 學校能落實備課、觀課、議課之課程實踐」得分最高。

十三、在「2-4 學生多元展能」向度的指標，經相對權重與實際學校具備程度的比較，學者專家評定認為最重要的是「2-4-3 學校能重視學生基本素養能力的培養」指標，而實際學校具備程度「2-4-1 學校能辦理特色多元學習活動及多元社團」和「2-4-2 學校能辦理各項學習成果發表，肯定並激勵學生表現」兩指標得分相同且最高。

十四、在「3-1 整合多元教育資源」向度的指標，經相對權重與實際學校具備程度的比較，學者專家評定認為最重要的是「3-1-2 學校能讓親、師、生重視在地文化，深化在地認同」指標，而實際學校具備程度「3-1-1 學校能依據特色發展需求，引進校外資源」得分最高。

十五、在「3-2 創新與活化空間」向度的指標，經相對權重與實際學校具備程度的比較，學者專家評定認為最重要的是「3-2-2 學校能營造成符合教師教學與學習需求之空間」指標，而實際學校具備程度「3-1-1 學校能依據特色發展需求，引進校外資源」和「3-2-1 學校能將閒置空間活化再利用」兩指標得分相同且最高。得分最高。

十六、在「4-1 建立學校品牌特色」向度的指標，經相對權重與實際學

校具備程度的比較，學者專家評定認為最重要的是「4-1-2 學校能創新特色教學樹立學校品牌形象」指標，而實際學校具備程度「4-1-4 學校能善用網頁與社群軟體並即時更新活動訊息」得分最高。

十七、在「4-2 善用管道行銷學校特色」向度的指標，經相對權重與實際學校具備程度的比較，「4-2-1 學校能主動發布新聞稿、行銷辦學成果」指標是學者專家評定認為最重要，和實際學校具備程度得分最高。

十八、在「5-1 呈現學生學習成果」向度的指標，經相對權重與實際學校具備程度的比較，「5-1-1 學校的教學活動能以學生為主體」是學者專家評定認為最重要，和實際學校具備程度得分最高。

十九、在「5-2 創造特色學校之社會接受度」向度的指標，經相對權重與實際學校具備程度的比較，「5-2-1 學校經營成效，能夠獲得親、師、生認同肯定」指標是學者專家評定認為最重要，而實際學校具備程度「5-2-3 學校能贏得家長信賴，樂意挹注教育資源」得分最高。

五、問卷指標建構分析結果與討論

「國民中小學特色學校指標問卷」，將彙整二次德懷術指標建構問卷的統計結果及學者專家的意見後重新編製。為了能夠了解指標的穩定性，探究指標的結構是否與實際資料契合，因此進行將正式問卷施測後的資料，以交互檢證指標之信、效度分析，並驗證測量指標建構模式的適配度。指標建構模式的適配度參考 Hair, Anderson, Tathm 與 Black（1998）、Dun, Everitt 與 Pickles（1993）、Joreskog 與 Sorbom（1989）、邱政皓（2004）、周子敬（2006）等人所論述整體適配標準作為分析之依據。

一、 層面一：行政領導與創新管理之一致性分析

此一量表旨在調查台灣中部五縣市對「國民中小學特色學校指標」的

認同情形的意見，在層面一：行政領導與創新管理層面共有 16 項題目，量表內部一致性分析結果顯示，Cronbach's α 係數為.97，表示量表具有內部一致性。進一步分析題項刪除後的 Cronbach's α 係數變化，分析結果發現刪除任一題目 Cronbach's α 係數均不會明顯提高（如表 4-64）。

表 4-64

行政領導與創新管理之向度、指標、統計量

向度	指標	項目平均數	項目標準差	項目刪除時的 Cronbach'sAlpha 值
1-1 具特色發展的辦學理念	1-1-1 校長辦學理念能符合學校願景。	4.4	0.74	.83
	1-1-2 學校能建立合宜溝通互動平台，爭取理解與資源。	4.2	0.75	.79
	1-1-3 學校能制定短、中、長期具特色校務發展計畫。	4.2	0.76	.69
	1-1-4 學校能善用具特色之典禮與儀式凝聚成員之向心力。	4.1	0.81	.71

表 4-64

行政領導與創新管理之向度、指標、統計量（續）

向度	指標	項目平均數	項目標準差	項目刪除時的 Cronbach'sAlpha 值
1-2 政策轉化與執行力	1-1-5 學校校務規劃能結合社區特色，兼顧親、師、生需求。	4.1	0.79	.73
	1-1-6 學校能架構學校願景及學生圖像。	4.3	0.74	.73
	1-2-1 學校能了解中央與地方的重要教育政策。	4.2	0.74	.70
	1-2-2 校長能轉化教育政策成為適合學校的辦學特色。	4.2	0.78	.84
	1-2-3 校長能追求自我專業成長、反思與政策執行能力。	4.4	0.81	.83
	1-2-4 校長能接納各方意見，多向溝通使其支持政策作為。	4.4	0.80	.84
	1-2-5 校長能促進團隊合作，行政效率具創新、彈性。	4.3	0.79	.86

表 4-64

行政領導與創新管理之向度、指標、統計量（續）

向度	指標	項目 平均數	項目 標準差	項目刪除時的 Cronbach'sAlpha 值
1-3 優質的領導效能	1-3-1 校長能不斷的鼓勵成員實現學校教育目標。	4.4	0.78	.84
	1-3-2 校長具備領導能力，展現合宜領導作為。	4.3	0.79	.83
	1-3-3 校長辦學具熱忱，積極投入校務經營發展。	4.6	0.70	.80
	1-3-4 行政人員與教師能相互合作，共同努力發展。	4.3	0.77	.74
	1-3-5 校長能正確掌握「改變」的重要性並積極投入。	4.4	0.77	.81

二、層面一：行政領導與創新管理之驗證性因素分析

以驗證性因素分析結果顯示，假設模式的 χ^2 為 890.65，自由度 101，p 值為.00 的機率值。模式適配度指標 GFI 為.852，AGFI 為.801，RMSEA 為.106，SRMR 為.004。依據整體模式適配指標外在評估標準 GFI>0.9、AGFI>0.9、RMSEA<0.8 及 SRMR<0.05，故本研究所提出的假設模式與實徵資料的適配情形尚可接受範圍。假設模式中共有三個潛在變項，16 個觀察變項的因素負荷量均達顯著水準，介於.73 至.89，整體可解釋總變異量為.82。研究結果如圖 4-1 所示。

圖 4-1

行政領導與創新管理層面之驗證性因素分析結果

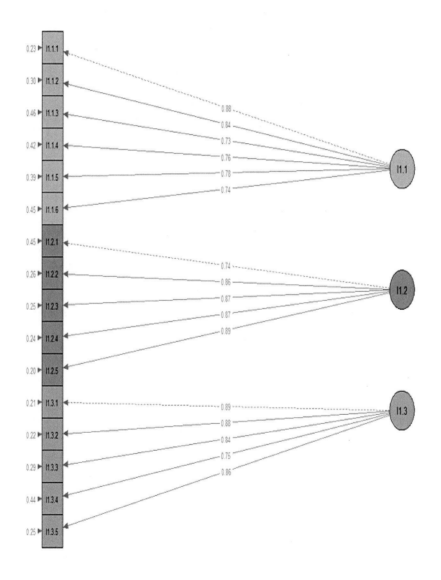

三、層面二：特色課程與教學之一致性分析

此一量表旨在調查台灣中部五縣市對「國民中小學特色學校指標」的認同情形的意見，在層面二：特色課程與教學層面共有 17 項題目。量表內部一致性分析結果顯示，Cronbach's α 係數為.97，表示量表具有內部一致性。進一步分析題項刪除後的 Cronbach's α 係數變化，分析結果發現刪除任一題目 Cronbach's α 係數均不會明顯提高（如表 4-65）。

表 4-65

特色課程與教學層面之向度、指標、統計量

向度	指標	項目平均數	項目標準差	項目刪除時的 Cronbach'sAlpha 值
2-1 學校能發展特色校訂課程	2-1-1 學校能依據願景與目標，規劃特色課程。	4.3	0.70	.77
	2-1-2 學校的課程發展委員會組織能有效運作。	4.1	0.78	.80
	2-1-3 學校能跨領域整合，共同協作，精進校訂課程內涵。	4.2	0.78	.80
	2-1-4 學校能創發特色課程模組與分享。	4.2	0.78	.80
2-2 活化教學創新與實踐	2-2-1 教師能運用多元教學策略，落實學生學習。	4.2	0.72	.82
	2-2-2 學校能將素養導向教育融入課程與教學。	4.1	0.71	.81
	2-2-3 教師能運用多元評量，並提供扶助學習課程，提升學生學習成效。	4.2	0.73	.77

表 **4-65**

特色課程與教學層面之向度、指標、統計量（續）

向度	指標	項目 平均數	項目 標準差	項目刪除時的 Cronbach'sAlpha 值
2-3 激勵教師 持續學習成長	2-3-1 學校能建立教 師專業社群支持性 系統。	4.2	0.73	.82
	2-3-2 教師能精進課 程設計與教學的能 力。	4.2	0.73	.85
	2-3-3 教師能透過反 思、深度匯談進行回 饋。	4.1	0.73	.79
	2-3-4 教師能積極參 與交流、指導學生競 賽，提升專業發展。	4.1	0.78	.77
	2-3-5 教師能省思課 程計畫，管理與分享 相關教學檔案紀錄。	4.0	0.82	.77
	2-3-6 學校能落實備 課、觀課、議課之課 程實踐。	4.3	0.78	.75
2-4 學生多元 展能	2-4-1 學校能辦理特 色多元學習活動及 多元社團。	4.4	0.71	.70
	2-4-2 學校能辦理各 項學習成果發表，肯 定並激勵學生表現。	4.4	0.73	.76
	2-4-3 學校能重視學 生基本素養能力的 培養。	4.3	0.70	.84
	2-4-4 學校能重視學 生學習歷程的展現。	4.2	0.75	.81

四、層面二：特色課程與教學之驗證性因素分析

以驗證性因素分析結果顯示，假設模式的 χ^2 為 229.596，自由度 113，
p 值為.00 的機率值。模式適配度指標 GFI 為.933，AGFI 為.863，RMSEA
為.720，SRMR 為.004。依據整體模式適配指標外在評估標準 GFI>0.9、
AGFI>0.9、RMSEA<0.8 及 SRMR<0.05，故本研究所提出的假設模式與實
徵資料的適配情形尚可接受。假設模式中共有 4 個潛在變項，17 個觀察變
項的因素負荷量均達顯著水準，介於.72 至.92，整體可解釋總變異量為.83。
研究結果如圖 4-2 所示。

圖 4-2

特色課程與教學層面之驗證性因素分析結果

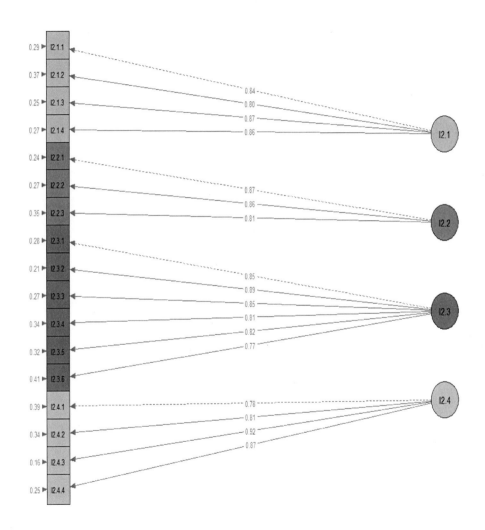

五、層面三：資源整合運用與活化之一致性分析

此一量表旨在調查台灣中部五縣市對「國民中小學特色學校指標」的認同情形的意見，在層面三：資源整合運用與活化層面共有 9 項題目。量表內部一致性分析結果顯示，Cronbach's α 係數為.96，表示量表具有內部一致性。進一步分析題項刪除後的 Cronbach's α 係數變化，分析結果發現刪除任一題目 Cronbach's α 係數均不會明顯提高（如表 4-66）。

表 4-66

整合多元教育資源層面之向度、指標統計量

向度	指標	項目平均數	項目標準差	項目刪除時的 Cronbach'sAlpha 值
3-1 整合多元教育資源	3-1-1 學校能依據特色發展需求，引進校外資源。	4.4	0.71	.77
	3-1-2 學校能讓親、師、生重視在地文化，深化在地認同。	4.2	0.80	.85
	3-1-3 學校能善用在地環境與資源，融入學校課程活動。	4.3	0.80	.85
	3-1-4 學校能結合社區特色資源，延伸學習場域。	4.3	0.79	.85
3-2 創新與活化空間	3-2-1 學校能將閒置空間活化再利用。	4.3	0.77	.77
	3-2-2 學校能營造成符合教師教學與學習需求之空間。	4.3	0.73	.82
	3-2-3 學校能營造與社區共存共榮之校園環境。	4.2	0.75	.83
	3-2-4 學校能整合學校、社區數位平台，呈現特色課程學習成果。	4.1	0.81	.79
	3-2-5 學校能打造綠色環境，邁向永續發展。	4.3	0.77	.76

六、層面三：資源整合運用與活化之驗證性因素分析

以驗證性因素分析結果顯示，假設模式的 χ^2 為 34.292，自由度 26，p 值為.00 的機率值。模式適配度指標 GFI 為.833，AGFI 為.961，RMSEA 為.067，SRMR 為.035。依據整體模式適配指標外在評估標準 GFI>0.9、AGFI>0.9、RMSEA<0.8 及 SRMR<0.05，故本研究所提出的假設模式與實徵資料的適配情形尚可接受。假設模式中共有二個潛在變項，9 個觀察變項的因素負荷量均達顯著水準，介於.71 至.96，整體可解釋總變異量為.84。研究結果如圖 4-3 所示。

圖 4-3

資源整合運用與活化層面之驗證性因素分析結果

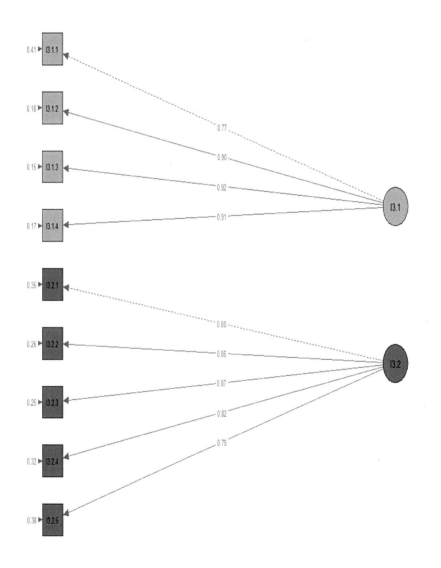

七、層面四：品牌特色與行銷之一致性分析

此一量表旨在調查台灣中部五縣市對「國民中小學特色學校指標」的認同情形的意見，在層面四：品牌特色與行銷層面共有 8 項題目。量表內部一致性分析結果顯示，Cronbach's α 係數為.93，表示量表具有內部一致性。進一步分析題項刪除後的 Cronbach's α 係數變化，分析結果發現刪除任一題目 Cronbach's α 係數均不會明顯提高（如表 4-67）。

表 4-67

品牌特色與行銷層面之向度、指標、統計量

向度	指標	項目平均數	項目標準差	項目刪除時的Cronbach'sAlpha 值
4-1 建立學校品牌特色	4-1-1 學校能採取多元策略與行動，提升學校能見度。	4.4	0.71	.79
	4-1-2 學校能創新特色教學樹立學校品牌形象。	4.3	0.78	.82
	4-1-3 學校能透過各種活動宣傳辦學績效與辦學特色。	4.4	0.72	.84
	4-1-4 能善用網頁與社群軟體並即時更新活動訊息。	4.4	0.73	.76
4-2 善用管道行銷學校特色	4-2-1 學校能主動發布新聞稿、行銷辦學成果。	4.2	0.82	.81
	4-2-2 學校能努力爭取報章雜誌、新聞採訪，提高學校能見度。	4.0	0.86	.76

八、層面四：品牌特色與行銷之驗證性因素分析

以驗證性因素分析結果顯示，假設模式的 χ^2 為 103.460，自由度 8.00，p 值為.00 的機率值。模式適配度指標 GFI 為.950，AGFI 為.870，RMSEA 為.013，SRMR 為.003。依據整體模式適配指標外在評估標準 GFI>0.9、AGFI>0.9、RMSEA<0.8 及 SRMR<0.05，故本研究所提出的假設模式與實徵資料的適配情形可接受。假設模式中共有二個潛在變項，6 個觀察變項的因素負荷量已達顯著水準，介於.80 至.92，整體可解釋總變異量為.87。研究結果如圖 4-4 所示。

圖 4-4

品牌特色與行銷層面之驗證性因素分析結果

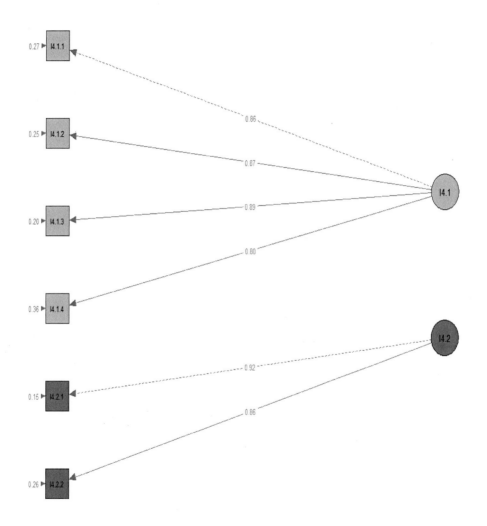

九、層面五:教育績效之一致性分析

此一量表旨在調查台灣中部五縣市對「國民中小學特色學校指標」的認同情形的意見,在層面五:教育績效層面共有 10 項題目。量表內部一致性分析結果顯示,Cronbach's α 係數為.94,表示量表具有內部一致性。進一步分析題項刪除後的 Cronbach's α 係數變化,分析結果發現刪除任一題目 Cronbach's α 係數均不會明顯提高(如表 4-68)。

表 4-68

教育績效層面之向度、指標統計量

向度	指標	項目平均數	項目標準差	項目刪除時的 Cronbach'sAlpha 值
5-1 呈現學生學習成果	5-1-1 學校的教學活動能以學生為主體。	4.4	0.71	.80
	5-1-2 學校能透過課程學習提升學習動機。	4.2	0.74	.85
	5-1-3 學校能在課程學習過程中能激發學生多元潛能。	4.3	0.72	.87
	5-1-4 學校能訂定各項激勵辦法,公開表揚學生優異學習成果。	4.5	0.65	.74
	5-1-5 學校能提升學生學習素養能力。	4.3	0.72	.85
5-2 創造特色學校之社會接受度	5-2-1 學校經營成效,能夠獲得親、師、生認同肯定。	4.3	0.72	.85
	5-2-2 學校能與社區互惠共榮,創造學校與社區之特色價值。	4.2	0.78	.83
	5-2-3 學校能贏得家長信賴,樂意挹注教育資源。	4.3	0.72	.82
	5-2-4 學校能成為社區學習與文化傳承中心。	4.1	0.83	.80
	5-2-5 學校能以特色課程為標竿,成為跨縣、跨區的指標學校。	4.1	0.91	.71

十、層面五：教育績效之驗證性因素分析

以驗證性因素分析結果顯示，假設模式的 χ^2 為 240.57，自由度 34，p 值為.00 的機率值。模式適配度指標 GFI 為.93，AGFI 為.89，RMSEA 為.093，SRMR 為.003。依據整體模式適配指標外在評估標準 GFI>0.9、AGFI>0.9、RMSEA<0.8 及 SRMR<0.05，故本研究所提出的假設模式與實徵資料的適配情形尚可接受。假設模式中共有 2 個潛在變項，10 個觀察變項的因素負荷量均達顯著水準，介於.76 至.90，整體可解釋總變異量為.85，研究結果如圖 4-5 所示。

圖 4-5

教育績效層面之驗證性因素分析結果

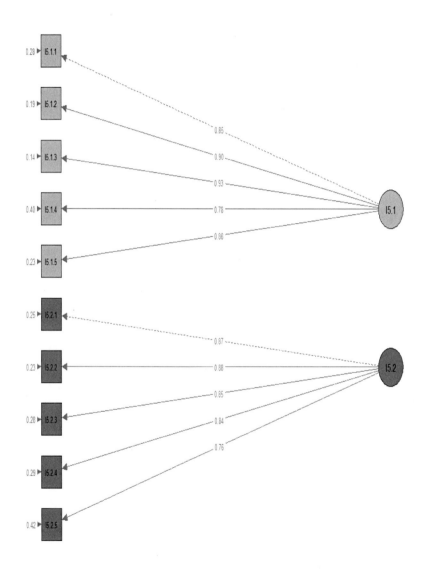

第五章　結論與建議

　　本研究旨在藉由文獻整理歸納，德懷術、模糊層級分析法與問卷調查法的進行，來確立目前中部地區（苗栗縣、台中市、彰化縣、南投縣和雲林縣等五縣市）國民中小學校特色學校指標、建構指標權重體系以及了解當前特色學校實際具備的現況。首先透過國內外相關文獻的整理歸納，探究特色學校意涵，進而初步建構「層面－向度－項目」三個層次的「國民中小學校特色學」指標。其次，透過專家及實務工作者共 12 位的二次德懷術分析，彙整與歸納其意見，修正、增刪指標項目。此外，對教育現場實務工作者實施問卷調查，運用模糊層級分析法建構出國民中小特色學校指標的權重體系，並進行中部五縣市地區當前的實證調查，並與指標權重體系進行比較分析，藉以了中部地區國民中小學校特色學校的應然面與實然面。本章共分二節，第一節為結論；第二節為建議。

一、結論

　　關於國民中小學校特色學校指標建構與實證分析之研究結果，以下分由指標建構結果、指標權重體系分析結果、實證調查分析結果以及指標權重與調查結果比較分析等四個部分進行說明。

223

（一）國民中小學校特色學校指標建構結果

一、 第一次德懷術的實施，經過十二位學者專家諮詢結果，維持五個層面及十三個向度，但將原五十九項指標刪除四個及新增六個指標，增刪之後共計六十四個指標。

二、 第二次德懷術的實施，經過十二位學者專家諮詢結果，學者專家對層面及向度部分並無重大異議，所以維持指標的五個層面及十三個向度。在指標方面透過懷術專家意見，最後確立為五十八個指標（如附錄五），並據此編製成正式問卷。

（二）指標權重體系分析結果

為進行國中小特色學校指標之權重體系分析，採取模糊層級分析法，以求得成對關係與比重，在指標權重體系建構後，主要發現如下：

一、國中小特色學校指標層面之相對權重排序，各層面指標的模糊權重值分別為「2.特色課程與教學」、「1.行政領導與創新管理」、「3.資源整合運用與活化」、「5.教育績效」與「4.品牌特色與行銷」。

二、國中小特色學校指標層面之向度相對權重排序，各項度指標的模糊權重值分別為「1.行政領導與創新管理」層面中各向度指標的模糊權重值，依序分別為「1-1 具特色發展的辦學理念」、「1-3 優質的領導效能」、「1-2 政策轉化與執行力」。在「2.特色課程與教學」層面中各向度指標的模糊權重值，依序分別為，「2-1 學校能發展特色校訂課程」、「2-3 激勵教師持續學習成長」、「2-4 學生多元展能」、「2-2 活化教學創新與實踐」。「3.資源整合運用與活化」層面中各向度指標的模糊權重，依序分別為「3-1 整合多元教育資源」、「3-2 創新與活化空間實踐」。「4.品牌特色與行銷」層面中各向度指標的模糊權重，依序分別為「4-1 建立學校品牌特色」、「4-2 善用管道行銷學校特色」。最後「5.教育績效」層面中各向度指標的模糊權重，

依序分別為「5-1 呈現學生學習成果」、「5-2 創造特色學校之社會接受度」。

　　三、國民中小學特色學校指標中，十三個向度中相對模糊權重最高的指標項目，可視為國民中小學特色學校的關鍵項目，依序分別為：

　　(一)「1-1 具特色發展的辦學理念」向度中以「1-1-1 校長辦學理念能符合學校願景」最為重要。

　　(二)「1-2 政策轉化與執行力」向度中以「1-2-1 學校能了解中央與地方的重要教育政策」最為重要。

　　(三)「1-3 優質的領導效能」向度中以「1-3-3 校長辦學具熱忱，積極投入校務經營發展」最為重要。

　　(四)「2-1 學校能發展特色校訂課程」向度中以「2-1-1 學校能依據願景與目標，規劃特色課程」最為重要。

　　(五)「2-2 活化教學創新與實踐」向度中以「2-2-1 教師能運用多元教學策略，落實學生學習」最為重要。

　　(六)「2-3 激勵教師持續學習成長」向度中以「2-3-2 教師能精進課程設計與教學的能力」最為重要。

　　(七)「2-4 學生多元展能」向度中以「2-4-3 學校能重視學生基本素養能力的培養」最為重要。

　　(八)「3-1 整合多元教育資源」向度中以「3-1-2 學校能讓親、師、生重視在地文化，深化在地認同」最為重要。

　　(九)「3-2 創新與活化空間」向度中以「3-2-2 學校能營造成符合教師教學與學習需求之空間」最為重要

　　(十)「4-1 建立學校品牌特色」向度中以「4-1-2 學校能創新特色教學樹立學校品牌形象」最為重要。

　　(十一)「4-2 善用管道行銷學校特色」向度中以「4-2-1 學校能主動發布新聞稿、行銷辦學成果」最為重要。

　　(十二)「5-1 呈現學生學習成果」向度中以「5-1-1 學校的教學活動能以

學生為主體」最為重要。

（十三）「5-2 創造特色學校之社會接受度」向度中以「5-2-1 學校經營成效，能夠獲得親、師、生認同肯定」最為重要。

（三）實證調查分析結果

為了解中部五縣市，當前國民中小學學校特色所具備的現況，採取問卷調查法，進行實證研究，經統計分析結果如下：

（一）當前中部五縣市國民中小學校特色學校所具備層面之得分情形依序排列為：「1.行政領導與創新管理」、「3.資源整合運用與活化」、「5.教育績效」、「4.品牌特色與行銷」、「2.特色課程與教學」。

（二）中部五縣市當前國民中小學校特色學校所具備向度之得分情形依序排列為：「1-3 優質的領導效能」、「4-1 建立學校品牌特色」、「5-1 呈現學生學習成果」、「2-4 學生多元展能」、「1-2 政策轉化與執行力養」、「3-1 整合多元教育資源」、「3-2 創新與活化空間」、「1-1 具特色發展的辦學理念」、「5-2 創造特色學校之社會接受度」、「2-1 學校能發展特色校訂課程」、「2-2 活化教學創新與實踐、「2-3 激勵教師持續學習成長」與「4-2 善用管道行銷學校特色」。

（三）中部五縣市當前國民中小學校特色學校所具備指標之得分情形依序排列為：

1.在五十八項指標中，平均分數達 4.30 分以上表現較佳指標的依序為，「1-3-3 校長辦學具熱忱，積極投入校務經營發展」、「5-1-4 學校能訂定各項激勵辦法，公開表揚學生優異學習成果」、「3-1-1 學校能依據特色發展需求，引進校外資源」、「4-1-4 學校能善用網頁與社群軟體並即時更新活動訊息」、「5-1-1 學校的教學活動能以學生為主體」、「1-3-5 校長能正確掌握『改變』的重要性並積極投入」、「1-2-3.校長能追求自我專業成長、反思與政策執行能力」、「2-4-1.學校能辦理特色多元學習活動及多元社團」、「1-1-1 校

長辦學理念能符合學校願景」、「4-1-3 學校能透過各種活動宣傳辦學績效與辦學特色」、「1-3-2 校長具備領導能力，展現合宜領導作為」、「5-2-3 學校能贏得家長信賴，樂意挹注教育資源」、「3-2-5.學校能打造綠色環境，邁向永續發展」、「5-2-1 學校經營成效，能夠獲得親、師、生認同肯定」、「2-1-1 學校能依據願景與目標，規劃特色課程」。

2.在五十八項指標中，平均分數達 4.15 以下分以上表現較弱的指標依序為「2-1-2 學校的課程發展委員會組織能有效運作」、「2-2-2 學校能將素養導向教育融入課程與教學」、「2-3-4 教師能積極參與交流、指導學生競賽，提升專業發展」、「5-2-4 學校能成為社區學習與文化傳承中心」、「1-1-4 學校能善用具特色之典禮與儀式凝聚成員之向心力」、「2-3-3 教師能透過反思、深度匯談進行回饋」、「5-2-5 學校能以特色課程為標竿，成為跨縣、跨區的指標學校」、「4-2-2 學校能努力爭取報章雜誌、新聞採訪，提高學校能見度」、「2-3-5 教師能省思課程計畫，管理與分享相關教學檔案紀錄」。

3.由上述結果可看出，特色學校指標有五十七個項目之平均數都在 4.00 分以上，顯示出國民中小學在五十七個項目，所具備實際程度表現尚佳，唯一在「2-3-5 教師能省思課程計畫，管理與分享相關教學檔案紀錄。」未達四分，屬於表現較不理想的部分。

（四）不同背景變項國民中小學特色學校所具備之程度，除了學校階段變項未呈現顯著差異外；其服務年資、性別、年齡、學歷、擔任職務、學校規模、學校類型、與學校地區均有部分存在顯著差異。

1.不同性別在國民中小學特色學校層面差異分析，在「1.行政領導與創新管理」、「2.特色課程與教學」、「3.資源整合運用與活化」、「5.教育績效」層面中，皆示男性大於女性，唯有「4.品牌特色與行銷」是無差別。

2.不同性別在國民中小學特色學校向度差異分析，在「1-1 具特色發展的辦學理念」、「1-3 優質的領導效能」、「1-2 政策轉化與執行力」、「2-1 學校能發展特色校訂課程」、「2-2 活化教學創新與實踐」、「2-4 學生多元展

能」、「3-1 整合多元教育資源」、「3-2 創新與活化空間實踐」、「4-1 建立學校品牌特色」、「4-2 善用管道行銷學校特色」、「5-1 呈現學生學習成果」、「5-2 創造特色學校之社會接受度」向度中，皆是男性大於女性。

　　3.不同年齡在國民中小學特色學校層面差異分析，在「4.品牌特色與行銷」層面中，年齡 29 歲以下的教師顯著高於年齡 30-39 歲。

　　4.不同年齡在國民中小學特色學校向度差異分析，在「1-1 具特色發展的辦學理念」、「1-2 政策轉化與執行力」和「4-2 善用管道行銷學校特色」三個向度分析結果達統計上的顯著水準，但經事後比較發現「1-2 政策轉化與執行力」無法區分顯著差異；但在「1-1 具特色發展的辦學理念」和「4-2 善用管道行銷學校特色」二個向度有顯著差異，分別是在「1-1 具特色發展的辦學理念」中，年齡 50 歲以上的顯著高於年齡 40-49 歲。在「4-2 善用管道行銷學校特色」中，年齡 40-49 歲是顯著高於年齡 50 歲以上。

　　5.不同職務在國民中小學特色學校層面差異分析，五個層面的平均數得分均高於 4 分以上，且「4.品牌特色與行銷」層面達統計上的顯著水準，且經事後比較，發現組長顯著高於主任。

　　6.不同職務在國民中小學特色學校向度差異分析，在「4-2 善用管道行銷學校特色」層面達統計上的顯著水準，且經事後比較，發現組長顯著高於老師、組長高於主任、主任高於老師。

　　7.不同學歷在國民中小學特色學校向度差異分析，十三個向度的平均數得分均高於 4 分以上，且「2-3 激勵教師持續學習成長」向度達統計上的顯著水準，發現學士學歷顯著高於碩士(含四十學分)以上。

　　8.不同學校規模在國民中小學特色學校向度差異分析，在向度「2-2 活化教學創新與實踐」、「2-3 激勵教師持續學習成長」、「2-4 學生多元展能」、「3-1 整合多元教育資源」、「3-2 創新與活化空間」、「4-1 建立學校品牌特色」、「5-1 呈現學生學習成果」、「5-2 創造特色學校之社會接受度」等十一個向度均未達統計上的顯著水準。在「2-2 活化教學創新與實踐」、「4-2 善

用管道行銷學校特色」二個向度分析結果達統計上的顯著水準，但經事後比較發現「2-2 活化教學創新與實踐」49 班以上顯著高於 12 班以下，而「4-2 善用管道行銷學校特色」則 13-48 班顯著高於 12 班以下。

9.不同學校類型在國民中小學特色學校的層面差異分析，在層面「1.行政領導與創新管理」、「3.資源整合運用與活化」、「4.品牌特色與行銷」、「5.教育績效」等四個層面達統計上的顯著水準，但經事後比較發現「1.行政領導與創新管理」、「5.教育績效」二層面無法區分顯著差異。在「3.資源整合運用與活化」層面則「都市地區」顯著高於「一般鄉鎮地區」。「4.品牌特色與行銷」則「都市地區」高於「一般鄉鎮地區」及「都市地區」顯著高於「偏遠地區」。

10.不同學校類型在國民中小學特色學校的向度差異分析，在向度「2-1 學校能發展特色校訂課程」、「2-2 活化教學創新與實踐」、「3-1 整合多元教育資源」、「3-2 創新與活化空間」、「4-2 善用管道行銷學校特色」三個向度分析結果達統計上的顯著水準，經事後比較發現三個也都有顯著差異。在「2-1 學校能發展特色校訂課程」向度上則「都市地區」明顯高於「偏遠地區」及「都市地區」明顯高於「一般鄉鎮」，「2-2 活化教學創新與實踐」向度上則是「都市地區」明顯高於「偏遠地區」，「3-1 整合多元教育資源」向度上則是「都市地區」明顯高於「一般鄉鎮」。另「3-2 創新與活化空間」向度上則是「都市地區」明顯高於「一般鄉鎮」。最後在「4-2 善用管道行銷學校特色」向度有顯著差異，是「一般鄉鎮」明顯高於「偏遠地區」。

11.不同學校地區在國民中小學特色學校層面差異分析，「1.行政領導與創新管理」、「2.特色課程與教學」、「3.資源整合運用與活化」、「4.品牌特色與行銷」、「5.教育績效」，除了苗栗縣在「4.品牌特色與行銷」此層面的得分低於 4 分以，其餘的平均分數皆高於四分。「4.品牌特色與行銷」兩層面分析結果達統計上的顯著水準，經事後比較發現「1.行政領導與創新管理」無法區分顯著差異。但在「4.品牌特色與行銷」層面則「台中市」顯著高於

「苗栗縣」、「彰化縣」顯著高於「苗栗縣」。在「5.教育績效」層面則「台中市」顯著高於「苗栗縣」。

12.不同學校地區在國民中小學特色學校向度差異分析，有兩個向度分別是「2-3 激勵教師持續學習成長」與「4-2 善用管道行銷學校特色」在苗栗縣的平均分數低於 4 分，其餘向度皆高於 4 分。在變異數分析上，在向度「1-1 具特色發展的辦學理念」、「1-3 優質的領導效能」、「4-1 建立學校品牌特色」、「4-2 善用管道行銷學校特色」、「5-1 呈現學生學習成果」等五個向度均達統計上的顯著水準，但經事後比較發現在「1-1 具特色發展的辦學理念」、「1-3 優質的領導效能」二個向度分析結果達統計上的顯著水準，但經事後比較發現無法區分顯著差異。但在「3-2 創新與活化空間」、「4-1 建立學校品牌特色」、「5-1 呈現學生學習成果」三個向度有顯著差異，分別是在「3-2 創新與活化空間」台中市明顯高於苗栗縣、彰化縣明顯高於苗栗縣、台中市明顯高於雲林縣。在「4-1 建立學校品牌特色」向度上則台中市明顯高於苗栗縣、彰化縣明顯高於苗栗縣。最後「5-1 呈現學生學習成果」向度上則台中市明顯高於苗栗縣、彰化縣明顯高於苗栗縣。

（四）指標權重體系與實證調查結果比較分析

為了解指標相對權重的研究結果與當前國民中小學特色學校指標現況之間的關係，經比較分析結果如下：

（一）在國民中小學特色學校指標的五個層面上，學者專家評定在「1.行政領導與創新管理」層面，學者專家所評定認為的重要程度與實際具備程度皆最高；顯示「1.行政領導與創新管理」層面在國民中小特色學校的重要性，且專家學者看法和教育現場的實際狀況是相同。另「2.特色課程與教學」，學者專家認為是相當重要的層面，但實際的具備程度卻是最低，有著極大的差距，這一直是從九年一貫到十二年國教所遇到的困難，這也提供了在經營特色學校對課程與教學時，可再聚焦及努力的地方。最後再「4.品

230

牌特色與行銷」，學者專家認為是最不重要的層面，但實際的具備程度卻是相當高，有著極大的落差；對照當今的學校經營與運作，的確大部分的學校在，媒體行銷及品牌特色的建立是相當積極，所以具備程度會呈現相當高的現象。

（二）在國民中小學特色學校指標的「1.行政領導與創新管理」層面的三個向度中，在「1-1 具特色發展的辦學理念」向度是學者專家所認為的最重要，但在實際所具備程度卻是位居最末；在教育實際的狀況中，教師及行政人員大多是都忙於教學或教學活動當中，較少會去注重到辦學的理念，這結果與現狀大致相符合。

（三）在國民中小學特色學校指標的「2.特色課程與教學」層面的四個向度中，在「2-1 學校能發展特色校訂課程」向度是學者專家所認為的最重要，且在實際所具備程度相當高分；在「2-4 學生多元展能」向度是學者專家所認為的最不重要，但在實際所具備程度卻是最高；這和教育現場的教師很關注學生的總結性表現應有強烈的關聯性。

（四）在國民中小學特色學校指標的「3.資源整合運用與活化」層面的個向度中，在「3-1 整合多元教育資源」向度是學者專家所認為的最重要，且在實際所具備程度亦是最高分；顯示且專家學者看法和教育現場的實際狀況是相同。

（五）在國民中小學特色學校指標的「4.品牌特色與行銷」層面的各向度中，在「4-1 建立學校品牌特色」向度是學者專家所認為的最重要，且在實際所具備程度亦是最高分；顯示且專家學者看法和教育現場的實際狀況是相同。

（六）在國民中小學特色學校指標的層面的向度中，在「5-1 呈現學生學習成果」向度是學者專家所認為的最重要，且在實際所具備程度亦是最高分；顯示且專家學者看法和教育現場的實際狀況是相同。

（七）在向度「1-1 具特色發展的辦學理念」、「1-2 政策轉化與執行力」

231

和「1-3 優質的領導效能」的指標中,「1-1-1 校長辦學理念能符合學校願景」、「1-2-1 學校能了解中央與地方的重要教育政策」、「1-3-3 校長辦學具熱忱,積極投入校務經營發展」指標是專家評定為最為重要的,但在實際所具備程度卻是相差極大;專家學者認為校長的努力辦學理念及政策執行力是對於特色學校是最重要的,但在學校所具備的程度仍有落差,因此校長在經營特色學校時可依其上述指標的重要性進行適度調整。

(八)在向度「2-1 學校能發展特色校訂課程」、「2-2 活化教學創新與實踐」、「2-3 激勵教師持續學習成長」和「2-4 學生多元展能」的指標中,「2-1-1 學校能依據願景與目標,規劃特色課程」、「2-2-1 教師能運用多元教學策略,落實學生學習」指標是學者專家所認為的最重要,且在實際所具備程度亦是最高分;顯示且專家學者看法和教育現場的實際狀況是相同。上述情形有可能和 108 新課綱的實施,強調校訂課程的實施,讓特色課程的規劃更為落實與公開觀課的影響,提升教師的多元教學能力。「2-3-2 教師能精進課程設計與教學的能力」、「2-4-3 學校能重視學生基本素養能力的培養」指標是學者專家所認為的最重要,但在實際所具備程度屬中上程度。

「2-1-3 學校能跨領域整合,共同協作,精進校訂課程內涵」指標是學者專家所認為次重要,但在實際所具備程度屬最末。是目前教育現狀遇到的困難之一,但這可能是共同備課的時間不足及缺乏相關運作機制,再加上老師是以班為單位,對共同協作的需求性既非強迫也較無誘因。

(九)在向度「3-1 整合多元教育資源」和「3-2 創新與活化空間」的指標中,在「3-1-2 學校能讓親、師、生重視在地文化深化在地認同」和「3-2-2 學校能營造成符合教師教學與學習需求之空間」指標是學者專家所認為的最重要,但在實際所具備程度卻是位居最末及中後段。於在地文化深化在地認同部分,從鄉土教育的實施到最近的國家語言法通過,在教育的場域當中所呈現的狀況仍有努力的空間。針對營造成符合教師教學與學習需求之空間,就以現場學校的許多教學硬體設備需求來看,也是教師常常

所提出需強化的部分。

（十）在向度「4-1 建立學校品牌特色」和「4-2 善用管道行銷學校特色」的指標中，在「4-1-2 學校能創新特色教學樹立學校品牌形象」指標是學者專家所認為的最重要，但在實際所具備程度卻居最末。在「4-2-1 學校能主動發布新聞稿、行銷辦學成果」近些年來學校常運用地方新聞台、數位媒體、FB 及 LINE 等相關社群平台，積極行銷學校特色爭取社區認同。

（十一）在向度「5-1 呈現學生學習成果」和「5-2 創造特色學校之社會接受度」的指標中，「5-1-1 學校的教學活動能以學生為主體」和「5-2-1 學校經營成效，能夠獲得親、師、生認同肯定」指標是學者專家評定認為最重要，和國中小特色學校具備程度得分最高與次高。目前學校教育的方向及措施，的確大多能關注在學生的學習及教學上，由於少子女化的關係，為爭取更多的生源，給家長的認同及肯定是一個不容忽視的經營面向。

二、建議

依據研究目的與待達問題，以及國內外文獻探討、二次德懷術結果，並根據研究結論，分別提出對主管教育行政機關、國民中小學、及校長未來研究之建議，茲分述如下。

（一）對主管教育行政機關之建議

1. 參酌國民中小學特色學校指標，訂定國民中小學特色學校方案政策

本研究所建構之「國民中小學特色學校指標」，獲得專家、學者及國中、小學主任、組長及教師高度認同，及在實證上的肯定，包括「行政領導與創新管理」、「特色課程與教學」、「資源整合運用與活化」、「品牌特色與行

銷」及「教育績效」等層面,是特色學校經營之關鍵因素。在 2007 年至 2019 年這期間,教育部也制定了連續性的特色學校競賽型方案,十幾年之內也創造出許多的特色學校,為教育注入許多新亮點及新氣象。因此,主管教育行政機關可參酌本指標繼續訂定優質特色學校方案政策,以作為各校轉型成為特色學校及特色學校經營之參考。

2. 運用國民中小學特色學校指標,依學校特性規劃優質輔導方案

本研究調查結果顯示,在國中小教師在「品牌特色與行銷」層面,「29 歲以下」顯著高於「30-39 歲」,另外在「具特色發展的辦學理念」向度,50 歲以上顯著高於 40-49 歲。「活化教學創新與實踐」向度,49 班以上高於 12 班以下,而「善用管道行銷學校特色」向度,則 13-48 班高於 12 班以下。在「資源整合運用與活化」層面則「都市地區」高於「一般鄉鎮地區」,「4.品牌特色與行銷」則「都市地區」高於「一般鄉鎮地區」及「都市地區」高於「偏遠地區」。在「品牌特色與行銷」層面則「台中市」顯著高於「苗栗縣」、「彰化縣」顯著高於「苗栗縣」。在「教育績效」層面則「台中市」顯著高於「苗栗縣」。故教育行政主管單位宜針對上述學校之不同特性,如學校所在地區、學校類型、學校規模,規劃發展特色學校差異性優質輔導方案,以符合特色學校經營需求。

3. 善用國民中小學特色學校指標,提升特色學校績效

對於發展特色學校而言,層實證的分析結果可知,「行政領導與創新管理」是重要關鍵,發展特色學校必須要能夠有優質的領導效能、政策轉化與執行力與特色發展的辦學理念。再者進一步透過特色課程的推動,將資源整合運用與活化創最後創造出優質教育績效,彰顯特色學校價值。因此,教育行政主管單位亦可應用本指標,發展國民中小學特色學校「認證」機制,並評選認證出表現較佳的典範或卓越特色學校,供他校學習持續活絡教育更可依此給予經費補助與獎勵。

4. 推廣特色學校發展理念，淬鍊出學校獨特性與卓越性

　　108 新課綱的實施，重視校訂課程的發展，對發展特色學校相當有助益。二十一世紀的學校，必須面臨社會多元價值觀的衝擊，以受少子女化的影響，社會大眾對於學校教育品質要求日益提升，如何建立高績效學校，成為是否能夠發展特色學校的關鍵。目前大環境學生數大幅減少的影響，因而許多學校面臨減班、裁併及轉型，特色學校能夠明顯提升學校行政領導及創新管理，因此主管教育行政機關應推廣特色學校理念，使學校發揮最大效能，創造獨特優質的教育亮點。

（二）對國民中、小學校之建議

1. 參照特色學校指標，擬訂各校特色學校發展方向

　　本研究建構出國民中小學特色學校指標細目共有五十八個，「國民中小學特色學校指標」的積極意義，在於協助國中小特色學校效能的優化，提高教育品質與回應社會的需求及期待，因此，各國民中小特色學校可參酌本研究所建構的指標發展評量表，作為評估特色學校發展的工具，以做為未來經營之指導方針。

2. 轉化國中小特色學校指標，自我評估經營效能

　　108 新課綱實施後，明定校訂課程為每一學校所必需創發出的課程，這對發展特色學校是有極大的助力及影響，再者社會大眾對於學校效能的要求日益提升，因此，特色學校必須要能夠整合多元教育資源，融入在地特色發展課程、彰顯學生特色課程學習成果，並行銷學校建立品牌形象，才能達成優質教育績效之目標。本研究所建構之國中小特色學校指標，具備良好之信度及效度，並獲得中部五縣市國內中小學教師之一致認同，因

此在邁向特色學校發展歷程，可運用本指標進行自我評估與實施規準，據以判斷其優勢與劣勢，執行修正達到特色學校之目標。

3. 參酌特色學校指標內涵，策畫特色學校教師專業精進成長課程

本研究所研建構的特色學校中，學者專家認為「特色課程與教學」最重要，該指標不僅為特色學校發展所需具備之關鍵，亦是未來教師在教學實踐時所需擁有的專業知能，因此必須精進教師專業之能，擬定具體可行特色學校之教師專業精進成長計劃與研習，設計適宜的精進成長方案，提升特色學教師在課程與教學實踐專業知能。

4. 運用年輕教師行銷優勢能力，提升學校行銷及品牌形象建立

3C科技已經成為現今人們生活不可切割的一部分，在COVID-19疫情期間，完全拜數位科技之賜，全國才能做到停課不停學，所以善用數位科技對於學校的品牌形象建立及教學實踐是經營特色學校所必要的關鍵。本研究發現，29歲以下教師對於品牌特色與行銷層面是高於30-39歲的教師，因此，善用年輕教師的優勢能力，投入特色學校經營之品牌形象建立與學校行銷。

5. 善用資深教師的優質經驗傳承，提升特色學校辦學理念

典範傳承是教育不可或缺的，目前在50歲以上的教師幾乎都是受傳統師範體系的完整師資培育，不管在領導管理、行政倫理及服務積極度與政策執行力上，有其優勢的能力及不錯的實務經驗，因此學校的教學團隊亟需有這優質理念及作為的相互傳承。本研究發現，50歲以上教師對於「具特色發展的辦學理念」向度是高於40-49歲的教師，因此積極辦理資深教師優質理念傳承，是有助於特色學校經營與推廣。

6. 活化教學創新與實踐，強化特色課程實施之多元教育績效

108新課綱的實施著重課程與教學的改革，因此教師要能活化教學創

新與實踐才能優化學生學習的效能，而特色學校教師可透過特色課程的多元教學及評量，呈現學生學習成果及學校教育績效，進一步獲得家長、學生的認同。依據本研究結果， 49 班以上的學校在「活化教學創新與實踐」向度高於其它規模學校，引此可透過深度參訪交流或觀摩形式，提升其他類型學校在此方面的知能。

（三）對後續研究之建議

研究者在研究過程中及完成後，對本研究有一些省思，建議後續研究可封研究主題、研究工具、研究對象與研究方法等四個方面進行，茲敘述如下：

1.研究主題

根據本研究的專家學者的權重分析與實證調查發現，在「特色課程與教學」層面，學者專家認為是相當重要的層面，但實際的具備程度卻是最低，有著極大的差距。然 108 新課綱的實施，在課程與教學部分做了極大的改革與調整，期待學生的素養能力培養，要從教師的課程與多元教學歷程去建構出來，因此未來特色學校在特色課程與教學，必須強化教師的實踐能力，才有助益特色學校發展。另 108 新課綱的實施，主要是要培養學生九大素養，因此聚焦於課程教學，然學校的發展與經營仍有許多面相必須關注的，而特色學校正可符合學校整體效能的提升，這樣相關的研究主題目前甚少被研究，是後續研究者可多關注及研究的範圍。

2.研究工具

本研究建構的「國民中小學特色學校指標」研究工具，係整理歸納國內外相關文獻，探究出特色學校意涵，進而透過二次德懷術分析與問卷預試，建構出問卷的穩定性與適切性。從施測結果發現，「國民中小學特色學校指標」具有相當高的信度與效度，是國內少見以發展特色學校的工具，

因此這項發展深具實際需求與提升學校整體效能。然而隨著時代變遷與教育改革的需求，勢必對特色學校內涵有所影響，因此，對於特色學校指標亦應隨著時代的改變而做適度的調整與修正。

3. 研究對象

本研究僅聚焦於中部地區五縣市之公立國民中小學，研究結果亦僅應用於中部地區五縣市之公立國民中小學校長，無法直接推論到全國及私立國民中小學或其他教育階段之學校，未來在特色學校指標建構時，可以擴展至私立國民中小學或其他教育階段的學校，以了解不同類型、不同教育階段特色學校是否有所差異。

4. 研究方法

本研究國民中小學特色學校指標的建構，係針對國內外有關文獻予以歸納統整後，透過二次德懷術專家諮詢及問卷預試確立指標架構，惟德懷術專家諮詢，僅以問卷方式諮詢修訂，未能與學者專家們面對面進行探討，可能導致有些新觀點未納入而有遺珠之憾；另外，對於指標權重體系的建構，亦僅能就相對權重問卷的結果進行分析，對於學者專家排序時的考量因素則不可知。因此，為使指標建構更為完整周延，後續研究可採用多元方法進行交叉檢證及相互補充，例如焦點團體法、觀察法或訪談法等。

參考書目

一、中文部分

丁永陽（2004）。**策略聯盟類型及聯盟管理作為對聯盟經營績效及永續經營之研究：以台灣餐飲業為例**（未出版之碩士論文）。大葉大學。

王金國（2015）。活化教學，不可忽略學習原理與教學倫理。**台灣教育評論月刊**，4（12），107-109。

王保進(1993)。**高等教育表現指標之研究**（未出版之博士論文）。國立政治大學。

王啟業（2009）。**教育部特色學校發展狀況之研究**（未出版之碩士論文）。國立台灣師範大學。

江嘉杰（2015）。**國民小學教師領導之個案研究-以教學卓越金質獎團隊為例**（未出版之博士論文）國立台南大學。

何惠麗與曹俊德（2016）。國民小學推展特色學校之研究。**學校行政**，106，178 - 198。

余民寧(1996)。「**多變量分析**」授課講義。

吳政達(1995)。**階層分析法與模糊評估法在學前教育指標系統之應用**（未出版之碩士論文）。國立治大學。

吳政達(1999)。**國民小學教師評鑑指標體系建構之研究-模糊德菲術、模糊**

層級分析法與模糊綜合評估法之應用（未出版之博士論文）。國立治大學。

吳政達與郭昭佑(1997)。概念構圖法在國民小學教科書評鑑標準建構之應用。**教育與心理研究**，**20**(2)，217-242。

吳淑芬（2006）。**國民小學經營學校特色之研究**（未出版之碩士論文）。國立台南大學。

吳清山（2016）。**教育的正向力量**。高等教育。

吳清山與林天祐（2009）。**教育新辭書**。高等教育。

何高志（2017）。**國民中學校長課程領導、組織學習與學校創新經營效能關係之研究**（未出版之博士論文）。清華大學。

李允傑與邱昌泰(1999)。**教育政策執行評估**。空中大學。

李安明、陳怡安與謝琬琪（2012）。「校長專業發展工作坊評鑑指標－以平衡計分卡概念建構」之研究。**嘉大教育研究期刊**，**29**，1-25。

李隆盛(1988)。德爾菲預測術在技職教育上的應用。**工業職業教育雙月刊**，**7**(1)，36-40。

李雅婷、葉晉嘉與陳為彤（2016）。優質教學案例指標建構。**師資培育與教師專業發展期刊**，**201608**（9:2），089-112。

李怡樺（2018）。**台北市國民小學校長空間領導、學校組織文化與學校創新經營效能關係之研究**（未出版之博士論文）。台北教育大學。

周淑卿、陳美如、李怡穎、林永豐、吳璧純、張景媛與范信賢（2018）。「**異同綻放我們的校訂課程**」。台北市：教育部國民及學前教育署。取自 https://cirn.moe.edu.tw/WebNews/details.aspx?sid=11&nid=1432&mid=50

林天祐（2009）。學校特色發展的概念與理論。**教師天地**，**158**，4-13。

林志成與彭靜文（2013）。大坪國小多元智能特色課程發展之研究。**學校行政雙月刊**，**86**，130-150

林仁煥（2009）。**台灣地區特色學校經營發展現況、困境及其因應策略之研**

究（未出版之博士論文）。國立新竹教育大學。

林文生（2009）。特色學校的爭論及其再概念化的契機。**北縣教育**，69，26-30。

林志成（2010）。台灣地區特色學校之發展現況及未來展望。**教育行政雙月刊**，66，1-19。

林志成（2010a）。特色學校經營活化的尋思、迷思與省思。**教育研究月刊**，198，32-42。

林志成(2016)。台灣地區特色學校計畫的省思與前瞻。**教育行政論壇**，118，45-59。

林志成（2018）素養導向特色學校發展之實踐與建議。**教育行政雙月刊**，118，111-125。

林志成與林仁煥(2008)。增能創價、策略聯盟與特色學校經營。**學校行政**，58，1-20。

林志成與童鳳嬌（2006）。少子化挑戰下的學校文化經營策略。**竹縣文教**，33，1-7。

林邦傑(1986)。**統計方法的選擇與統計電腦套裝程式的使用**。正昇。

林劭仁(1986)。**高級中學輔導工作評鑑指標之研究**（未出版之博士論文）。國立政治大學。

林真真與鄒幼涵(1993)。**迴歸分析**。華泰。

林清山(1988)。**多變項分析統計法**。東華。

林通修（2016）。**標竿特色學校發展個案研究**（未出版之碩士論文）。明道大學。

林進山 (2006)。特色學校的教育建構與應用--以平溪國小為例。**北縣教育**，57，17-20。

林進山（2011）。**國民中小學特色學校經營策略、品牌形塑與辦學績效關係之研究**（未出版之博士論文）。國立台北教育大學。

林進財與江長慈（2004）。以 AHP 法求算衛生署委外研究計畫績效評估指標權重。**健康管理學刊**，2（2），229-240。

林新發與林上渝(2004)。高中校長辦學績效評鑑指標。**教育資料集刊**，29，145。

林煥民與鄭彩鳳。（2011）校長專業發展之研究—指標建構。**教育研究集刊**，57（4），81-120。

林銑昭（2000）。**影響商圈永續經營因素之研究：以逢甲商圈為例**（未出版之碩士論文）。逢甲大學。

周淑卿、陳美如、李怡穎、林永豐、吳璧純、張景媛與范信賢（2018）。「**異同綻放我們的校訂課程**」。台北市：教育部國民及學前教育署。取自 https://cirn.moe.edu.tw/WebNews/ details.aspx?sid=11&nid=1432&mid=50

邱子瑜（2017）。小型學校經營策略關鍵成功因素之個案研究－以花蓮縣某國小為例。**經營管理學刊**，12/13，67-88。

邱光之（2009）。**團隊型組織在學校行政應用之研究－以台北市公立國民小學為例**（未出版碩士論文）。台北市立教育大學。

邱乾國（2009）。校園空間活化的展望-兼談教育部教育政策發展。**教育研究月刊**，184，65-78。

邱政皓（2004）。結構方程模式：LISREL的理論、技術與應用。雙葉。

周子敬（2006）。結構方程模式（SEM）：精通LISREL。全華科技。

周玉秀（2019）。偏鄉學校成為典範個案－奧地利 Ludesch 小學。**台灣教育評論月刊**，8（9），144-148。

侯育錡（2013）。**校園閒置空間再利用之研究—以新北市「中和國中」為例**（未出版之碩士論文）。華梵大學。

柯三吉(1998)。**公共政策理論、方法與台灣經驗**。時英。

洪榮昭(1997)。精釋研究法在政策評量的應用。**中等教育**，48(5)，39-47。

秦夢群(1997)。**教育行政：實務部分**。五南。

胡幼慧(1996)。**焦點團體法**。載於胡幼慧(主編)，質性研究理論、方法及本
　　土女性研究實例，223-237。巨流。

范信賢（2018）。**中小學師資課程教學與評量協作電子報**，7。台北市：中
　　小學師資課程教學與評量協作中心。

孫珮瑜與張漢宜（2006）。千年企業經營學。天下雜誌，344，70-76。

徐文濤與鄭福妹（2006）。台北縣特色學校方案。**北縣教育季刊**，57，28-31。

秦夢群與莊清寶（2018）。**學校特色發展與創新**。五南。

翁興利(民 84)。政策假定與政策方案之研究：AHP、SAST 與 SAA 之比較
　　研究。公共政策學報，16，81-122。

張奕華與許丞芳（2009）。國民中小學校長科技領導指標建構之研究。**教
　　育行政與評鑑學刊**，6（7），23-48。

張茵倩（2014）。**國民小學校長策略領導、行銷策略與學校創新經營效能關
　　係之研究**（未出版之博士論文）。台北教育大學。

張慶勳（2017）。大學合併與治理：大學、政府、學校與市場的融合。**台灣
　　教育評論月刊**，6（1），01-03。

張憲庭（2006）。特色學校經營之理念與策略。**北縣教育**，57，32-35。

張春興（1991）。**張氏心理學辭典**。東華。

張鈿富（1999）。**教育政策與行政：指標的發展與應用**。師大書苑。

教育部（2003）。創造力教育白皮書。取自
　　https://ws.moe.edu.tw/001/Upload/3/RelFile/6315/6934/92.03 創造力教育白
　　皮書.pdf。

教育部（2008）。**推動國民中小學活化校園空間暨發展特色學校計畫**。取自
　　http://163.20.79.146/

教育部（2014）。**十二年國民基本教育課程綱要總綱**。教育部。

教育部（2015）。**104 年校園空間多元活化實施計畫（104 年增修）**。取自
　　http://revival.moe.edu.tw/NewsDetail.asp?View=46

教育部（2017）。**公立國民中小學發展特色學校實施計畫**。教育部。

莊明貞、方廷彰、彭麗琦、潘志煌與劉淑芬（2017）。**學校本位課程規劃與實施**。教育部國民及學前教育署辦理十二年國民基本教育課程綱要（總綱）實踐策略、教師增能課程設計及主題進階回流計畫【簡報】。

郭昭佑（2001）。教育評鑑指標建構方法探究。**國教學報**，13，251-278。

郭昭佑(1999)。高等教育辦學取向政策之探究--集群分析在大學表現指標之應用。**教育政策論壇**，2(2)，67-85。

郭雄軍（2006）。創意與特色──從藍海觀點談偏遠小學經營：回顧漁光經驗為例。**北縣教育**，57，79-83。

陳正昌與程炳林(1994)。**SPSS、SAS、BMDP 統計軟體在多變量統計上的應用**。五南。

陳玥臻（2011）。**兩所國民小學特色學校創新經營之研究**（未出版之碩士論文）。國立嘉義大學。

陳映如（2014）。國民中小學特色學校永續經營指標之發展與建構。**市北教育學刊**，48，83-126。

陳映如（2015）。**特色學校永續經營指標建構之研究**（未出版之博士論文）。台北市立大學。

陳盈志（2009）。**桃竹苗四縣市特色學校創新經營現況、阻力與因應策略之研究**（未出版之碩士論文）。國立新竹教育大學。

陳茂成（2003）。**企業永續經營關鍵因素之研究**（未出版之碩士論文）。國立成功大學。

陳珮雯與林玉珮（2009）。品格，家長選校最在乎的事。**親子天下**，4。取自 http://parenting.cw.com.tw/web/docDetail.do?docId=1006。

黃翠屏（2020）。**特色學校的特色課程發展之研究──以台東雷公國小為例**（未出版之碩士論文）。台東大學。

彭成君（2008）。**台北縣特色學校方案學校經營困境及創新經營之研究**（未

出版之碩士論文）。國立台北教育大學。

彭　彬（2014）。**國小校長空間美學領導之個案研究——以空間營造與空間賦意為例**（未出版之博士論文）。國立台南大學。

曾坤輝（2007）。**台北縣「特色學校」課程發展之研究——偏遠小學的危機或轉機**（未出版之碩士論文）。國立台北教育大學。

曾雪嬌（2006）。雲深不知處的「雲海」。**北縣教育**，57，58-61。

童鳳嬌（2016）。Biking for the Dream 自由車特色學校的創新經營。**中等教育**，67(3)，120-135。

游家政（1994）。**國民小學後設評鑑標準之研究**（未出版之博士論文）。國立台灣師範大學。

溫育賢（2020）。**偏遠地區國小創新經營指標建構之研究**（未出版之博士論文）。國立台灣師範大學。

湯志民（1994）。學校建築的人文教育環境規畫。**初等教育學刊**，3，237-264。台北市立師範學院。

湯志民（2009）。校園活化：閒置空間再利用。**教育研究月刊**，181，65-78。

湯志民（2013）。空間領導：原則與理論基礎。**教育行政研究**，3（2），1-30。

湯志民（2014）。**校園規劃新論**。五南。

黃文卿（2002）。**台灣地區國家公園永續經營管理指標之研究：以玉山國家公園為例**（未出版之博士論文）。國立台灣大學。

黃志成（2017）。**校園空間美學之教育論述與實踐——位國小校長之自傳俗民誌研究**（未出版之博士論文）。國立台北教育大學。

黃政傑（1993）。**課程評鑑**。師大書苑。

黃國庭（2014）。**國民小學校長空間領導、學校創新經營與學校效能關係之研究**（未出版之博士論文）。政治大學。

楊慶麟（1997）。**國小教師生涯階梯制度規劃與評審指標之研究**（未出版之

博士論文）。政治大學。

萬新知（2009）。**國民小學學校建築美學之研究**（未出版之博士論文）。
國立政治大學。

詹志禹與吳璧純（2015）。偏鄉教育創新發展。**教育研究**，258，28-41。

詹棟樑（2002）。**學校教育革新**。師大書苑。

劉小華（2016）。十二年國教政策下花蓮縣校長教學領導之個案研究（未
出版碩士論文）。國立東華大學。

劉侑承（2013）。**桃園縣國民小學校長空間領導與學校效能相關之研究**（未
出版碩士論文）。國立政治大學。

劉鎮寧（2003）。**國民中小學學習型學校指標建構之研究**（未出版之博士
論文）。國立中正大學。

葉蕙芬（2009）。**國小優良教師素質指標建構與實證之研究**（未出版之博
士論文）。台北市立教育大學。

蔡金田（2006）。**國民中小學校長能力指標建構與實證分析之研究**（未出
版之博士論文）。國立中正大學。

蔡金田（2011）。一所國小校長在學校行銷的實踐探究。**嘉大教育研究學刊**，
27，29-54。

蔡金田（2013）。國民小學教育質量理論講座發表與分析之研究。**嘉大教育
研究學**，31，1-33。

蔡金田（2014）。國民小學校長效能與教師效能對學生學習成就之影響。**南
台人文社會學報**，11，69-107。

蔡金田（2018）。**學校行政的理念與分析**。元華文創。

蔡金田與蔣東霖（2018）。**台灣國民中小學校長通識素養指標建構與實證分
析**。元華文創。

蔡金田與趙士瑩（2019）。**學校兼任行政教師行政專業能力指標建構與分析**。
元華文創。

蔡淑玲（2013）。**國民小學在地遊學與生態素養研究**（未出版博士論文）。國立嘉義大學。

鄧宇君（2018）。台灣特色學校相關研究之初探。**台灣教育評論月刊，**7（6），頁 100-103。

鄧振源與曾國雄（1989）。層級分析法（AHP）的內涵特性與應用（上），**中國統計學報，**27（6），5-22。

鄭福妹（2006）。**偏遠地區小型學校創新經營之研究—以台北縣特色學校方案參與國小為例**（未出版之碩士論文）。國立台北教育大學。

戰寶華（2007）。學校經營策略之規劃分析。**學校行政，**52，1-19。

鍾任琴（2015）。師鐸獎得主朝陽科大校長鍾任琴　再獲台中市優良教育人員表揚。

蕭宜芳（2009）。**學校辦學理念與校園空間規劃關聯之案例研究**（未出版之碩士論文）。輔仁大學。

蕭雪玲（2015）。**國民中學學校效能指標建構之研究**（未出版之博士論文）。台北市立大學。

戴貝珊（2010）。**國民小學特色學校關鍵成功要素之研究**（未出版之碩士論文）。國立台南大學。

薛德永（2008）。**澎湖縣國民小學推動特色學校發展之研究**（未出版之碩士論文）。國立中山大學。

謝金青（1997）。**國民小學學校效能評鑑指標與權重體系之建構**（未出版之博士論文）。國立政治大學。

鍾敏菁（2019）。**國民中小學活化校園指標建構之研究**（未出版之博士論文）。台北市立大學。

魏敏茹（2011）。**國中推動特色學校及其創新經營之研究-以新竹縣市三所國中為例**（未出版之碩士論文）。國立新竹教育大學。

羅崇禧（2012）。**花蓮縣閒置校園空間再利用與社區互動關係之研究**（未

出版之碩士論文）。國立台灣師範大學。

鐘巧如（2016）。**國民小學校長空間領導、教師社群運作與學生學習成效關係之研究**（未出版之博士論文）。國立政治大學。

二、英文部分

Alvik,T.(1995). School-Based Evaluation: *A Close-up. Studies in Educational Evaluation, 21*,311-343.

Anderson, V.(1991). *Alternative economic indicators*. London : Routledge.
    Anderberg, M. R.(1973).Cluster analysis for application. New York: Academic Press.

Arbisi Little, J.(2012).*Site-based leadership: Extrapolating from small business to charter schools*(Unpublished doctoral dissertation). University of St. Thomas, Minnesota.

Australian Government Department of Education (2018). *Independent review intoregional, rural and remote education*. Retrieved from https://www.education.gov.au/independent-review-regional-rural-and-remote-education

Berlage, L., & Terweduwe, D.(1988).The classification of countries by cluster and by factor analysis. *World Development,16*, 1527-1545.

Blank,P.K.(1993). Developing a system of education indicators: Selecting, implementing, and reporting indicator. *Educational Evaluation and Policy Analysis,15*(1),65-80.

Buckley, J. (1985), Fuzzy Hierarchical Analysis. *Fuzzy Sets and Systems, 17*(3), 33-247.

Burstein,L.(1992). Education indicators. In M. C .Alkin(Ed.), *Encycolpedia of educational research*(pp.409-418).N.Y.:Macmillan.

Boston. Oakes,J.(1986). *Educational indicators: A guide for policymakers*. New Brunswick,N.J.: Center for Policy Research in Education.

Cave,M,et al.(1988).*The use of performance indicators in higher education: A critical analysis of developing practice.* London: Jessica Kingsley.

Chen, S., Hsiao, H., Chang, J., Shen, C., & Chou, C. (2010). School organizational innovative indicators for technical universities and institutes. *Contemporary Issues In Education Research, 3*(7). 43-50.

Collins, J. C.,& Porras, J. I. (2000). *Built to last: successful habits of visionary companies.* London, England: Random House Business.

Cuenin,S.(1987). The use of performance indicators in universities: An international survey. *International Journal of Institutional Management in Higher Education , 11* (2),117-139.

Cuttance,P.(1990).*Performance indicators and the management of quality in education.*(EDS Document Reproduction Service No. ED333575.)

Dallkey,N.(1969). *The delphi method: An experimental study of group opinion* .CA: Rand.

Delbacq,A.L.(1975).*Group techniques for program plannning: A guide to nominal group and delphi processes.* N.J.: Scott, Foresman and Company.

Dunn, G., Everitt, B., & Pickles, A. (1993). *Modeling covariances and latent variables using EQS.*London: Chapman & Hall.

Elliott, E. J.(1991). *Education counts: An indicator system to monitor the nation's educational health.* Washington, D. C.: Acting Commissioner of Education Statistics.

Every, J. B. (2012).*Equity and charter schools in public education* (Unpublished doctoral dissertation). University of Northern Colorado,United States.

Finn, C. E. (1987). *Elementary and secondary education indicators in brief.* Washington DC, WA: Office of Education Research and Improvement.

Hopkins, D.(1989). *Evaluation for school development.* PA: Open University Press.

House,E.R.(1992). *Future policy for school-based evaluation.* In A.M.Indrebo,L.Monsen, & T.Alvik(Eds.),Theory and practice of school-based evaluation: A research perspective. Lillegammer: Oppland College.

Hair, J. F., Jr., Anderson, R. E., Tatham, R. L., & Black, W. C. (1998). *Multivariate data analysis with readings*(5th ed.). Englewood Cliffs, NG: Prentice Hall.

Issac, S., & Michael, W. (1984). *Handbook in research and evaluation.* San Diego, CA: Edits.

Johnstone, J. N. (1981). *Indicators of education systems.* Paris, France: UNESCO.

Joreskog, K. G., & Sorbom, D. (1989).*LISREL 7: A guide to the program and application* (2nd ed.). Chicago: SPSS Inc.

Kaggan,S., & Smith,M.S.(1985). Indicators of educational evaluation. *Education Leadership,11,*21-24.

Mayston, D.J. & Jesson, D. J.(1991). Educational performance assessment: A new framework of analysis. *Policy and Politics,19,*99-108.

Miller, C. M. (2010). *Principals' perceptions on opening a charter renaissance high school: A case study*(Unpublished doctoral dissertation). Pepperdine University, California.

Nedwdk,B.P., & Neal,J. E.(1993). *Performance indicators and rational management tools: A comparative assessment of projects in North America and Europe.* (EDRS Document Reproduction Service No. ED360917.)

Nelly,M.(1990). *Educational quality indicators: Developing indicator systems in Alberta.*(EDRS Document Reproduction Service No. ED 320924.)

Nevo, D. (1995). *School-based evaluation: A dialogue for school improvement*. Oxford, England :Pergamon.

Nuttall, D.L.(1990). *The functions and limitations of international education indicators*. Paper presented at the Annual Meeting of the American educational research Association,Boston .

Odden,A.(1990). Educational indicators in the United States: The need for analysis. *Educational Researcher, June-July,*24-29.

OECD (2019a). *Education at a glance 2019: OECD Indicators*. Retrieved from https://doi.org/10.1787/f8d7880d-en.

OECD (2019b). *Learning in rural schools: Insights from PISA, TALIS and the LITERATURE*. Retrieved from ttps://www.oecd-ilibrary.org/education/learningin-rural-schools_8b1a5cb9-en OECD (1982).The OECD list of social indicators. Paris, France : OECD.

Paris:OECD. Pollard,J. S.(1989). Developing useful educational indicator systems: Insights on educational policy and practice.(EDRS Document Reproduction Service No. ED330056.)

Peters, T. J.,& Waterman, R. H. Jr. (1982). *In search of excellence：Lessons from America＇s best-run companies*. New York, NY：Harper Collins.

Power,C.(1990). *Higher education indicators: An exercise in interpretation*. In N.Bottani,& I. Dalfau(Eds.),Indicators of the quality of educational systems: An international perspective,353-361.

Saaty, T.L.（1980）. *The Analytic Hierarchy Process*. New York: McGraw-Hill.

Scheerens,J.(1992).*Process indicators of school functioning*. In OECD(Ed.), The OECD international education indicators: A framework for analysis. Paris:OECD.

Schumacher, M. P. (2011). *Parental expectations and satisfaction with charter schools-evidence from a Midwestern city school district*(Unpublished doctoral dissertation). University of Kansas, Kansas.

Shavelson,R.J.(1987).Indicators for monitoring mathematics and science education. (EDRS Document Reproduction Service No. ED 294738.)

Smith,M.(1988).*Educational indicators*. Phi Delta Kappan,69,487-491.

Spee,A.,& Bormans,R.(1992).Performance indicators in government institutional relations :The conceptual framework. *Higher Education Management,4*(2),139-155.

Stern,J.D.(1988). *The condition of education: Elementary and secondary education.* Washington,D.C.: National Center of Educational Statistics.

Tapaninen,R.(2005).*The Nordic cooperation network: The school of tomorrow* .Retrieved from http://www.aia.org/cae_confrep_spring05_nordic. Vital Rural Area (2019). Innovative approaches to education. Retrieved from http://www.vitalruralarea.eu/

Windham,D.M.(1988).Effectiveness indicators in the economic analysis of educational activities. *International Journal of Educational Research,12*(6),575-666.

Witkin,B.R.(1984).Social indicators: Using demographic and other statistical data. In B.R.Witkin (Ed.), *Assessing needs in education and social programs* (pp.100-128).CA:Jossey-Bass.

Wu D. & Olson, D.L., (2006). Simulation of fuzzy multi-attribute models for grey relationships. *European Journal of Operational Research, 175*(1), 111-120.

Zadeh, L.A. (1975). The concept of a linguistic variable and its application to approximate reasoning. Part 1: *Information Science. 8*, 199-249; Part 2: Information Science 8, 301-353; Part 3: *Information Science 9*, 43-80

附　錄

附錄一　國民中小學特色學校指標建構問卷（第一次德懷術）

敬愛的教育先進您好：

　　本問卷旨在建構我國國民中小學特色學校指標，請就您的專業知識與實際見解，評定各項指標的重要性，並提供您對指標的意見與看法。您所提供的意見，將供次一回合問卷建構之用，同時，您的寶貴意見也會經由研究者加以彙整分析，於次一回合問卷中提供給所有參與評定成員再評定時之參考。

　　本問卷純屬學術研究，您的意見非常珍貴，對本研究指標建構極為重要，請您填妥後，於 110 年 9 月 18 日以前，以所附之回郵信封寄回。謝謝您的協助與合作，敬頌

時祺

國立暨南國際大學教育政策與行政學系

指導教授:蔡金田博士

博士候選人:張鴻章 敬啟

學者專家編號：

壹、國民中小學特色學校指標之建構說明

一、研究說明

（一）特色學校：特色學校（featured school）係指一所學校能夠在既有的利基，創建永續發展的願景及共識，透過創新的領導及行政管理方式，促動團隊合作的高效能運作，整合在地及社區的相關教育資源創研校本課程、且教師能運用社群機制，精進課堂教學能力與多元教學方法，活化校園空間融入美學意象，構築獨特、特有學校文化及教育環境，能符應或超越使用者的教育、生活和學習需求，主要的核心價值是在創新及優化學生學習提升教育品質。

（二）國民中小學特色學校指標架構分為「層面－向度－指標」三個層次（如下圖），總共包括五個層面、十三個向度、五十九個指標。指標係從教育行政、學校行政、學校經營管理等專書、期刊、研討會、與國內碩博士論文等觸及研究主題之文獻歸納所得。

（三）指標架構

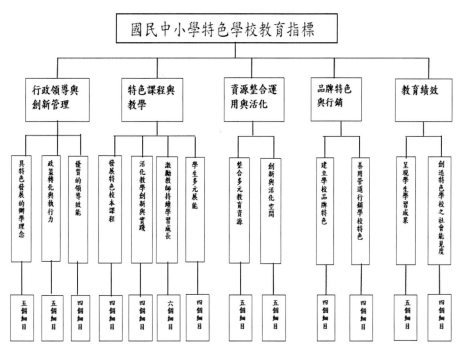

國民中小學特色學校教育指標

| 行政領導與創新管理 | 特色課程與教學 | 資源整合運用與活化 | 品牌特色與行銷 | 教育績效 |

具特色發展的辦學理念 / 政策轉化與執行力 / 優質的領導效能 / 發展特色校本課程 / 活化教學創新與實踐 / 激勵教師持續學習成長 / 學生多元展能 / 整合多元教育資源 / 創新與活化空間 / 建立學校品牌特色 / 善用管道行銷學校特色 / 呈現學生學習成果 / 創造特色學校之社會能見度

五個細目 / 五個細目 / 四個細目 / 四個細目 / 四個細目 / 六個細目 / 四個細目 / 五個細目 / 五個細目 / 四個細目 / 四個細目 / 五個細目 / 四個細目

貳、問卷填答說明

一、本研究計實施二次德懷術

第一次：針對國民中小學特色學校指標進行評估，以「適當性」為界定，採用 Likert 五點量表填答與計分，指標得分愈高，表示愈適當。

第二次：由第一的填答情形，作為意見增刪、合併及指標排序依據，並以「不重要」、「普通」、「重要」為界定，指標得分愈高，表示愈重要。

二、請您依己見評估指標之重要適當程度，在題目右方欄位之五等第，以圈選方式擇一選填，並請務必全部作答。

三、若您對各項指標認為有修正之必要（包括指標之用字遣詞或刪除）請將其寫在各項指標項下之「修正意見」欄位。若您認為有新增指標之必要，請將其填寫在每一向度後之「建議新增指標細目」欄位。在本問卷最後，亦有「綜合評論」一欄，以供您對整體指標填答惠賜高見。

層面	向度	細目	低 ← 適當性 → 高
1. 行政領導與創新管理	1-1 具特色發展的辦學理念	1-1-1 辦學理念能符合學校願景。	1　2　3　4　5
		修正意見：	
		1-1-2 內外部能維持合宜溝通互動，爭取理解與支持。	1　2　3　4　5
		修正意見：	
		1-1-3 能制定短、中、長期校務發展計畫。	1　2　3　4　5
		修正意見：	
		1-1-4 能善用具特色之典禮與儀式凝聚成員之向心力。	1　2　3　4　5
		修正意見：	
		1-1-5 校務規劃能結合社區資源，兼顧親、師、生需求。	1　2　3　4　5
		修正意見：	
建議新增指標細目： 1.　＿＿＿＿＿＿＿＿＿＿＿＿＿＿＿＿＿＿＿＿＿＿＿＿＿＿＿＿＿ 2.　＿＿＿＿＿＿＿＿＿＿＿＿＿＿＿＿＿＿＿＿＿＿＿＿＿＿＿＿＿ 3.　＿＿＿＿＿＿＿＿＿＿＿＿＿＿＿＿＿＿＿＿＿＿＿＿＿＿＿＿＿			

層面	向度	細目	低 ← 適當性 → 高
2. 特色 課程 與教 學	2-1 發展 特色 校本 課程	2-1-1 能依據願景與目標，規劃特色課程。	1　2　3　4　5
		修正意見：	
		2-1-2 課程發展委員會組織能有效運作。	1　2　3　4　5
		修正意見：	
		2-1-3 能跨領域整合，共同協作，精進校本課程內涵。	1　2　3　4　5
		修正意見：	
		2-1-4 能進行跨校聯盟，創發特色學習主題。	1　2　3　4　5
		修正意見：	
建議新增指標細目: 1. 　　　　　　　　　　　　　　　　　　　　　　　　　 2. 　　　　　　　　　　　　　　　　　　　　　　　　　 3. 			

層面	向度	細目	低 ← 適當性 → 高
2. 特色 課程 與教 學	2-2 活化 教學 創新 與實 踐	2-2-1 能運用多元教學策略，落實學生學習。	1　2　3　4　5
		修正意見：	
		2-2-2 能將生活情境融入課程與教學。	1　2　3　4　5
		修正意見：	
		2-2-3 課程能回應特殊族群（如新住民、原住民）之需求，反應多元文化。	1　2　3　4　5
		修正意見：	
		2-2-4 能運用多元評量，提升學生學習成效。	1　2　3　4　5
		修正意見：	

建議新增指標細目：

1. _____

2. _____

3. _____

層面	向度	細目	低 ← 適當性 → 高
2. 特色 課程 與教 學	2-3 激勵 教師 持續 學習 成長	2-3-1 能建立專業社群支持性系統。	1　2　3　4　5
		修正意見：	
		2-3-2 能精進課程設計與教學的能力。	1　2　3　4　5
		修正意見：	
		2-3-3 能透過反思、深度匯談進行回饋。	1　2　3　4　5
		修正意見：	
		2-3-4 能積極參與交流、競賽，提升專業發展。	1　2　3　4　5
		修正意見：	
		2-3-5 能省思課程計畫，管理與分享相關教學檔案紀錄。	1　2　3　4　5
		修正意見：	
		2-3-6 能落實備課、觀課、議課之課程實踐。	1　2　3　4　5
		修正意見：	

建議新增指標細目:

1. _____

2. _____

3. _____

層面	向度	細目	低 ← 適當性 → 高
2. 特色課程與教學	2-4 學生多元展能	2-4-1 能辦理特色多元學習活動及多元社團。	1　2　3　4　5
		修正意見：	
		2-4-2 能辦理各項學習成果發表，肯定並激勵學生表現。	1　2　3　4　5
		修正意見：	
		2-4-3 能獎勵學生參加校內外競賽。	1　2　3　4　5
		修正意見：	
		2-4-4 能重視學生基本素養能力的培養。	1　2　3　4　5
		修正意見：	

建議新增指標細目：

1. _____

2. _____

3. _____

層面	向度	細目	低 ← 適當性 → 高
3. 資源整合運用與活化	3-1 整合多元教育資源	3-1-1 能依據特色發展需求，引進校外資源。	1　2　3　4　5
		修正意見：	
		3-1-2 能重視在地文化，深化在地認同。	1　2　3　4　5
		修正意見：	
		3-1-3 能善用在地環境，融入學校教育。	1　2　3　4　5
		修正意見：	
		3-1-4 能提供軟硬體設施，作為社區居民終身學習。	1　2　3　4　5
		修正意見：	
		3-1-5 能結合社區特色資源，延伸學習場域。	1　2　3　4　5
		修正意見：	
建議新增指標細目： 1. 2. 3.			

層面	向度	細目	低 ← 適當性 → 高
4. 品牌特色與行銷	4-1 建立學校品牌特色	4-1-1 能提升學生學習品質。	1　2　3　4　5
		修正意見：	
		41-2 能採取多元策略與行動，提升學校能見度。	1　2　3　4　5
		修正意見：	
		4-1-3 能組織團隊參與各項競賽，建立學校知名度。	1　2　3　4　5
		修正意見：	
		4-1-4 能創新特色教學樹立學校品牌形象。	1　2　3　4　5
		修正意見：	
建議新增指標細目: 1. 2. 3.			

層面	向度	細目	低 ← 適當性 → 高
4. 品牌特色與行銷	4-2 善用管道行銷學校特色	4-2-1 能透過大型集會宣傳辦學績效與辦學特色。	1　2　3　4　5
		修正意見：	
		4-2-2 能善用網頁與社群軟體即時更新活動訊息。	1　2　3　4　5
		修正意見：	
		4-2-3 能主動發布新聞稿、行銷辦學成果。	1　2　3　4　5
		修正意見：	
		4-2-4 能努力爭取報章雜誌、新聞採訪，提高學校能見度。	1　2　3　4　5
		修正意見：	
建議新增指標細目： 1. 2. 3.			

層面	向度	細目	低 ← 適當性 → 高
5. 教育 績效	5-1 呈現 學生 學習 成果	5-1-1 教學活動能以學生為主體。	1 2 3 4 5
		修正意見：	
		5-1-2 能透過課程學習提升學習動機。	1 2 3 4 5
		修正意見：	
		5-1-3 在課程學習過程中能激發多元潛能。	1 2 3 4 5
		修正意見：	
		5-1-4 能訂定各項激勵辦法，公開表揚優異學習成果。	1 2 3 4 5
		修正意見：	
		5-1-5 能提升學習素養能力。	1 2 3 4 5
		修正意見：	
建議新增指標細目： 1. _____ 2. _____ 3. _____			

層面	向度	細目	低 ← 適當性 → 高
5. 教育 績效	5-2 創造 特色 學校 之社 會接 受度	5-2-1 經營成效，能夠獲得認同肯定。	1　2　3　4　5
		修正意見：	
		5-2-2 能與社區互惠共榮，創造學校與社區之特色價值。	1　2　3　4　5
		修正意見：	
		5-2-3 能贏得家長信賴，樂意挹注教育資源	1　2　3　4　5
		修正意見：	
		5-2-4 能成為社區學習中心。	1　2　3　4　5
		修正意見：	
建議新增指標細目： 1. 2. 3.			

附錄二 國民中小學特色學校指標建構問卷（第一次德懷術分析統計結果）

敬愛的教育先進您好：

　　第一次的德懷術實施，承蒙您的協助與指導，您的寶貴意見釐清後學研究上的一些盲點，並促使指標之建構更為適切及周延。

　　本研究接續第二次德懷術，本次問卷係第一次德懷術專家小組成員提供之寶貴意見彙整而成，將第一次德懷術問卷計算出各指標細目之平均數(M)、眾數(Mo)與標準差(SD)，同時進行意涵修正（修改部分以黑色粗體表示）與細目增刪，最後並請學者專家提供其他相關建議。

　　請學者專家您從「重要」、「普通」與「不重要」三個選項擇一勾選，以 1 至 3 分計分，選填分數愈高者表示該指標愈重要。為想環保及順應數位趨勢，將採數位填答，煩請您於 110 年 10 月 2 日前以回傳，再次感謝您的協助與指正，敬頌

　　時祺

　　　　　　　　　　　　國立暨南國際大學教育政策與行政學系

　　　　　　　　　　　　　　　指導教授：蔡金田博士

　　　　　　　　　　　　　　　博士候選人：張鴻章 敬啟

　　專家編號：

第一次德懷術指標修正內容

層面	向度	細目	統計結果		
			M	Mo	SD
1. 行政 領導 與創 新管 理	1-1 具特色 發展的 辦學理 念	1-1-1 辦學理念能符合學校 願景。	4.75	5	0.62
		1-1-2 能建立合宜溝通互動 平台，爭取理解與資源。	4.75	5	0.45
		1-1-3 能制定短、中、長期具 **特色**校務發展計畫。	4.58	5	0.67
		1-1-4 能善用具特色之典禮 與儀式凝聚成員之向心力。	4.33	4	0.49
		1-1-5 校務規劃能結合社區 **特色**，兼顧親、師、生需求。	4.92	5	0.29
		1-1-6 能架構學校願景及學 生圖像。	新增細目		
	1-2 政策轉 化與執 行力	1-2-1 能了解中央與地方的 重要教育政策。	4.50	5	0.90
		1-2-2 能轉化教育政策成為 適合學校的辦學特色。	4.67	5	0.65
		1-2-3 校長能追求自我專業 成長、**反思與政策執行能 力。**	4.83	5	0.39
		1-2-4 能接納各方意見，多向 溝通使其支持**政策作為**。	4.83	5	0.39
		1-2-5 促進團隊合作，行政效 率具創新、彈性。	4.92	5	0.29
	1-3 優質的 領導效 能	1-3-1 能不斷的鼓勵成員實 現學校教育目標。	4.92	5	0.29
		1-3-2 校長具備領導**能力，展 現合宜領導作為。**	4.92	5	0.29
		1-3-3 校長辦學具熱忱，積極 投入校務經營發展。	5.00	5	0.00
		1-3-4 行政人員與教師能相 互合作，共同努力發展。	4.83	5	0.39
		1-3-5 校長能正確掌握「改 變」的重要性並積極投入。	新增細目		
2. 特色 課程	2-1 發展特 色校訂	2-1-1 能依據願景與目標，規 劃特色課程。	4.83	5	0.39
		2-1-2 課程發展委員會組織	4.67	5	0.49

與教學	課程	能有效運作。			
		2-1-3 能跨領域整合，共同協作，精進**校訂課程**內涵。	4.92	5	0.29
		2-1-4 能進行跨校聯盟，創發特色學習主題。	4.25	4	0.62
		2-1-5 能創發特色課程模組與分享。	新增細目		
	2-2 活化教學創新與實踐	2-2-1 能運用多元教學策略，落實學生學習。	4.92	5	0.29
		2-2-2 能將**素養導向教育**融入課程與教學。	4.83	5	0.39
		2-2-3 課程能回應特殊族群（如新住民、原住民）之需求，反應多元文化。	4.75	5	0.45
		2-2-4 能運用多元評量，**並提供扶助學習課程**，提升學生學習成效。	4.83	5	0.39
	2-3 激勵教師持續學習成長	2-3-1 能建立**教師**專業社群支持性系統。	4.67	5	0.49
		2-3-2 能精進課程設計與教學的能力。	5.00	5	0.00
		2-3-3 能透過反思、深度匯談進行回饋。	4.58	5	0.51
		2-3-4 能積極參與交流、**指導學生競賽**，提升專業發展。	4.67	5	0.65
		2-3-5 能省思課程計畫，管理與分享相關教學檔案紀錄。	4.58	5	0.51
		2-3-6 能落實備課、觀課、議課之課程實踐。	4.75	5	0.45
	2-4 學生多元展能	2-4-1 能辦理特色多元學習活動及多元社團。	4.75	5	0.45
		2-4-2 能辦理各項學習成果發表，肯定並激勵學生表現。	4.83	5	0.39
		2-4-3 能獎勵學生參加校內外競賽。	4.58	5	0.51
		2-4-4 能重視學生基本素養能力的培養。	4.92	5	0.29
		2-4-5 能重視學生學習歷程的展現。	新增細目		
3. 資源	3-1 整合多	3-1-1 能依據特色發展需求，引進校外資源。	4.83	5	0.39

整合運用與活化	元教育資源	3-1-2 能讓親、師、生重視在地文化，深化在地認同。	4.75	5	0.45
		3-1-3 能善用在地環境與資源，融入學校課程活動。	4.83	5	0.39
		3-1-4 能提供軟硬體設施，作為社區居民終身學習。	4.08	4	0.67
		3-1-5 能結合社區特色資源，延伸學習場域。	4.58	5	0.67
	3-2 創新與活化空間	3-2-1 閒置空間能活化再利用。	4.67	5	0.49
		3-2-2 能營造成符合教師教學與學習需求之空間。	4.92	5	0.29
		3-2-3 能營造與社區共存共榮之校園環境。	4.67	5	0.49
		3-2-4 能整合學校、社區數位平台，呈現特色課程學習成果。	4.75	5	0.45
		3-2-5 能打造綠色環境，邁向永續發展。	4.75	5	0.45
4. 品牌特色與行銷	4-1 建立學校品牌特色	4-1-1 能採取多元策略與行動，提升學校能見度。	4.83	5	0.58
		4-1-2 能組織團隊參與各項競賽，建立學校知名度。	4.42	4.5	0.67
		4-1-3 能創新特色教學樹立學校品牌形象。	4.83	5	0.58
		4-1-4 能增加師生對學校的認同感。	新增細目		
	4-2 善用管道行銷學校特色	4-2-1 能透過各種活動宣傳辦學績效與辦學特色。	4.67	5	0.65
		4-2-2 能善用網頁與社群軟體並即時更新活動訊息。	4.83	5	0.39
		4-2-3 能主動發布新聞稿、行銷辦學成果。	4.58	5	0.67
		4-2-4 能努力爭取報章雜誌、新聞採訪，提高學校能見度。	4.50	5	0.67
5. 教育績效	5-1 呈現學生學習成果	5-1-1 教學活動能以學生為主體。	4.92	5	0.29
		5-1-2 能透過課程學習提升學習動機。	4.92	5	0.29
		5-1-3 在課程學習過程中能激發學生多元潛能。	5.00	5	0.00

	5-1-4 能訂定各項激勵辦法，公開表揚**學生**優異學習成果。	4.67	5	0.49
	5-1-5 能提升**學生**學習素養能力。	4.75	5	0.45
5-2 創造特色學校之社會接受度	5-2-1 **學校**經營成效，能夠獲得**親、師、生**認同肯定。	4.83	5	0.39
	5-2-2 **學校**能與社區互惠共榮，創造學校與社區之特色價值	4.83	5	0.39
	5-2-3 能贏得家長信賴，樂意挹注教育資源。	4.92	5	0.29
	5-2-4 **學校**能成為社區學習與**文化傳承**中心。	4.58	5	0.51
	5-2-5 能以特色課程為標竿，成為跨縣、跨區的指標學校。	新增細目		

專家請簽名:

若對問卷上有其它建議，請填寫於下：

附錄三　國民中小學特色學校指標建構問卷（第二次德懷術）

敬愛的教育先進您好：

　　第一次的德懷術實施，承蒙您的協助與指導，您的寶貴意見釐清後學研究上的一些盲點，並促使指標之建構更為適切及周延。

　　本研究接續第二次德懷術，本次問卷係第一次德懷術專家小組成員提供之寶貴意見彙整而成，將第一次德懷術問卷計算出各指標細目之平均數(M)、眾數(Mo)與標準差(SD)，同時進行意涵修正（修改部分以黑色粗體表示）與細目增刪，最後並請學者專家提供其他相關建議。

　　請學者專家您從「重要」、「普通」與「不重要」三個選項擇一勾選，以 1 至 3 分計分，選填分數愈高者表示該指標愈重要。為想環保及順應數位趨勢，將採數位填答，煩請您於 110 年 10 月 2 日前以回傳，再次感謝您的協助與指正，敬頌

　　時祺

國立暨南國際大學教育政策與行政學系

指導教授：蔡金田博士

博士候選人：張鴻章 敬啟

專家編號：

第一次德懷術指標修正內容(請於每個指標細目的「重要程度」欄位勾選)

層面	向度	細目	統計結果			重要程度		
						重要	普通	不重要
			M	Mo	SD	3	2	1
1. 行政領導與創新管理	1-1 具特色發展的辦學理念	1-1-1 辦學理念能符合學校願景。	4.75	5	0.62			
		1-1-2 能建立合宜溝通互動平台,爭取理解與資源。	4.75	5	0.45			
		1-1-3 能制定短、中、長期具特色校務發展計畫。	4.58	5	0.67			
		1-1-4 能善用具特色之典禮與儀式凝聚成員之向心力。	4.33	4	0.49			
		1-1-5 校務規劃能結合社區特色,兼顧親、師、生需求。	4.92	5	0.29			
		1-1-6 能架構學校願景及學生圖像。	新增細目					
	1-2 政策轉化與執行力	1-2-1 能了解中央與地方的重要教育政策。	4.50	5	0.90			
		1-2-2 能轉化教育政策成為適合學校的辦學特色。	4.67	5	0.65			
		1-2-3 校長能追求自我專業成長、反思與政策執行能力。	4.83	5	0.39			
		1-2-4 能接納各方意見,多向溝通使其支持政策作為。	4.83	5	0.39			
		1-2-5 促進團隊合作,行政效率具創新、彈性。	4.92	5	0.29			
	1-3 優質的領導效能	1-3-1 能不斷的鼓勵成員實現學校教育目標。	4.92	5	0.29			
		1-3-2 校長具備領導能力,展現合宜領導作為。	4.92	5	0.29			
		1-3-3 校長辦學具熱忱,積極投入校務經營發展。	5.00	5	0.00			
		1-3-4 行政人員與教師能相互合作,共同努力發展。	4.83	5	0.39			
		1-3-5 校長能正確掌握「改變」的重要性並積極投入。	新增細目					
2. 特色課程	2-1 發展特色	2-1-1 能依據願景與目標,規劃特色課程。	4.83	5	0.39			
		2-1-2 課程發展委員會組織	4.67	5	0.49			

與教學	校訂課程	能有效運作。					
		2-1-3 能跨領域整合，共同協作，精進**校訂**課程內涵。	4.92	5	0.29		
		2-1-4 能進行跨校聯盟，創發特色學習主題。	4.25	4	0.62		
		2-1-5 能創發特色課程模組與分享。	新增細目				
	2-2 活化教學創新與實踐	2-2-1 能運用多元教學策略，落實學生學習。	4.92	5	0.29		
		2-2-2 能將**素養導向教育**融入課程與教學。	4.83	5	0.39		
		2-2-3 課程能回應特殊族群（如新住民、原住民）之需求，反應多元文化。	4.75	5	0.45		
		2-2-4 能運用多元評量，**並提供扶助學習課程**，提升學生學習成效。	4.83	5	0.39		
	2-3 激勵教師持續學習成長	2-3-1 能建立**教師**專業社群支持性系統。	4.67	5	0.49		
		2-3-2 能精進課程設計與教學的能力。	5.00	5	0.00		
		2-3-3 能透過反思、深度匯談進行回饋。	4.58	5	0.51		
		2-3-4 能積極參與交流、**指導學生競賽**，提升專業發展。	4.67	5	0.65		
		2-3-5 能省思課程計畫，管理與分享相關教學檔案紀錄。	4.58	5	0.51		
		2-3-6 能落實備課、觀課、議課之課程實踐。	4.75	5	0.45		
	2-4 學生多元展能	2-4-1 能辦理特色多元學習活動及多元社團。	4.75	5	0.45		
		2-4-2 能辦理各項學習成果發表，肯定並激勵學生表現。	4.83	5	0.39		
		2-4-3 能獎勵學生參加校內外競賽。	4.58	5	0.51		
		2-4-4 能重視學生基本素養能力的培養。	4.92	5	0.29		
		2-4-5 能重視學生學習歷程的展現。	新增細目				
3. 資源整合	3-1 整合多元	3-1-1 能依據特色發展需求，引進校外資源。	4.83	5	0.39		
		3-1-2 **能讓親、師、生重視在**	4.75	5	0.45		

運用與活化	教育資源	地文化，深化在地認同。						
		3-1-3 能善用在地環境與資源，融入學校課程活動。	4.83	5	0.39			
		3-1-4 能提供軟硬體設施，作為社區居民終身學習。	4.08	4	0.67			
		3-1-5 能結合社區特色資源，延伸學習場域。	4.58	5	0.67			
	3-2 創新與活化空間	3-2-1 閒置空間能活化再利用。	4.67	5	0.49			
		3-2-2 能營造成符合教師教學與學習需求之空間。	4.92	5	0.29			
		3-2-3 能營造與社區共存共榮之校園環境。	4.67	5	0.49			
		3-2-4 能整合學校、社區數位平台，呈現特色課程學習成果。	4.75	5	0.45			
		3-2-5 能打造綠色環境，邁向永續發展。	4.75	5	0.45			
4. 品牌特色與行銷	4-1 建立學校品牌特色	4-1-1 能採取多元策略與行動，提升學校能見度。	4.83	5	0.58			
		4-1-2 能組織團隊參與各項競賽，建立學校知名度。	4.42	4.5	0.67			
		4-1-3 能創新特色教學樹立學校品牌形象。	4.83	5	0.58			
		4-1-4 能增加師生對學校的認同感。	新增細目					
	4-2 善用管道行銷學校特色	4-2-1 能透過各種活動宣傳辦學績效與辦學特色。	4.67	5	0.65			
		4-2-2 能善用網頁與社群軟體並即時更新活動訊息。	4.83	5	0.39			
		4-2-3 能主動發布新聞稿、行銷辦學成果。	4.58	5	0.67			
		4-2-4 能努力爭取報章雜誌、新聞採訪,提高學校能見度。	4.50	5	0.67			
5. 教育績效	5-1 呈現學生學習成果	5-1-1 教學活動能以學生為主體。	4.92	5	0.29			
		5-1-2 能透過課程學習提升學習動機。	4.92	5	0.29			
		5-1-3 在課程學習過程中能激發學生多元潛能。	5.00	5	0.00			
		5-1-4 能訂定各項激勵辦法，公開表揚學生優異學習成	4.67	5	0.49			

		果。					
		5-1-5 能提升**學生**學習素養能力。	4.75	5	0.45		
5-2 創造 特色 學校 之社 會接 受度		5-2-1 **學校**經營成效，能夠獲得**親、師、生**認同肯定。	4.83	5	0.39		
		5-2-2 **學校**能與社區互惠共榮，創造學校與社區之特色價值。	4.83	5	0.39		
		5-2-3 能贏得家長信賴，樂意挹注教育資源。	4.92	5	0.29		
		5-2-4 **學校**能成為社區學習與**文化傳承**中心。	4.58	5	0.51		
		5-2-5 **能以特色課程為標竿，成為跨縣、跨區的指標學校。**	新增細目				

專家請簽名：

若對問卷上有其它建議，請填寫於下：

附錄四　國民中小學特色學校指標建構問卷（第二次德懷術分析結果）

敬愛的教育先進您好：

　　第一次的德懷術實施，承蒙您的協助與指導，您的寶貴意見釐清後學研究上的一些盲點，並促使指標之建構更為適切及周延。

　　本研究接續第二次德懷術，本次問卷係第一次德懷術專家小組成員提供之寶貴意見彙整而成，將第一次德懷術問卷計算出各指標細目之平均數(M)、眾數(Mo)與標準差(SD)，同時進行意涵修正（修改部分以黑色粗體表示）與細目增刪，最後並請學者專家提供其他相關建議。

　　請學者專家您從「重要」、「普通」與「不重要」三個選項擇一勾選，以1至3分計分，選填分數愈高者表示該指標愈重要。為想環保及順應數位趨勢，將採數位填答，煩請您於110年 10月2 日前以回傳，再次感謝您的協助與指正，敬頌

　　時祺

　　　　　　　　　　　　　　國立暨南國際大學教育政策與行政學系

　　　　　　　　　　　　　　　　　指導教授：蔡金田博士

　　　　　　　　　　　　　　　　　博士候選人：張鴻章 敬啟

專家編號：

276

第二次德懷術指標統計分析結果

層面	向度	細目	統計結果			重要程度		
						重要	普通	不重要
			M	Mo	SD	%		
1. 行政領導與創新管理	1-1 具特色發展的辦學理念	1-1-1 辦學理念能符合學校願景。	4.75	5	0.62	92	8	0
		1-1-2 能建立合宜溝通互動平台，爭取理解與資源。	4.75	5	0.45	100	0	0
		1-1-3 能制定短、中、長期具**特色校務發展計畫**。	4.58	5	0.67	83	17	0
		1-1-4 能善用具特色之典禮與儀式凝聚成員之向心力。	4.33	4	0.49	67	33	0
		1-1-5 校務規劃能結合社區**特色，兼顧親、師、生需求**。	4.92	5	0.29	92	8	0
		1-1-6 能架構學校願景及學生圖像。	新增細目			92	8	0
	1-2 政策轉化與執行力	1-2-1 能了解中央與地方的重要教育政策。	4.50	5	0.90	83	17	0
		1-2-2 能轉化教育政策成為適合學校的辦學特色。	4.67	5	0.65	92	8	0
		1-2-3 校長能追求自我專業成長、**反思與政策執行能力**。	4.83	5	0.39	92	8	0
		1-2-4 能接納各方意見，多向溝通使其支持**政策作為**。	4.83	5	0.39	92	8	0
		1-2-5 促進團隊合作，行政效率具創新、彈性。	4.92	5	0.29	100	0	0
	1-3 優質的領導效能	1-3-1 能不斷的鼓勵成員實現學校教育目標。	4.92	5	0.29	100	0	0
		1-3-2 校長具備領導能力，展**現合宜領導作為**。	4.92	5	0.29	100	0	0
		1-3-3 校長辦學具熱忱，積極投入校務經營發展。	5.00	5	0.00	92	8	0
		1-3-4 行政人員與教師能相互合作，共同努力發展。	4.83	5	0.39	100	0	0
		1-3-5 校長能正確掌握「改變」的重要性並積極投入。	新增細目			100	0	0
2. 特色	2-1 發展	2-1-1 能依據願景與目標，規劃特色課程。	4.83	5	0.39	100	0	0

課程與教學	特色校訂課程	2-1-2 課程發展委員會組織能有效運作。	4.67	5	0.49	92	8	0
		2-1-3 能跨領域整合,共同協作,精進**校訂課程**內涵。	4.92	5	0.29	100	0	0
		~~2-1-4 能進行跨校聯盟,創發特色學習主題。~~	4.25	4	0.62	42	50	8
		2-1-5 能創發特色課程模組與分享。	新增細目			100	0	0
	2-2 活化教學創新與實踐	2-2-1 能運用多元教學策略,落實學生學習。	4.92	5	0.29	100	0	0
		2-2-2 能將**素養導向教育**融入課程與教學。	4.83	5	0.39	100	0	0
		~~2-2-3 課程能回應特殊族群（如新住民、原住民）之需求,反應多元文化。~~	4.75	5	0.45	83	8	8
		2-2-4 能運用多元評量,**並提供扶助學習課程**,提升學生學習成效。	4.83	5	0.39	92	8	0
	2-3 激勵教師持續學習成長	2-3-1 能建立**教師**專業社群支持性系統。	4.67	5	0.49	100	0	0
		2-3-2 能精進課程設計與教學的能力。	5.00	5	0.00	100	0	0
		2-3-3 能透過反思、深度匯談進行回饋。	4.58	5	0.51	75	25	0
		2-3-4 能積極參與交流,**指導學生競賽**,提升專業發展。	4.67	5	0.65	83	17	0
		2-3-5 能省思課程計畫,管理與分享相關教學檔案紀錄。	4.58	5	0.51	83	17	0
		2-3-6 能落實備課、觀課、議課之課程實踐。	4.75	5	0.45	92	8	0
	2-4 學生多元展能	2-4-1 能辦理特色多元學習活動及多元社團。	4.75	5	0.45	100	0	0
		2-4-2 能辦理各項學習成果發表,肯定並激勵學生表現。	4.83	5	0.39	100	0	0
		~~2-4-3 能獎勵學生參加校內外競賽。~~	4.58	5	0.51	75	17	8
		2-4-4 能重視學生基本素養能力的培養。	4.92	5	0.29	92	8	0
		2-4-5 能重視學生學習歷程的展現。	新增細目			92	8	0
3.	3-1	3-1-1 能依據特色發展需	4.83	5	0.39	100	0	0

資源整合運用與活化	整合多元教育資源	求，引進校外資源。						
		3-1-2 能讓親、師、生重視在地文化，深化在地認同。	4.75	5	0.45	100	0	0
		3-1-3 能善用在地環境與資源，融入學校課程活動。	4.83	5	0.39	100	0	0
		3-1-4 能提供軟硬體設施，作為社區居民終身學習。	4.08	4	0.67	58	33	8
		3-1-5 能結合社區特色資源，延伸學習場域。	4.58	5	0.67	83	17	0
	3-2 創新與活化空間	3-2-1 閒置空間能活化再利用。	4.67	5	0.49	100	0	0
		3-2-2 能營造成符合教師教學與學習需求之空間。	4.92	5	0.29	100	0	0
		3-2-3 能營造與社區共存共榮之校園環境。	4.67	5	0.49	92	8	0
		3-2-4 能整合學校、社區數位平台，呈現特色課程學習成果。	4.75	5	0.45	92	8	0
		3-2-5 能打造綠色環境，邁向永續發展。	4.75	5	0.45	83	17	0
4. 品牌特色與行銷	4-1 建立學校品牌特色	4-1-1 能採取多元策略與行動，提升學校能見度。	4.83	5	0.58	100	0	0
		4-1-2 能組織團隊參與各項競賽，建立學校知名度。	4.42	4.5	0.67	83	17	0
		4-1-3 能創新特色教學樹立學校品牌形象。	4.83	5	0.58	92	8	0
		4-1-4 能增加師生對學校的認同感。	新增細目			100	0	0
	4-2 善用管道行銷學校特色	4-2-1 能透過各種活動宣傳辦學績效與辦學特色。	4.67	5	0.65	92	8	0
		4-2-2 能善用網頁與社群軟體並即時更新活動訊息。	4.83	5	0.39	100	0	0
		4-2-3 能主動發布新聞稿、行銷辦學成果。	4.58	5	0.67	83	17	0
		4-2-4 能努力爭取報章雜誌、新聞採訪，提高學校能見度。	4.50	5	0.67	58	42	0
5. 教育績效	5-1 呈現學生學習成果	5-1-1 教學活動能以學生為主體。	4.92	5	0.29	100	0	0
		5-1-2 能透過課程學習提升學習動機。	4.92	5	0.29	1.0	0	0
		5-1-3 在課程學習過程中能	5.00	5	0.00	100	0	0

		激發**學生**多元**潛能**。					
		5-1-4 能訂定各項激勵辦法，公開表揚**學生**優異學習成果。	4.67	5	0.49	92	8	0
		5-1-5 能提升**學生**學習素養能力。	4.75	5	0.45	100	0	0
5-2 創造特色學校之社會接受度		5-2-1 **學校**經營成效，能夠獲得**親、師、生**認同肯定。	4.83	5	0.39	100	0	0
		5-2-2 **學校**能與社區互惠共榮，創造學校與社區之特色價值。	4.83	5	0.39	100	0	0
		5-2-3 能贏得家長信賴，樂意挹注教育資源。	4.92	5	0.29	100	0	0
		5-2-4 **學校**能成為社區學習與文化傳承中心。	4.58	5	0.51	92	8	0
		5-2-5 能以特色課程為標竿，成為跨縣、跨區的指標學校。	新增細目			75	25	0

專家請簽名：

若對問卷上有其它建議，請填寫於下：

280

附錄五　國民中小學特色學校指標相對權重問卷

敬愛的教育專家您好：

　　您好！本研究旨在建構「國民中小學特色學校指標」之權重體系並進行實證分析。素仰 先進熱心教育、學養豐富，為此一領域之專家，期盼藉由此問卷能彙整您對國民中小學特色學校指標間相對重要性之看法。本問卷歷經二次德懷術分析，已就指標之適切性與重要性進行修正和增刪，同時透過問卷預試，篩選出重要指標和進行信度分析。本次調查係針對上述調查結果進行各項指標

　　間相對重要性之評估，敬請依您的經驗與研究，給予專業判斷，並於 110 年 11 月 30 日前以回郵信封見復。再次感謝您的協助與指導。耑此 順頌

　　教祺

國立暨南國際大學教育政策與行政學系

指導教授:蔡金田博士

博士候選人:張鴻章 敬啟

　　學者專家編號：

壹、填答說明

一、「相對權重」係指各指標在本研究指標體系中的相對重要程度，它以模糊層級分析法（Fuzzy Analytical Hierarchy Process，FAHP），藉由各面向指標間的兩兩比較來決定。

二、本調查問卷採九點量表，依序進行指標間之兩兩成對比較，評定左右兩邊評估指標的相對重要性。

三、選填作答時請您注意同一組指標間邏輯的一致性，例如選填結果應符合「A>B、B>C，則 A>C」的邏輯；若填答結果違反一致性假設，將導致填答內容無效。

四、勾選之前請先按各分項指標的重要程度排列順序，以提高勾選時的一致性。

五、指標相對重要性之勾選，於分項指標重要程度排列順序完成後，依重要程度邏輯進行指標間兩兩成對比較。

貳、名詞釋義

特色學校：特色學校（featured school）係指一所學校能夠在既有的利基，創建永續發展的願景及共識，透過創新的領導及行政管理方式，促動團隊合作的高效能運作，整合在地及社區的相關教育資源創研校本課程、且教師能運用社群機制，精進課堂教學能力與多元教學方法，活化校園空間融入美學意象，構築獨特、特有學校文化及教育環境，能符應或超越使用者的教育、生活和學習需求，主要的核心價值是在創新及優化學生學習提升教育品質。

參、指標內涵架構

國民中小學特色學校指標架構分為「層面－向度－指標」三個層次（如下圖），總共包括五個層面、十三個向度、五十八個指標。指標係從教育行政、學校行政、學校經營管理等專書、期刊、研討會、與國內碩博士論文等觸及研究主題之文獻歸納所得。

（三）指標架構

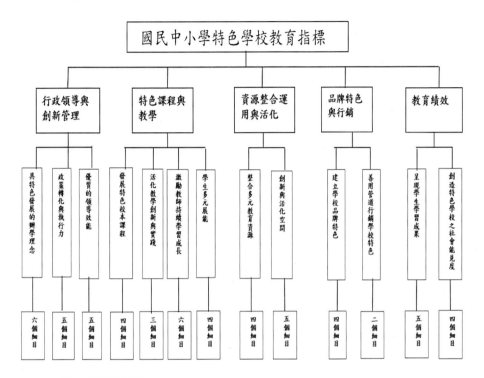

國民中小學特色學校教育指標

| 行政領導與創新管理 | 特色課程與教學 | 資源整合運用與活化 | 品牌特色與行銷 | 教育績效 |

行政領導與創新管理：具特色發展的辦學理念（六個細目）、政策轉化與執行力（五個細目）、優質的領導效能（五個細目）

特色課程與教學：發展特色校本課程（四個細目）、活化教學創新與實踐（三個細目）、激勵教師持續學習成長（六個細目）、學生多元展能（四個細目）

資源整合運用與活化：整合多元教育資源（四個細目）、創新與活化空間（五個細目）

品牌特色與行銷：建立學校品牌特色（四個細目）、善用管道行銷學校特色（二個細目）

教育績效：呈現學生學習成果（五個細目）、創造特色學校之社會能見度（四個細目）

肆、範例說明

　　茲以向度比較為例：舉一個例子，例如國民中小學特色學校教育指標的「特色課程與教學」層面有四個向度：2-1 學校能發展特色校訂課程、2-2 活化教學創新與實踐、2-3 激勵教師持續學習成長、2-4 學生多元展能。您認為重要程度排序為何？各評估指標向度間相對重要性又為何？您可先就您認為的重要性排列，例如：您認為的重要性是：2-1 學校能發展特色校訂課程≧2-3 激勵教師持續學習成長≧2-2 活化教學創新與實踐≧2-4 學生多元展能重要程度的順序：（2-1）≧（2-3）≧（2-2）≧（2-4）接著再依相對重要的程度填入問卷：

　　例如：若依照重要程度順序，「激勵教師持續學習成長」比「學生多元展能」來的重要，因此，請在認為合適的空格中打勾，下面的例子即表示

「2-3 激勵教師持續學習成長」較「2-4 學生多元展」重要，其重要性的比為 5（重要）。相對的，若您認為指標 B 比指標 A 重要，則請在右邊的 2~9 等八個空格中填上一個您心目中這兩個指標重要性的比重，越靠近左右兩邊，表示指標 A 或指標 B 的重要性越大，中間的「同等重要」（1）則表示兩個評估指標一樣重要。以下類推。惟須注意應依重要程度排序，否則即違反重要程度邏輯概念。

【向度相關權重】請在適當欄位打勾

指標A	絕對重要		相當重要		重要		稍微重要		同等重要		稍微重要		重要		相當重要		絕對重要	指標B
	9	8	7	6	5	4	3	2	1	2	3	4	5	6	7	8	9	
2-1 學校能發展特色校訂課程					v													2-2 活化教學創新與實踐
2-1 學校能發展特色校訂							v											2-3 激勵教師持續學習成

284

指標A						強度							指標B
課程													長
2-1 學校能發展特色校訂課程	v												2-4 學生多元展能
2-2 活化教學創新與實踐							v						2-3 激勵教師持續學習成長
2-2 活化教學創新與實踐	v												2-4 學生多元展能

285

指標 A	強度												指標 B
2-3 激勵教師持續學習成長				V									2-4 學生多元展能

伍、相對權重調查

以下請對表列之各組指標，1.先依其重要程度排列順序，2.再分別評定兩兩指標相對重要程度，並於欄內打 V。

【開始填答】

【指標五個層面相關權重】

一、 本研究「國民中小學特色學校教育指標」五個層面：1.行政領導與創新管理、2.特色課程與教學、3.資源整合運用與活化、4.品牌特色與行銷、5.教育績效，您認為重要程度排序為何？各指標層面間相對重要性又為何？

層面
1. 行政領導與創新管理
2. 特色課程與教學
3. 資源整合運用與活化
4. 品牌特色與行銷
5. 教育績效

請填寫重要程度順序：（　）≧（　）≧（　）≧（　）≧（　）

【層面相關權重】請在適當欄位打勾

指標A	強度															指標B
	絕對重要	相當重要	重要	稍微重要	同等重要	稍微重要	重要	相當重要	絕對重要							
	9	8	7	6	5	4	3	2	1	2	3	4	5	6	7	8	9	
1.行政領導與創新管理																		2.特色課程與教學
1.行政領導與創新管理																		3.資源整合運用與活化
1.行政領導與創新管理																		4.品牌特色與行銷
1.行政																		5.教育

指標 A																	指標 B
	←					強度										→	
領導與創新管理																	績效
2. 特色課程與教學																	3. 資源整合運用與活化
2. 特色課程與教學																	4. 品牌特色與行銷
2. 特色課程與教學																	5. 教育績效
3. 資源整合運																	4. 品牌特色與

指標A	強度															指標B
用與活化																行銷
3.資源整合運用與活化																5.教育績效
4.品牌特色與行銷																5.教育績效

【層面 1:政領導與創新管理之向度相關權重】

二、層面 1:行政領導與創新管理之向度(1-1 具特色發展的辦學理念、
1-2 政策轉化與執行力、1-3 優質的領導效能),您認為重要程度排序為何?
各指標層面間相對重要性又為何?

層面 1
1-1 具特色發展的辦學理念
1-2 政策轉化與執行力
1-3 優質的領導效能

請填寫重要程度順序:( ) ≧ ( ) ≧ ( )

【向度相關權重】請在適當欄位打勾

指標A	強度									指標B
	絕對重要	相當重要	重要	稍微重要	同等重要	稍微重要	重要	相當重要	絕對重要	
	9	8	7	6	5	4	3	2	1	2	3	4	5	6	7	8	9	
1-1 具特色發展的辦學理念																		1-2 政策轉化與執行力
1-1 具特色發展的辦學理念																		1-3 優質的領導效能

指標A	強度														指標B
1-2政策轉化與執行力															1-3優質的領導效能

【層面 2 特色課程與教學之向度相關權重】

三、層面 2: 特色課程與教學之向度（2-1 學校能發展特色校訂課程、2-2 活化教學創新與實踐、2-3 激勵教師持續學習成長、2-4 學生多元展能），您認為重要程度排序為何？各指標層面間相對重要性又為何？

層面 2
2-1 學校能發展特色校訂課程
2-2 活化教學創新與實踐
2-3 激勵教師持續學習成長
2-4 學生多元展能

請填寫重要程度順序：（　）≧（　）≧（　）≧（　）

【向度相關權重】請在適當欄位打勾

指標A	強度																	指標B
	絕對重要		相當重要		重要		稍微重要		同等重要		稍微重要		重要		相當重要		絕對重要	
	9	8	7	6	5	4	3	2	1	2	3	4	5	6	7	8	9	
2-1學校能發展特色校訂課程																		2-2活化教學創新與實踐
2-1學校能發展特色校訂課程																		2-3激勵教師持續學習成長
2-1學校能發展特色																		2-4學生多元展能

指標 A	← 強度 →															指標 B
校訂課程																
2-2 活化教學創新與實踐																2-3 激勵教師持續學習成長
2-2 活化教學創新與實踐																2-4 學生多元展能
2-3 激勵教師持續學習成長																2-4 學生多元展能

【層面 3 資源整合運用與活化之向度相關權重】

四、層面 3: 資源整合運用與活化之向度（3-1 整合多元教育資源、3-2 創新與活化空間），您認為重要程度排序為何？各指標層面間相對重要性又為何？

層面 3
3-1 整合多元教育資源
3-2 創新與活化空間實踐

請填寫重要程度順序：（　）≧（　）

【向度相關權重】請在適當欄位打勾

指標 A	強度									指標 B
	絕對重要	相當重要	重要	稍微重要	同等重要	稍微重要	重要	相當重要	絕對重要	
	9	8	7	6	5	4	3	2	1	2	3	4	5	6	7	8	9	
3-1 整合多元教育資源																			3-2 創新與活化空間實踐

【層面 4.品牌特色與行銷之向度相關權重】

五、層面 4：4.品牌特色與行銷之向度（4-1 建立學校品牌特色、4-2 善用管道行銷學校特色），您認為重要程度排序為何？各指標層面間相對重要性又為何？

層面 4
4-1 建立學校品牌特色
4-2 善用管道行銷學校特色

請填寫重要程度順序：（　）≧（　）

【向度相關權重】請在適當欄位打勾

指標 A	←				強度				→	指標 B
	絕對重要	相當重要	重要	稍微重要	同等重要	稍微重要	重要	相當重要	絕對重要	
	9	8	7	6	5	4	3	2	1	2	3	4	5	6	7	8	9	
4-1 建立學校品牌特色																		4-2 善用管道行銷學校特色

【層面 5.教育績效之向度相關權重】

六、層面 5：5.教育績效之向度（5-1 呈現學生學習成果、5-2 創造特色學校之社會接受度），您認為重要程度排序為何？各指標層面間相對重要性又為何？

層面 5
5-1 呈現學生學習成果
5-2 創造特色學校之社會接受度

請填寫重要程度順序：（　）≧（　）

【向度相關權重】請在適當欄位打勾

指標 A	強度																	指標 B
	絕對重要		相當重要		重要		稍微重要		同等重要		稍微重要		重要		相當重要		絕對重要	
	9	8	7	6	5	4	3	2	1	2	3	4	5	6	7	8	9	
5-1 呈現學生學習成果																		5-2 創造特色學校之社會接受度

【向度 1-1: 具特色發展的辦學理念之指標相關權重】

七、向度 1-1：具特色發展的辦學理念的五個指標：1-1-1、1-1-2、1-1-3、1-1-4、1-1-5，1-1-6，您認為重要程度排序為何？各指標向度間相對重要性又為何？

向度 1-1
1-1-1 校長辦學理念能符合學校願景。
1-1-2 學校能建立合宜溝通互動平台，爭取理解與資源。
1-1-3 學校能制定短、中、長期具特色校務發展計畫。
1-1-4 學校能善用具特色之典禮與儀式凝聚成員之向心力。
1-1-5 學校校務規劃能結合社區特色，兼顧親、師、生需求。
1-1-6 學校能架構學校願景及學生圖像。

請填寫重要程度順序：（　）≧（　）≧（　）≧（　）≧（　）≧（　）

【指標相關權重】請在適當欄位打勾

指標A	強度									指標B
	絕對重要	相當重要	重要	稍微重要	同等重要	稍微重要	重要	相當重要	絕對重要	
	9	8	7	6	5	4	3	2	1	2	3	4	5	6	7	8	9	
1-1-1										1-1-2
1-1-1										1-1-3
1-1-1										1-1-4
1-1-1										1-1-5
1-1-1										1-1-6
1-1-2										1-1-3
1-1-2										1-1-4
1-1-2										1-1-5
1-1-2										1-1-6
1-1-3										1-1-4
1-1-3										1-1-5
1-1-3										1-1-6

指標 A															指標 B
	◄─────────────── 強度 ───────────────►														
1-1-4															1-1-5
1-1-4															1-1-6
1-1-5															1-1-6

【向度 1-2: 政策轉化與執行力之指標相關權重】

八、向度 1-2:具特色發展的辦學理念的五個指標:1-2-1、1-2-2、1-2-3、1-2-4、1-2-5,您認為重要程度排序為何?各指標向度間相對重要性又為何?

向度 1-2
1-2-1 學校能了解中央與地方的重要教育政策。
1-2-2 校長能轉化教育政策成為適合學校的辦學特色。
1-2-3 校長能追求自我專業成長、反思與政策執行能力。
1-2-4 校長能接納各方意見,多向溝通使其支持政策作為。
1-2-5 校長能促進團隊合作,行政效率具創新、彈性。

請填寫重要程度順序:( ) ≧ ( ) ≧ ( ) ≧ ( ) ≧ ( )

【指標相關權重】請在適當欄位打勾

指標 A	強度																	指標 B
	絕對重要		相當重要		重要		稍微重要		同等重要	稍微重要		重要		相當重要		絕對重要		
	9	8	7	6	5	4	3	2	1	2	3	4	5	6	7	8	9	
1-2-1																		1-2-2
1-2-1																		1-2-3
1-2-1																		1-2-4
1-2-1																		1-2-5
1-2-2																		1-2-3
1-2-2																		1-2-4
1-2-2																		1-2-5
1-2-3																		1-2-4
1-2-3																		1-2-5
1-2-4																		1-2-5

【向度 1-3: 政策轉化與執行力之指標相關權重】

九、向度 1-3：優質的領導效能的五個指標：1-3-1、1-3-2、1-3-3、1-3-4、1-3-5，您認為重要程度排序為何？各指標向度間相對重要性又為何？

向度 1-3
1-3-1 校長能不斷的鼓勵成員實現學校教育目標。
1-3-2 校長具備領導能力，展現合宜領導作為。
1-3-3 校長辦學具熱忱，積極投入校務經營發展。
1-3-4 行政人員與教師能相互合作，共同努力發展。
1-3-5 校長能正確掌握「改變」的重要性並積極投入。

請填寫重要程度順序：（　）≧（　）≧（　）≧（　）≧（　）

【指標相關權重】請在適當欄位打勾

指標 A	強度																	指標 B
	絕對重要		相當重要		重要		稍微重要		同等重要		稍微重要		重要		相當重要		絕對重要	
	9	8	7	6	5	4	3	2	1	2	3	4	5	6	7	8	9	
1-3-1																		1-3-2
1-3-1																		1-3-3
1-3-1																		1-3-4
1-3-1																		1-3-5
1-3-2																		1-3-3
1-3-2																		1-3-4
1-3-2																		1-3-5
1-3-3																		1-3-4
1-3-3																		1-3-5
1-3-4																		1-3-5

【向度 2-1 學校能發展特色校訂課程之指標相關權重】

十、向度 2-1: 學校能發展特色校訂課程指標：2-1-1、2-1-2、2-1-3、2-
1-4，您認為重要程度排序為何？各指標間相對重要性又為何？

向度 2-1
2-1-1 學校能依據願景與目標，規劃特色課程。
2-1-2 學校的課程發展委員會組織能有效運作。
2-1-3 學校能跨領域整合，共同協作，精進校訂課程內涵。
2-1-4 學校能創發特色課程模組與分享。

請填寫重要程度順序：（　）≧（　）≧（　）≧（　）

【指標相關權重】請在適當欄位打勾

指標 A	強度									指標 B
	絕對重要	相當重要	重要	稍微重要	同等重要	稍微重要	重要	相當重要	絕對重要	
	9	8	7	6	5	4	3	2	1	2	3	4	5	6	7	8	9	
2-1-1																		2-1-2
2-1-1																		2-1-3
2-1-1																		2-1-4
2-1-2																		2-1-3
2-1-2																		2-1-4
2-1-3																		2-1-4

【向度 2-2 活化教學創新與實踐之指標相關權重】

十一、向度 2-2：化教學創新與實踐的 3 個指標：2-2-1、2-2-2、2-2-3，您認為重要程度排序為何？各指標間相對重要性又為何？

向度 2-2
2-2-1 教師能運用多元教學策略，落實學生學習。
2-2-2 學校能將素養導向教育融入課程與教學。
2-2-3 教師能運用多元評量，並提供扶助學習課程，提升學生學習成效。

請填寫重要程度順序：（ ）≧（ ）≧（ ）

【指標相關權重】請在適當欄位打勾

指標A	強度									指標B
	絕對重要	相當重要	重要	稍微重要	同等重要	稍微重要	重要	相當重要	絕對重要	
	9 8	7 6	5 4	3 2	1	2 3	4 5	6 7	8 9	
2-2-1										2-2-2
2-2-1										2-2-3
2-2-2										2-2-3

【向度 2-3 激勵教師持續學習成長之指標相關權重】

十二、向度 2-3:激勵教師持續學習成長的 6 個指標：2-3-1、2-3-2、2-3-3、2-3-4、2-3-5、2-3-6，您認為重要程度排序為何？各指標間相對重要性又為何？

向度 2-1
2-3-1 學校能建立教師專業社群支持性系統。
2-3-2 教師能精進課程設計與教學的能力。
2-3-3 教師能透過反思、深度匯談進行回饋。
2-3-4 教師能積極參與交流、指導學生競賽，提升專業發展。
2-3-5 教師能省思課程計畫，管理與分享相關教學檔案紀錄。
2-3-6 學校能落實備課、觀課、議課之課程實踐。

請填寫重要程度順序：( ) ≧ ( ) ≧ ( ) ≧ ( ) ≧ ( ) ≧ ( )

【指標相關權重】請在適當欄位打勾

指標 A	強度									指標 B
	絕對重要	相當重要	重要	稍微重要	同等重要	稍微重要	重要	相當重要	絕對重要	
	9	8	7	6	5	4	3	2	1	2	3	4	5	6	7	8	9	
2-3-1										2-3-2
2-3-1										2-3-3
2-3-1										2-3-4
2-3-1										2-3-5
2-3-1										2-3-6
2-3-2										2-3-3
2-3-2										2-3-4
2-3-2										2-3-5
2-3-2										2-3-6
2-3-3										2-3-4
2-3-3										2-3-5
2-3-3										2-3-6

指標 A	強度																	指標 B
2-3-4																		2-3-5
2-3-4																		2-3-6
2-3-5																		2-3-6

【向度 2-4 學生多元展能之指標相關權重】

十三、向度 2-4:學生多元展能的 4 個指標:2-4-1、2-4-2、2-4-3、2-4-4,您認為重要程度排序為何?各指標間相對重要性又為何?

向度 2-4
2-4-1 學校能辦理特色多元學習活動及多元社團。
2-4-2 學校能辦理各項學習成果發表,肯定並激勵學生表現。
2-4-3 學校能重視學生基本素養能力的培養。
2-4-4 學校能重視學生學習歷程的展現。

請填寫重要程度順序:( ) ≧ ( ) ≧ ( ) ≧ ( )

【指標相關權重】請在適當欄位打勾

指標 A	強度																	指標 B
	絕對重要		相當重要		重要		稍微重要		同等重要		稍微重要		重要		相當重要		絕對重要	
	9	8	7	6	5	4	3	2	1	2	3	4	5	6	7	8	9	
2-4-1																		2-4-2
2-4-1																		2-4-3
2-4-1																		2-4-4
2-4-2																		2-4-3
2-4-2																		2-4-4
2-4-3																		2-4-4

【向度 3-1 整合多元教育資源之指標相關權重】

十四、向度 3-1:整合多元教育資源的 4 個指標：3-1-1、3-1-2、3-1-3、

3-1-4，您認為重要程度排序為何？各指標間相對重要性又為何？

向度 3-1
3-1-1 學校能依據特色發展需求，引進校外資源。
3-1-2 學校能讓親、師、生重視在地文化，深化在地認同。
3-1-3 學校能善用在地環境與資源，融入學校課程活動。
3-1-4 學校能結合社區特色資源，延伸學習場域。

請填寫重要程度順序：（　）≧（　）≧（　）≧（　）

【向度相關權重】請在適當欄位打勾

指標 A	強度									指標 B
	絕對重要	相當重要	重要	稍微重要	同等重要	稍微重要	重要	相當重要	絕對重要	
	9	8	7	6	5	4	3	2	1	2	3	4	5	6	7	8	9	
3-1-1										3-1-2
3-1-1										3-1-3
3-1-1										3-1-4
3-1-2										3-1-3
3-1-2										3-1-4
3-1-3										3-1-4

【向度 3-2 創新與活化空間之指標相關權重】

十五、向度 3-2:創新與活化空間的 5 個指標:3-2-1、3-2-2、3-2-3、3-2-4、3-2-5,您認為重要程度排序為何?各指標間相對重要性又為何?

向度 3-2
3-2-1 學校能將閒置空間活化再利用。
3-2-2 學校能營造成符合教師教學與學習需求之空間。
3-2-3 學校能營造與社區共存共榮之校園環境。
3-2-4 學校能整合學校、社區數位平台,呈現特色課程學習成果。
3-2-5 學校能打造綠色環境,邁向永續發展。

請填寫重要程度順序:( ) ≧ ( ) ≧ ( ) ≧ ( ) ≧ ( )

【指標相關權重】請在適當欄位打勾

指標A	強度																	指標B
	絕對重要		相當重要		重要		稍微重要		同等重要		稍微重要		重要		相當重要		絕對重要		
	9	8	7	6	5	4	3	2	1	2	3	4	5	6	7	8	9	
3-2-1																		3-2-2
3-2-1																		3-2-3
3-2-1																		3-2-4
3-2-1																		3-2-5
3-2-2																		3-2-3
3-2-2																		3-2-4
3-2-2																		3-2-5
3-2-3																		3-2-4
3-2-3																		3-2-5
3-2-4																		3-2-5

【向度 4-1 建立學校品牌特色之指標相關權重】

十六、向度 4-1:建立學校品牌特色之的 4 個指標：4-1-1、4-1-2、4-1-3、4-1-4，您認為重要程度排序為何？各指標間相對重要性又為何？

向度 4-1
4-1-1 學校能採取多元策略與行動，提升學校能見度。
4-1-2 學校能創新特色教學樹立學校品牌形象。
4-1-3 學校能透過各種活動宣傳辦學績效與辦學特色。
4-1-4 學校能善用網頁與社群軟體並即時更新活動訊息。

請填寫重要程度順序：（　）≧（　）≧（　）≧（　）

【指標相關權重】請在適當欄位打勾

指標 A	強度									指標 B
	絕對重要	相當重要	重要	稍微重要	同等重要	稍微重要	重要	相當重要	絕對重要	
	9	8	7	6	5	4	3	2	1	2	3	4	5	6	7	8	9	
4-1-1																			4-1-2
4-1-1																			4-1-3
4-1-1																			4-1-4
4-1-2																			4-1-3
4-1-2																			4-1-4
4-1-3																			4-1-4

【向度 4-2 善用管道行銷學校特色之指標相關權重】

十七、向度 4-2:善用管道行銷學校特色之的 2 個指標:4-2-1、4-2-2,
您認為重要程度排序為何?各指標間相對重要性又為何?

向度 4-2
4-2-1 學校能主動發布新聞稿、行銷辦學成果。
4-2-2 學校能努力爭取報章雜誌、新聞採訪,提高學校能見度。

請填寫重要程度順序:( )≧( )

【指標相關權重】請在適當欄位打勾

指標 A	強度									指標 B
	絕對重要	相當重要	重要	稍微重要	同等重要	稍微重要	重要	相當重要	絕對重要	
	9	8	7	6	5	4	3	2	1	2	3	4	5	6	7	8	9	
4-2-1										4-2-2

【向度 5-1 呈現學生學習成果之指標相關權重】

十八、向度 5-1:呈現學生學習成果的 5 個指標:5-1-1、5-1-2、5-1-3、
5-1-4、5-1-5,您認為重要程度排序為何?各指標間相對重要性又為何?

向度 5-1
5-1-1 學校的教學活動能以學生為主體。
5-1-2 學校能透過課程學習提升學習動機。
5-1-3 學校能在課程學習過程中能激發學生多元潛能。
5-1-4 學校能訂定各項激勵辦法,公開表揚學生優異學習成果。
5-1-5 學校能提升學生學習素養能力。

請填寫重要程度順序:( )≧( )≧( )≧( )≧( )

【指標相關權重】請在適當欄位打勾

指標 A	強度																	指標 B
	絕對重要		相當重要		重要		稍微重要		同等重要		稍微重要		重要		相當重要		絕對重要	
	9	8	7	6	5	4	3	2	1	2	3	4	5	6	7	8	9	
5-1-1																		5-1-2
5-1-1																		5-1-3
5-1-1																		5-1-4
5-1-1																		5-1-5
5-1-2																		5-1-3
5-1-2																		5-1-4
5-1-2																		5-1-5
5-1-3																		5-1-4
5-1-3																		5-1-5
5-1-4																		5-1-5

【向度 5-2 創造特色學校之社會接受度之指標相關權重】

十九、向度 5-2:創造特色學校之社會接受度之的 5 個指標：5-2-1、5-2-2、5-2-3、5-2-4、5-2-5，您認為重要程度排序為何？各指標間相對重要性又為何？

向度 5-2
5-2-1 學校經營成效，能夠獲得親、師、生認同肯定。
5-2-2 學校能與社區互惠共榮，創造學校與社區之特色價值。
5-2-3 學校能贏得家長信賴，樂意挹注教育資源。
5-2-4 學校能成為社區學習與文化傳承中心。
5-2-5 學校能以特色課程為標竿，成為跨縣、跨區的指標學校。

請填寫重要程度順序：（　）≧（　）≧（　）≧（　）≧（　）

【指標相關權重】請在適當欄位打勾

指標 A	強度																	指標 B
	絕對重要		相當重要		重要		稍微重要		同等重要		稍微重要		重要		相當重要		絕對重要	
	9	8	7	6	5	4	3	2	1	2	3	4	5	6	7	8	9	
5-2-1																		5-2-2
5-2-1																		5-2-3
5-2-1																		5-2-4
5-2-1																		5-2-5
5-2-2																		5-2-3
5-2-2																		5-2-4
5-2-2																		5-2-5
5-2-3																		5-2-4
5-2-3																		5-2-5
5-2-4																		5-2-5

感謝您的填答！

附錄六　國民中小學特色學校調查問卷

敬愛的教育先進您好：

　　首先感謝您百忙之中抽空填寫此問卷！本問卷的目的在了解貴校具備「國民中小學特色學校」的現況，以作為未來特色學校經營之參考。

　　請您就特色學校特色問卷發表相關意見，本項調查結果僅作為學術研究之用，請您放心填答。茲將本研究所依據各層面及發展的特色學校內涵說明如下，懇請惠予協助。

　　您所提供的意見非常寶貴，煩請於110年12月10日前，以goole表單填妥本問卷，誠摯地感謝您的協助！

耑此順頌

　　教祺

　　　　　　　　　　　　　國立暨南國際大學教育政策與行政學系

　　　　　　　　　　　　　　　　　　指導教授:蔡金田博士

　　　　　　　　　　　　　　　　　博士候選人:張鴻章　敬啟

　　　　　　中　華　民　國　110　年　11　月　13　日

311

壹、基本資料

一、性別：□(1)男性、□(2)女性。

二、年齡：□(1)29 歲以下、□(2)30-39 歲、□(3)40-49 歲、□(4)50 歲以上。

三、最高學歷：□(1)博士、□(2)碩士(含 40 學分班)、□(3)學士。

四、擔任職務：□(1)主任、□(2)組長、□(3)教師。

五、服務年資：□(1)1-10 年、□(2)11-20 年、□(3)21 年以上。

六、學校階段：□ (1)國民中學、□(2)國民小學。

七、學校規模：□ (1)12 班以下、□(2)13 班-48 班、(4)49 以上。

八、學校類型：□ (1)偏遠地區、□(2)一般鄉鎮區、□(3)都市地區（含直、縣轄市）。

貳、填答說明

一、本問卷共分五大部分，分別是 1.行政領導與創新管理、2.特色課程與教學、3. 資源整合運用與活化、4.品牌特色與行銷、5.教育績效。

二、本問卷共 58 個題目，請就您的知覺與感受，在適當的選項 □ 內打 V ，計分方式是根據受試者對每一題的知覺程度，由「非常不符合」、「不符合」、「普通」、「符合」、「非常符合」，五個等級填答反應，分別給予一分、二分、三分、四分、五分。

三、特色學校：特色學校（featured school）係指一所學校能夠在既有的利基，創建永續發展的願景及共識，透過創新的領導及行政管理方式，促動團隊合作的高效能運作，整合在地及社區的相關教育資源創研校本課程、且教師能運用社群機制，精進課堂教學能力與多元教學方法，活化校園空間融入美學意象，構築獨特、特有學校文化及教育環境，能符應或超越使用者的教育、生活和學習需求，主要的核心價值是在創新及優化學生學習提升教育品質。

參、問卷內容

一、行政領導與創新管理

指標	非常符合←→非常不符合				
	5	4	3	2	1
(一)具特色發展的辦學理念					
1.校長辦學理念能符合學校願景。					
2.學校能建立合宜溝通互動平台，爭取理解與資源。					
3.學校能制定短、中、長期具特色校務發展計畫。					
4.學校能善用具特色之典禮與儀式凝聚成員之向心力。					
5.學校校務規劃能結合社區特色，兼顧親師生需求。					
6.學校能架構學校願景及學生圖像。					
(二)政策轉化與執行力					
1.學校能了解中央與地方的重要教育政策。					
2.校長能轉化教育政策成為適合學校的辦學特色。					
3.校長能追求自我專業成長、反思與政策執行能力。					
4.校長能接納各方意見，多向溝通使其支持政策作為。					
5 校長能促進團隊合作，行政效率具創新、彈性。					
(三)優質的領導效能					
1.校長能不斷的鼓勵成員實現學校教育目標。					
2.校長具備領導能力，展現合宜領導作為。					
3.校長辦學具熱忱，積極投入校務經營發展。					
4.行政人員與教師能相互合作,共同努力發展。					
5.校長能正確掌握「改變」的重要性並積極投入。					

二、特色課程與教學

指標	非常符合←→非常不符合				
	5	4	3	2	1
(一)學校能發展特色校訂課程					
1.學校能依據願景與目標，規劃特色課程。					
2.學校的課程發展委員會組織能有效運作。					
3.學校能跨領域整合，共同協作，精進校訂課程內涵。					

指標					
4.學校能創發特色課程模組與分享。					
(二)活化教學創新與實踐					
1.教師能運用多元教學策略，落實學生學習。					
2.學校能將素養導向教育融入課程與教學。					
3.教師能運用多元評量，並提供扶助學習課程，提升學生學習成效。					
(三)激勵教師持續學習成長					
1.學校能建立教師專業社群支持性系統。					
2.教師能精進課程設計與教學的能力。					
3.教師能透過反思、深度匯談進行回饋。					
4.教師能積極參與交流、指導學生競賽，提升專業發展。					
5.教師能省思課程計畫，管理與分享相關教學檔案紀錄。					
6.學校能落實備課、觀課、議課之課程實踐。					
(四)學生多元展能					
1.學校能辦理特色多元學習活動及多元社團。					
2.學校能辦理各項學習成果發表，肯定並激勵學生表現。					
3.學校能重視學生基本素養能力的培養。					
4.學校能重視學生學習歷程的展現。					

三、資源整合運用與活化

指標	非常符合 ⟷ 非常不符合				
	5	4	3	2	1
(一)整合多元教育資源					
1.學校能依據特色發展需求，引進校外資源。					
2.學校能讓親、師、生重視在地文化，深化在地認同。					
3.學校能善用在地環境與資源，融入學校課程活動。					
4.學校能結合社區特色資源，延伸學習場域。					
(二)創新與活化空間					
1.學校能將閒置空間活化再利用。					
2.學校能營造成符合教師教學與學習需求之空間。					
3.學校能營造與社區共存共榮之校園環境。					
4.學校能整合學校、社區數位平台，呈現特色課程學習成果。					
5.學校能打造綠色環境，邁向永續發展。					

四、品牌特色與行銷

指標	非常符合←→非常不符合				
	5	4	3	2	1
(一) 建立學校品牌特色					
1.學校能採取多元策略與行動,提升學校能見度。					
2.學校能創新特色教學樹立學校品牌形象。					
3.學校能透過各種活動宣傳辦學績效與辦學特色。					
4.學校能善用網頁與社群軟體並即時更新活動訊息。					
(二)善用管道行銷學校特色					
1.學校能主動發布新聞稿、行銷辦學成果。					
2.學校能努力爭取報章雜誌、新聞採訪,提高學校能見度。					

五、教育績效

指標	非常符合←→非常不符合				
	5	4	3	2	1
(一)呈現學生學習成果					
1.學校的教學活動能以學生為主體。					
2.學校能透過課程學習提升學習動機。					
3.學校能在課程學習過程中能激發學生多元潛能。					
4.學校能訂定各項激勵辦法,公開表揚學生優異學習成果。					
5.學校能提升學生學習素養能力。					
(二)創造特色學校之社會接受度					
1.學校經營成效,能夠獲得親、師、生認同肯定。					
2.學校能與社區互惠共榮,創造學校與社區之特色價值。					
3.學校能贏得家長信賴,樂意挹注教育資源。					
4.學校能成為社區學習與文化傳承中心。					
5.學校能以特色課程為標竿,成為跨縣、跨區的指標學校。					

國家圖書館出版品預行編目(CIP)資料

特色學校的理念與分析/蔡金田,張鴻章著. -- 初
　　版. -- 臺北市 ： 元華文創股份有限公司,
　　2022.12

　　面 ； 公分

　　ISBN 978-957-711-283-5 (平裝)

　　1.CST: 學校行政 2.CST: 中小學教育

523.61　　　　　　　　　　　　　　111016746

特色學校的理念與分析

蔡金田 張鴻章 著

發 行 人：賴洋助
出 版 者：元華文創股份有限公司
聯絡地址：100 臺北市中正區重慶南路二段 51 號 5 樓
公司地址：新竹縣竹北市台元一街 8 號 5 樓之 7
電　　話：(02) 2351-1607　　傳　　真：(02) 2351-1549
網　　址：www.eculture.com.tw
E - m a i l：service@eculture.com.tw
主　　編：李欣芳
責任編輯：立欣
行銷業務：林宜葶
出版年月：2022 年 12 月 初版
定　　價：新臺幣 500 元

ISBN：978-957-711-283-5 (平裝)

總經銷：聯合發行股份有限公司
地　　址：231 新北市新店區寶橋路 235 巷 6 弄 6 號 4F
電　　話：(02)2917-8022　　　　傳　　真：(02)2915-6275